예수, 그 이름의 능력

The Power of Jesus' Names

ⓒ 2019 by Tony Evans
Originally published in English under the title *The Power of Jesus' Names* by Harvest House Publishers, Eugene, Oregon, USA.
www.harvesthousepublishers.com
All rights reserved.

This Korean translation edition ⓒ 2023 by Timothy Publishing House, Inc., Seoul, Republic of Korea
Translated and used by permission of Harvest House Publishers, Eugene, Oregon 97408, USA.

이 한국어판의 저작권은 Harvest House Publisher와 독점 계약한 (주)도서출판 디모데에 있습니다.
신 저작권법에 의하여 한국 내에서 보호받는 저작물이므로 무단 전재와 무단 복제를 금합니다.

예수, 그 이름의 능력

1쇄 발행   2023년 5월 18일

지은이   토니 에반스
옮긴이   김진선
펴낸이   고종율

펴낸곳   주)도서출판 디모데〈파이디온선교회 출판 사역 기관〉
등록   2005년 6월 16일   제 319-2005-24호
주소   서울특별시 서초구 서초대로 141-25(방배동, 세일빌딩)
전화   마케팅실 070) 4018-4141
팩스   마케팅실 02) 6919-2381
홈페이지   www.timothybook.com

ISBN   978-89-388-1696-2 (03230)
ⓒ 2023 도서출판 디모데 All rights reserved. 〈Printed in Korea〉

예수, 그 이름의 능력

토니 에반스 지음 | 김진선 옮김

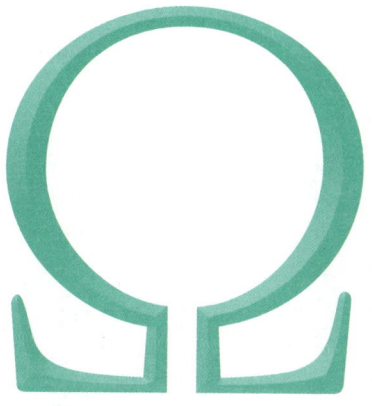

차례

감사의 글 _7

들어가는 글 _9

1부. 예수님의 지위에 따른 권능

1장. 임마누엘 _14

2장. 알파와 오메가 _36

3장. 왕 _54

4장. 하나님의 어린양 _76

5장. 위대한 대제사장 _102

6장. 만유의 주재 _120

2부. 예수님의 인격에 따른 권능

7장. 에고 에이미 _148

8장. 주 _174

9장. 예수 _198

10장. 그리스도 _220

11장. 하나님의 아들, 사람의 아들 _246

12장. 말씀 _264

나오는 글 _283

감사의 글

나의 생각과 연구 결과와 강연 내용을 책으로 출판하는 일에 오랫동안 함께 협력해온 하비스트 하우스 출판사 분들께 감사를 전합니다. 특별히 오랜 시간 변함없이 우정을 다져온 나의 친구이자, 탁월한 경영자 밥 호킨스에게 감사합니다. 편집 과정에서 도움을 준 테리 글래스피, 베티 플레처, 앰버 홀콤에게도 지면을 빌려 감사를 드리고 싶습니다. 마지막으로 이 원고를 집필하는 데 특유의 통찰력과 뛰어난 실력으로 협력해준 헤더 헤어에게도 감사를 전합니다.

들어가는 글

진정한 유명 인사 예수님

우리는 유명 인사와 인플루언서의 시대에 살고 있다. 이런 사람들은 대중적 인기, 지위, 권력으로 자기 이름을 알리려고 애쓴다. 사람들은 누구나 인정받고 싶어 한다. 어떤 사람들은 한 번도 만나본 적 없는 스포츠 스타와 자신을 동일하게 여기면서 그의 이름이 새겨진 유니폼을 입고 다니기도 한다.

소셜 미디어가 발달하면서 다양한 부류의 유명인이 등장했다. 이제 우리는 그들의 인스타그램이나 블로그를 보고, 팟캐스트를 들으면서 마치 그들을 잘 아는 것처럼 착각한다. 우리는 그들을 잘 알고 있다고 생각하지만, 실상 그들이 보여준 모습만 알 뿐이다. 이렇게 그들에 대해 잘 모르는데도, 소셜 미디어 때문에 '반짝 인기를 얻는 셀러브리티'가 등장하기 시작했다. 한 개인이 온라인에서 얻은 팔로워 수에 따라 광고를 계약하기도 하고, 엄청난 소득을 올리기도 한다.

오늘날 우리는 유명인이나 유명인이 되고 싶은 사람이 가득한 세상에 살고 있는 것 같다. 우리 문화에는 재능 때문이든, 운동 실력 때문이든 혹은 소셜 미디어상의 유명세 때문이든, 자주 만나는 사람처럼 매우 가깝게 느껴지는 사람들이 무척 많다. 그러나 유명인으로서 얻은 인기는 시간이 흐르면 식기 마련이다. 일반적인 경우보다 더 오래 인기를 유지하고 위대한 업적을 남기거나 명사의 반열에 오르는 사람도 있다. 그렇지만 사람들은 그들을 역사책 속에서 볼 수 있는, 관련 행사가 열리거나 그의 기념비를 방문했을 때나 떠올리는 사람으로 여길 것이다.

온라인에서 떠들썩한 유명 인사들이 지금 당장은 부러움의 대상이 될 수 있다. 그들의 팔로워 수가 엄청나게 많아 보일 수도 있다. 하지만 시간이 흐르면 그 모든 것은 허무하게 사라지고 말 것이다.

그러나 절대 사라지지 않고, 절대 망각의 대상이 되지도 않을 이름이 있다. 그 이름은 바로 예수님의 이름이다.

예수님은 한 번도 책을 출판하신 적이 없지만, 다른 어떤 주제보다 그분을 주제로 한 책이 많다. 예수님은 노래를 지으신 적이 한 번도 없지만, 지상에 살았던 그 어떤 사람보다 그분을 기리는 노래가 많다. 태어나신 고향에서 5백 킬로미터 이상을 벗어나신 적이 없었지만, 사람의 발길이 닿는 곳 중 예수님의 이름이 전해지지 않은 곳은 거의 없다. 심지어 우리가 사용하는 달력은 예수님이 인간 역사에 등장하신 시점을 기준으로 만들어졌다. 예수님이 지상을 떠나 하늘로 가신 지 2천 년이 넘었지만 시간이 흐를수록 그분의 명성은 더욱 높아질 뿐이다.

예수님은 특별한 유명 인사시다. 예수님의 탄생을 기념하는 달이 오면 가게들은 연중 최고의 대목을 놓칠세라 대대적으로 준비한다. 가게 주인들은 그날이 오면 엄청난 매출을 올릴 것으로 기대한다. 예수님의 부활을 기념하는 날에는 세계 곳곳에서 가족 모임이 열린다. 사복음서는 모두 예수님의 출생에 관한 이야기를 들려준다. 바울은 빌립보서 2장 6-7절에서 '명사'라는 호칭에 가장 적합한 유일한 후보가 왜 예수님인지에 대해 신학적인 근거를 제시한다. "그는 근본 하나님의 본체시나 하나님과 동등됨을 취할 것으로 여기지 아니하시고 오히려 자기를 비워 종의 형체를 가지사 사람들과 같이 되셨고."

삼위 하나님의 특별한 한 위를 차지하시는 예수님은 우리를 위해 자신을 비워 종이 되셨다. 신학자들은 이것을 케노시스(kenosis)라고 부른다. 신이 자기를 비워 인간이 되셨다는 의미다. 첫 크리스마스 아침에 한 아기가 구유에 누워 있었다. 나귀와 양들과 목자들과 육신의 어머니가 그를 내려다보고 있었지만 그 아기는 그들을 창조하신 창조주였다. 몸을 누인 건초 더미를 만드신 이도 그분이었다. 자신이 누운 침대가 놓인 땅을 만드신 분도 그분이었다. 그날 예수님은 아기의 몸으로 이 땅을 찾아오셨다. 하나님이 자신을 비워 육신이 되신 것이다. 예수님은 지상에 존재한 인간 중 가장 특별한 인간이셨다. 사도 바울이 빌립보서 2장 9-11절에서 쓴 것처럼 진정한 유명 인사의 지위를 얻을 수 있는 유일한 분이었다. "이러므로 하나님이 그를 지극히 높여 모든 이름 위에 뛰어난 이름을 주사 하늘에 있는 자들과 땅에 있는 자들과 땅 아래에 있는 자들로 모든 무릎을 예수의 이름에 꿇게 하시고 모든 입으로 예수 그리스도를 주라 시인하여 하나님 아버지께 영광을 돌리게 하셨느니라."

더 나아가 이동할 때 수행원을 대동하고 일반인의 접근을 차단하는 대부분의 유명 인사와 달리, 예수님은 우리가 원한다면 얼마든지 그분을 알 수 있게 하셨다. 언제든지 그분께 쉽게 나아갈 수 있게 해주셨다. 예수님은 우리가 생명을 누리며 그분의 임재를 친밀하게 누리도록 우리를 찾아오셨다. 예수님을 알면 그분과 같은 유명 인사만이 누리는 것들을 누릴 수 있다.

이 책에서 소개할 예수님의 다양한 이름과 표현을 알고 되새기며 그분의 권위에 복종할 때, 우주에서 유일하고 가장 위대한 유명 인사의 권능을 누릴 방법을 깨달을 것이다. 그분은 바로 예수, 우리 주 그리스도시며 우리 하나님이시다.

1부

예수님의
지위에 따른 권능

1장

임마누엘

보라 처녀가 잉태하여 아들을 낳을 것이요

그의 이름을 임마누엘이라 하리라.

─이사야 7:14

이 모든 일이 된 것은 주께서 선지자로 하신 말씀을 이루려 하심이니

이르시되 보라 처녀가 잉태하여 아들을 낳을 것이요

그의 이름은 임마누엘이라 하리라 하셨으니

이를 번역한즉 하나님이 우리와 함께 계시다 함이라.

─마태복음 1:22-23

이름은 중요하다.

누군가의 이름을 말한다는 것은 그 사람의 정체성을 확인해주는 것과 같다. 평소 알고 지내던 사람들을 한자리에서 만난 뒤 그중 애버리라는 사람을 지목해 무언가를 부탁해보라. 그러면 그 요청에 답하는 사람은 바로 애버리일 것이다. 크리스가 답하지는 않을 것이다. 이때 애버리가 답하는 이유는 그의 이름이 지목되었기 때문이다. 그 이름이 그의 정체성이다. 애버리라는 이름은 크리스의 정체성이 아니다.

이름은 단순히 누군가를 지칭하는 것 이상의 의미를 지닌다. 이름은 정체성과 관련이 있다. 성경을 보면 부모들이 막 태어난 자녀에게 소망과 꿈을 담아 이름을 지어주는 장면이 자주 나온다. 부모들은 자녀의 밝은 미래를 소망하며 신중하게 이름을 고를 것이다.

이름은 중요하다.

어떤 이름들은 시간이 흘러도 오명의 수치에서 벗어나지 못한다. 자녀의 이름을 아돌프 히틀러나 가룟 유다나 이세벨이나 베네딕트 아놀드(미국 독립전쟁 당시 장군 신분으로 영국군에 자진 투항해 미국사에서 '배신자'의 대명사가 된 대표적 인물)라고 지어주는 부모는 없을 것이다. 만약 그렇게 하는 부모가 있다면, 대부분 그들의 정신 건강에 심각한 문제가 있다고 생각할 것이다. 어떤 사람은 "자녀의 이름을 왜 이렇게 지었어요? 이 이름이 어떤 이름인지 몰랐나요?"라고 물어볼지도 모른다.

왜 그렇게 물어보겠는가? 이름이 중요하기 때문이다.

입으로 소리 내어 말했을 때 발음되는 이름 자체를 뛰어넘어 특별한 의미를 즉각 연상시키는 이름도 있다. 누군가가 빌 게이츠라는 이름을 말하면, 사람들은 부와 성공을 연상한다. 오바마나 트럼프에 대해 이야기하면, 대통령이라는 직책이나 직위를 떠올린다. 이때 강렬한 감정을 동반할 수도 있다. 마이클 조던이라는 이름을 들으면 농구와 뛰어난 운동 실력을 떠올릴 것이다. 이렇게 이름을 듣고 무언가를 떠올리는 이유는 이름이 정체성을 반영하기 때문이다.

우리에게 이름이 중요하다면 하나님께는 더욱 중요하다고 할 수 있다. 하나님은 인간을 지으신 창조주이자 인간의 근원이시고, 우리는 그분의 형상대로 지어졌기 때문이다.

하나님의 다양한 이름은 하나님의 속성과 인격을 반영한다. 하나님은 성경에서 여러 이름으로 자신을 지칭하신다. 각각의 이름은 특별한 순간이나 상황에서 하나님이 어떤 분이신지 확인하는 데 도움이 되는 하나님의 속성과 그분과의 관계 맺음으로 우리를 이끈다. 하나님의 다양한 이름 덕분에 우리는 그분을 더 깊이 알 수 있고, 그분이 삶에서 우리를 통해 일하시는 수많은 방법을 이해하게 된다.

성부 하나님만 의미 있는 여러 이름으로 지칭되시지 않는다. 성자 하나님이신 예수님 역시 많은 이름이 있다. 이 이름들을 본격적으로 알아보기 앞서, 잠시 예수님에 관한 배경 지식을 살펴보자. 착석하라는 요청 방송이 나오고 무대의 막이 오르는 극장으로 당신을 초대한다. 무대에는 예수님을 세상에 공개적으로 선보이는 첫 장면이 상연된다.

시선을 돌려 약 2천 년 전의 세계로 가보자.

특별한 탄생

왕궁에 아기가 태어나면 보통 화려한 격식을 갖추고 아기를 대대적으로 환대한다. 언론의 집중적인 관심이 쏟아지고 축하 세례가 이어진다. 그러나 예수님의 경우에는 그렇지 않았다. 그분은 왕으로 이 땅에 오셨기에 왕궁에서 태어나실 수도 있었다. 그러나 아기 예수는 마구간에서 가난한 무명의 부모 사이에서 태어나셨고, 사람들이 관심을 주지도 않고 주목하지도 않는 상황에서 이 세상에 오셨다. 축하의 꽃을 보내는 사람은 단 한 명도 없었다. 기저귀를 갈아주는 유모도 없었다. 태어나시고 얼마 후 몇 가지 선물을 받으셨을 뿐이다.

우리는 왜 예수님께 관심을 가져야 하는가? 아홉 달 동안 젊은 여성의 자궁에서 다름 아닌 바로 하나님의 심장이 뛰고 있었기 때문이다. 평범한 십 대였을 예수님의 어머니 마리아는 과

1장. 임마누엘

거 어느 때와 비교할 수 없을 정도로 믿음으로 충만했다. 그녀의 몸에서 인간의 모든 한계를 그대로 지니신, 전능하신 하나님이 태어나셨다.

마리아가 낳은 아기는 살과 뼈와 피와 힘줄을 가진 완벽한 인간이었다. 하지만 그 아기는 또한 완전한 신성을 지니신 분이었다. 온전히 인간이었기에 배고픔을 느꼈지만, 완전히 하나님이셨기에 5천 명을 먹이셨다(눅 9:10-17). 온전히 인간이었기에 갈증을 느꼈지만, 온전히 하나님이셨기에 어느 날 물 위를 걸으시는 모습을 보여주셨다(요 6:16-21). 농부의 딸과 목수의 손에서 자라나며 지식이 날로 더해갔지만(눅 2:52), 또한 사람들이 무슨 생각을 하는지 다 알고 계셨다(마 9:3-4).

예수님의 탄생이 특별한 이유는 그분이 인간의 육신을 입고 오신 하나님이셨기 때문이다. 신이 인간의 아기처럼 기저귀를 차고 계셨다.

그러나 처녀가 어떻게 아기를 낳을 수 있다는 말인가?

동정녀 탄생이 얼마나 허무맹랑한지 아는 사람을 꼽는다면 단연코 누가일 것이다. 본인의 이름으로 된 복음서를 쓴 누가는 본업이 의사였고 문화적으로 헬라인이었다. 그는 정확한 사실과 자료와 체계를 철저히 따지는 사고방식의 소유자였다. 누가가 쓴 글들은 체계적이고 치밀한 조사를 거쳐 쓴 결과물이었다. 꾸며낸 이야기이거나 신화나 우화의 가능성을 암시하는 어떤 흔적도 그의 글에는 보이지 않는다. 또 누가는 학자이자 지식인이었다. 남자를 모르는 처녀가 출산할 수 없다는 사실을 아는 사람이 있다면 바로 의사일 것이다. 그러나 환자의 진료 차트를 작성하듯이 동정녀 탄생을 조금도 막힘없이 기록한 사람은 바로 그 의사 누가였다.

환자 이름: 마리아
진단: 처녀
신분: 어머니

병원 예약이 잡히면 나는 보통 궁금한 내용을 질문지로 작성한다. 누구라도 이런 질문지를 작성할 것이다. 무엇보다 의사와 대화를 나눌 기회가 매일 있는 것은 아니지 않는가. 특히 의사는 온종일 환자를 면담하고 치료하느라 눈코 뜰 새 없이 바쁘다. 개인적인 경험이지만, 궁금한 내용을 미리 준비하지 않았다가 의사와 상담을 마치고 돌아가는 길에 중요한 질문이 뒤늦게 떠올랐던 적이 한두 번이 아니었다.

다년간 환자들을 진료해온 누가는 환자들이 어떤 질문을 할지 쉬이 예상했을 것이다. 마리아가 처한 상황의 독특성을 감안하면, 누가는 대부분의 사람이 처녀가 어떻게 임신할 수 있는지 물어보겠다고 짐작했을 것이다. 처음부터 논점을 명확히 드러내기로 한 이유가 아마 여기에 있을 것이다.

누가는 누가복음 1장 26-33절에서 처녀라는 단어를 두 번 사용한다. 전체 내용에서 중요한 단 한 가지 사실을 두 번이나 주목했다. 그래서 두 번이나 우리의 관심이 명백히 모순되는

1장. 임마누엘

내용에 집중된다. 무엇보다 처녀가 아기를 가질 수 없다는 사실을 모르는 사람은 없다.

누가는 이런 내용을 강조함으로 이 사건에서 하나님이 하신 역할을 부각한다. 마리아의 임신은 평범한 임신이 아니었다. 이 점을 간과해서는 안 된다. 이런 차별성이 없었다면 마리아의 임신은 다른 모든 여성의 임신과 다를 바가 없었을 것이다. 그러나 이 특별한 임신과 출생으로 물질계와 비물질계가 하나를 이루었다. 고귀한 분이 가난하게 되셨다. 신적 거룩함이 인간과 결합하셨다. 하나님이 인간이 되신 것이다.

마태는 의사가 아니었다. 하지만 그의 복음서에 적힌 증언 역시 동정녀 탄생을 부각한다. 예수님의 족보에서 그는 "야곱은 마리아의 남편 요셉을 낳았으니 마리아에게서 그리스도라 칭하는 예수가 나시니라"(마 1:16)고 적었다.

이 절에서 마리아를 수식하는 단어 '누가'(who, "Mary, of whom gave birth to Jejus")가 중요하다. 헬라어로는 여성형 단수 관계 대명사로 표기되어 있다. 이런 문장 분석에 크게 부담을 느낄 필요는 없다. 그런데 기본적으로 이 표현을 통해 알 수 있는 것은 예수님이 요셉이 아니라 마리아를 통해 잉태되셨다는 것이다. 즉, 요셉은 마리아의 남편이었지만 예수님의 아버지는 아니었다. 그래서 예수님은 성령으로 잉태되어 인간의 본성을 지녔지만 죄가 없으셨다. 예수님의 인간성은 하나님의 성령의 능력으로 하늘나라에 기원을 두는 동시에, 마리아를 통해 세상에 기원을 두게 되었다. 이렇게 동정녀 탄생으로 인간 본성인 죄성이 주님께 전이되지 않도록 차단할 수 있었다.

가브리엘 천사는 하나님께 보내심을 받고 마리아에게 예수님을 잉태하고 낳을 것이라고 고지했다. 천사가 방문하는 것은 결코 평범한 경험이 아니었고, 그가 전한 말은 훨씬 더 비범했다. 그러나 가브리엘이 이 말을 전할 때 "주께서…함께 하시[므로]" 마리아는 천사의 말을 듣고도 두려워하지 않았다(눅 1:28, 30 참고).

가브리엘은 이어서 예수님이 역사 속에서(그리고 영원토록) 감당하실 특별한 역할을 마리아에게 알려주었다. "그가 큰 자가 되고 지극히 높으신 이의 아들이라 일컬어질 것이요 주 하나님께서 그 조상 다윗의 왕위를 그에게 주시리니 영원히 야곱의 집을 왕으로 다스리실 것이며 그 나라가 무궁하리라"(눅 1:32-33).

만물의 왕이자 메시아신 예수님은 이미 통치 원칙을 제정하셨다. 그분의 삶으로 왕국의 성격을 결정지으셨다. 그분의 왕국에서는 인종과 성과 재물과 사회적 지위로 우리 위치가 결정되지 않는다(갈 3:28). 그리스도는 자신의 연약함을 인정하고 주를 의지하는 자들에게 힘을 주신다. 용서가 원한을 이기며, 우리가 소유한(혹은 소유하지 못한) 재력은 중요하지 않다. 중요한 것은 마음이다. 예수님의 왕국에서는 섬김이 한 개인의 중요성을 결정하는 요인으로 작용한다(요 13:12-17).

처녀에게서 태어나 구유의 폭신한 건초 더미에 누운 아기는 이 땅에서 살고 죽고자 오셨을 뿐 아니라 권능과 영광으로 통치하고자 오셨다. 예수님을 통해 하늘의 하나님이 한 나라를 세

1장. 임마누엘

우실 것인데, 이것은 영원히 망하지도 않으며 그 국권이 다른 백성에게로 돌아가지도 않을 것이다(단 2:44). 그분의 나라와 통치는 영원할 것이다.

마리아는 가브리엘이 고지한 내용을 추호도 의심하지 않았다. 하지만 한 가지 의문이 생겼다. "어찌 이 일이 가능합니까?"(눅 1:34 참고). 하나님의 능력이나 권능에 대해서는 조금도 의심하지 않았지만, 이런 기적이 어떤 방법으로 이루어질지 궁금했다.

가브리엘이 보인 반응은 복합적인 의미를 지닌다. "성령이 네게 임하시고 지극히 높으신 이의 능력이 너를 덮으시리니"(눅 1:35). 다른 성경 말씀들에 비추어 천사의 이 대답을 묵상해보라. "한 아기가 우리에게 났고 한 아들을 우리에게 주신 바 되었는데"(사 9:6). '주신 바 되었다'는 단어를 유의해서 보라. 하나님이 그 아들을 주셨다는 것이다. 하나님의 아들로서 예수님은 이전부터 이미 존재하고 계셨다. 이 세상에 오시기 위해 인간으로 태어나는 방법을 선택하셨을 뿐이다. 그러므로 예수님이 우주를 창조하셨다고 말해도 문제가 되지 않는 것이다. 예수님의 신성을 인정하고 싶지 않아서 예수님을 계속 구유의 아기로만 보기를 원하는 사람이 너무나 많다. 구유에 누워 계신 예수님을 그대로 계속 주무시게 해서, 그분이 하늘 보좌에 앉으신 하나님이라는 진실을 대면하지 않겠다는 것이다. 그러나 예수님은 이미 하나님이셨다. 그런 연유로 아들을 "주신 바" 되었다.

"때가 차매 하나님이 그 아들을 보내사 여자에게서 나게 하시고 율법 아래에 나게 하신 것은"(갈 4:4). 바울은 신성이 인간성과 결합한 사실을 강조한다. 하나님이 자신의 아들을 보내셨다. 아들이 "주신 바" 되었다. 하지만 예수님은 "여자에게서 나[셨다]." 이 절은 예수 그리스도의 성육신을 명확하게 요약한다.

예수 그리스도의 두 본성은 신학자들이 말하는 이른바 위격적 연합(hypostatic union)을 형성한다. 이 용어의 의미가 이해되지 않는다면, 예수님이 조금도 위축되지 않은 신성과 완벽한 인성을 지니신 분이라는 사실을 가리키는 전문 용어라고 생각하면 된다. 예수님은 인간이 되셨지만 하나님으로서 신성이 조금도 위축되시지 않았다. 마리아는 하나님과 인간을 낳은 것이 아니었다. 예수님은 절반은 사람이고 절반은 하나님이신 분이 아니었다. 마리아는 신인(God-man)을 낳았다. 우리와 함께하시는 하나님, 즉 임마누엘을 낳았다. 골로새서 1장 19절은 "아버지께서는 모든 충만으로 예수 안에 거하게 하시고"라고 말한다.

성경은 예수님을 하나님과 동등하게 여김으로 이 관계를 강조할 때가 많다. 창세기 1장 1절은 하나님이 세상을 창조하셨다고 말하고, 골로새서 1장 16절은 만물이 예수 그리스도로 창조되었다고 말한다. 그렇다면 창조주가 두 분이시든지 아니면 창세기 1장 1절의 하나님이 골로새서 1장 16절의 하나님이어야 한다. 예수 그리스도는 위격에 있어서는 성부 하나님과 구별되시지만, 신성에 있어서는 성부와 동등하신 분이다. 그분은 인간의 육신을 입으시고, 어둠으로 가득한 세상에 인간 아기로 태어나셨다. 그분은 역사 속에서 보이지 않는 하나님을 우리에게 보

1장. 임마누엘

여주시려고 이 땅에 오셨다.

　예수님의 탄생이 다른 인간들의 출생과 성격이 완전히 다른 이유는 그분이 인간과 전혀 다른 분이기 때문이다. 예수님은 하나님의 아들로 세상에 오셔서 우리가 하나님을 알고 더 온전히 경험하도록 하셨다. 그분의 탄생에는 바로 이런 의미가 담겨 있다. 우리와는 전혀 다른 차원의 탄생인 것이다. 그 이유는 무엇인가? 예수님은 우리와 전혀 다른 분이기 때문이다. 우리가 예수님을 더 친밀하게 알고, 매일 일상생활 속에서 우리에게 주시는 능력을 확인할 수 있는 한 가지 방법이 있다. 예수님의 이름을 알고, 그분이 세상에 자신을 계시하고자 선택하신 방법을 알아가는 것이다.

　예수님은 화려한 왕궁에서 태어나셔서 왕으로 군림하실 수도 있었다. 평범한 인간으로 태어난 우리 대부분은 절대 예수님처럼 자기 정체성을 결정할 수 없을 것이다. 그런데도 예수님은 베들레헴이라는 보잘것없는 촌락의 마구간에서 태어나셨다. 머리를 누일 침대조차 없었다. 그분의 부모는 가난하고 어렸으며 누구도 거들떠보지 않는 무명의 사람들이었다. 그리고 그분이 태어나신 사회는 혼돈의 세계였다. 우리 중 많은 이가 매일 경험하는 삶이다. 우리는 예수님이 겪으신 어려움과 결핍과 상실을 대체로 잘 안다. 그분이 '우리 중의 하나'가 되셔서 마주한 현실을 우리도 경험하기 때문이다.

　하나님은 우리의 머리로 이해할 수 있는 구세주를 보내셨다. 우리는 예수님을 알고 그분의 이름들을 알아감으로 하나님을 더욱 깊이 알고 이해할 수 있다. 요한복음 1장 18절은 "본래 하나님을 본 사람이 없으되 아버지 품 속에 있는 독생하신 하나님이 나타내셨느니라"고 말한다.

어떤 사람이 다가와서 하나님을 보았다고 주장한다면, 우리는 그 사람을 거짓말쟁이나 정신 이상자로 바라볼 것이다. 성경은 하나님을 본 자가 아무도 없다고 말한다. 허약한 인간 육신은 애초에 하나님의 영광의 임재를 감당할 수 있는 존재가 아니다. 그것은 마치 태양을 직접 보는 것과 같다. 보호 장치 없이는 태양을 직접 볼 수도 없고 그렇게 해서도 안 된다. 태양을 직접 보기 위해서는 엄청난 광선을 감당할 능력이 있어야 한다.

그렇다면 하나님이 자신을 완전히 계시하실 때 우리가 수증기처럼 증발하는 비극을 어떻게 막을 수 있는가? 예수님으로 하나님을 온전히 계시하는 것이다. 예수님을 이해하면 곧 하나님을 알게 된다.

거의 3년간 예수님의 제자로서 그분을 따라다녔던 빌립은 한 가지 흥미로운 요청을 했다. "아버지를 우리에게 보여 주옵소서 그리하면 족하겠나이다"(요 14:8). 예수님이 빌립에게 주신 답변을 보면 주님의 생각이 정확하게 드러난다. "빌립아 내가 이렇게 오래 너희와 함께 있으되 네가 나를 알지 못하느냐 나를 본 자는 아버지를 보았거늘"(9절).

예수님은 하나님에 대해 알아야 할 모든 진실을 우리가 이해할 수 있도록 계시해주셨다. 예수님은 하나님의 완벽한 계시였다. 예수님을 무시하고서는 하나님을 알 수 없는 이유가 여기에 있다. 예수님을 건너뛰고 하나님을 경험할 수는 없다. 예수님을 부정하고 하나님을 알 수는 없다. 예수님은 하나님의 독생자시다. 유일한 하나님의 아들이시다. 예수님은 하나님과 함께 계셨다. 그분은 임마누엘이시다.

하나님이 우리와 함께 계신다

마스터키는 여러 문을 열 수 있는 용도의 만능 열쇠다. 예수님은 하나님께로 나아갈 수 있는 우리의 마스터키가 되신다. 우리에게 하나님의 마음과 생각과 본성을 계시해주신다. 우리는 예수님을 통해 하나님을 알아간다. 하나님의 능력이 얼마나 크고 놀라운지 예수님을 통해 발견해갈 수 있다. 예수님을 통해 하나님의 사랑이 풍성함을 깨닫는다. 예수님이 없이는 하나님의 존전으로 나아갈 길이 없다. 그뿐만 아니라 하나님의 온전한 성품을 이해하는 데도 제한을 받는다.

예수님의 이름 중 임마누엘이라는 이름만큼 하나님이 우리를 향해 품으신 마음의 본질을 정확히 반영하는 이름은 없다. 이런 이유로 나는 이 이름을 가장 먼저 소개하기로 했다. 임마누엘이라는 이름은 마태복음 1장 22-23절에 등장하고, 이후에 소개할 예수님의 다른 모든 이름의 배경이 된다.

"이 모든 일이 된 것은 주께서 선지자로 하신 말씀을 이루려

> 하심이니 이르시되 보라 처녀가 잉태하여 아들을 낳을 것이요 그의 이름은 임마누엘이라 하리라 하셨으니 이를 번역한즉 하나님이 우리와 함께 계시다 함이라."

이 구절은 임마누엘의 의미를 소개한다. "하나님이 우리와 함께 계시다." 그런데 이 의미의 배경은 이사야서에서만 확인할 수 있고, 마태는 바로 이 본문을 근거로 삼는다. 이사야가 임마누엘에 대해 쓰던 시기에 하나님의 백성은 적국의 침략을 받고 있었다. 절체절명의 위기였다. 왕은 자기 안전과 왕국의 안위를 지키고 승리를 거둘 어떤 방도도 찾지 못했다. 하나님은 바로 이런 극심한 두려움과 불안과 공포에 휩싸여 있던 아하스 왕에게 승리의 표적을 보여주겠다고 말씀하셨다. 이런 표적이 절대 평범할 리가 없었다. 바로 처녀가 아들을 낳는 것이었다(사 7:1-14 참고).

하나님은 이런 표적이 나타날 때 전쟁에서 승리할 수 있다고 예언하셨다. 또한 이런 표적이 나타날 때 적의 공격을 받고 있는 상황에서도 하나님이 그들과 함께하심을 계속 확인하게 되리라고 약속하셨다.

임마누엘이라는 이름은 고통과 절망과 상실과 의심과 공포와 혼란의 상황에서 등장했다. 위기에 처한 세상에 임마누엘이 오셨다. 임마누엘은 단순히 성탄절에 캐럴을 부르며 따뜻한 차를 마시면서 기리는 이름이 아니다. 최악의 시기에 위로를 얻는 이름인 것이다.

1장. 임마누엘

무엇보다 예수님에 대해 먼저 기억하고, 잊지 말아야 할 중요한 사실이 있다. 우리가 무슨 일을 겪었든지 혹은 지금 어떤 어려움과 싸우고 있든지 그분이 우리와 함께 계신다는 사실이다. 어떤 어려운 상황과 마주하고 있든지 하나님은 우리와 함께 계신다. 아무리 많은 적이 우리를 공격한다고 해도(내적으로든 외적으로든) 하나님이 우리 곁에 계신다. 어떤 일로 힘들어하거나 싸우고 있든지, 몹시 기진하고 지쳐 있든지 하나님이 우리와 함께하신다. 예수 그리스도의 탄생은 우리 구주가 이 땅에 오신 사건이기만 한 게 아니다. 우리 모두가 너무 잘 아는 고통스러운 현실 속에서 승리와 임재에 대한 하나님의 약속이 실현되는 시작이었다.

형제여, 하나님이 당신과 함께하신다. 예수님은 우리의 죄와 우리가 처한 상황을 다루심으로 우리가 하나님을 더욱 깊이 알고, 그분의 능력을 더욱 온전히 체험하도록 이 땅에 오셨다.

예수님의 이름을 살펴보는 과정을 시작하면서 무엇보다 이 점을 꼭 기억하고 이해하기를 바란다. 어떤 일을 겪었든 당신은 절대 혼자가 아니다. 어떤 어려움으로 완전히 무너질 위기에 처했든 분명히 이겨낼 수 있다. 지금 어떤 곤경에 처해 있든지(심각하든 사소하든) 하나님이 당신과 함께 계시므로 하나님의 승리를 쟁취할 수 있다. 아무리 힘든 일이라도 우리 혼자서 그 일을 감당할 필요가 없다.

마태는 오래된 이사야서의 말씀을 인용하여 임마누엘이라는 이름을 소개하면서 로마의 압제에 신음하는 독자들에게 이 예언의 배경을 다시 알려준다. 모두가 스러져가는 고난의 계절에 하나님이 함께해주신다는 확신을 심어주고 있는 것이다. 마태는 이렇게 임마누엘 하나님이 우리 땅에 오신 것이 하나님이 우리 개개인과 함께하신다는 증표임을 강조한다. 특히 우리의 상황이 비관적으로 흘러갈 때도 하나님이 우리와 함께하심을 상기시킨다. 예수님은 육신을 입으신 하나님이다. 골로새서 1장 15절은 그 점을 이렇게 표현한다. "그는 보이지 아니하는 하나님의 형상이시요 모든 피조물보다 먼저 나신 이시니." 예수님은 하나님의 "형상이시[다]"(히 1:3).

예수님, 즉 임마누엘에 대해 이야기한다면 그것은 바로 하나님에 대해 이야기하는 것과 같다. 우리는 이 땅에 살다가 사망한 어떤 위인의 이야기를 하는 것이 아니다. 예수님은 육신을 입은 하나님이시다. 성경은 예수님이 신성의 충만함을 나타내시는 모습을 반복해서 보여준다. 그분은 홀로 하나님이신 분이다. 예수님은 하나님의 이름들을 구체적으로 예시하고 계시하셨다. '하나님이 우리와 함께하심'에 대한 몇 가지 예를 살펴보자.

- 구약에서 하나님은 엘로힘(*Elohim*)으로 불린다. 엘로힘은 창조주 하나님이라는 뜻이다. 신약은 만물이 예수님으로 창조되었다고 말한다(골 1:16).
- 하나님은 여호와(*Jehovah*), 즉 스스로 있는 자로 알려져 있다. 예수님은 세상에 오셔서 "아브라함이 나기 전부터 내가 있느니라"(요 8:58)고 말씀하셨다.

- 하나님은 여호와 닛시(Nissi)로 알려져 있다. 그분은 우리의 승리의 깃발이라는 뜻이다. 신약에서 예수님은 "세상을 이기었노라"고 말씀하셨다(요 16:33).
- 하나님의 이름 중에는 여호와 로이(Rohi)가 있다. 주는 우리의 목자라는 뜻이다. 예수님은 선한 목자로 우리를 찾아오셨고, 그 양은 그분의 음성을 안다(요 10:4, 11).
- 하나님은 여호와 사바오트(Sabaoth)로 불린다. 이 이름은 만군의 주로서 하나님을 강조한다. 예수님은 자신을 위해 대신 싸워줄 열두 군단의 천사들을 부르실 수도 있었다. 하늘의 군대에 명령을 내리시는 분이다(마 26:53).
- 하나님의 또 다른 이름은 엘 엘리온(El Elyon)이다. 지극히 높으신 하나님이라는 뜻이다. 예수님은 지극히 높으신 곳에서 성부 하나님의 우편에 앉아 계신다(엡 1:20-21).
- 오늘날 우리 문화권에서 매우 유명한 하나님의 이름은 엘 샤다이(El Shaddai)다. 전능하신 하나님이라는 뜻이다. 성경은 예수 그리스도가 전능하신 하나님이라고 말할 때 동일한 표현을 사용한다(계 1:8).

예수님은 모든 면에서 우리와 함께하는 하나님이시다. 예수님의 이름들을 알고 싶다면 하나님의 이름들을 공부하면 된다. 예수님은 하나님의 모든 이름을 이루신 분이다. 그분은 '하나님이 우리와 함께 계신다'는 뜻의 임마누엘로 오셔서 우리에게 하나님을 계시해주셨다. 하나님이 어떤 분이신지 혼란스럽다면 한 이름, 임마누엘을 기억하면 된다.

왜 하나님이 정체성에 대해 자신을 계시하시는 데서 그치시지 않고 임마누엘을 우리에게 보내셨을까? 하나님은 본질적으로 초월적인 분이다. 우리 영역 밖에 계신다. 그 다른 영역에서 자신이 창조한 피조물과 절대적으로 구분되신다. 그러나 하나님은 우리와 함께 계시기를 원하셨다. 우리 가운데 거하기를 원하셨다. 이런 일은 위격적 연합으로만 가능하다. 다시 말해, 두 본성이 한 위격(예수님)으로 연합하되 영원히 그 독립성을 유지할 때만 일어날 수 있다. 이처럼 예수님은 신이신 동시에 인간이시기에, 우리는 그분을 하나님의 아들이자 사람의 아들로 부를 수 있다.

히브리서 10장 5-7절은 임마누엘의 목적과 계획을 알려 준다.

> "그러므로 주께서 세상에 임하실 때에 이르시되 하나님이 제사와 예물을 원하지 아니하시고 오직 나를 위하여 한 몸을 예비하셨도다 번제와 속죄제는 기뻐하지 아니하시나니 이에 내가 말하기를 하나님이여 보시옵소서 두루마리 책에 나를 가리켜 기록된 것과 같이 하나님의 뜻을 행하러 왔나이다 하셨느니라."

첫째, 예수님은 "하나님이 제사와 예물을 원하지 아니하시고…번제와 속죄제는 기뻐하지 아니하시나니"라고 말씀하셨다.

율법의 규정에 따라 드린 제사였지만 기뻐하지 않으셨다는 것이다. 둘째, 예수님은 "하나님이여 보시옵소서…하나님의 뜻을 행하러 왔나이다"라고 말씀하셨다. 하나님의 뜻을 행하기 위해 제사를 거부하셨다는 말이다.

예수님이 성육신하신 이유는 아버지의 뜻을 행하기 위해서였다. 인류의 죄악을 위하여 완전한 제사를 드리셨다. 이런 성육신의 은혜에서 하나님이 개인적이고 친밀하게 하나님을 알 수 있는 상황으로 직접 찾아오셨다는 사실을 깨닫는다.

예수님은 '우리와 함께하시는 하나님이다.' 당신과 함께하시는 하나님이다.

세상이 시작되고 끝날 때까지 눈을 돌리면 어디서나 예수님을 통해 계시된 하나님을 볼 수 있다. 예수님은 어디에나 계신다. 골로새서 1장 17절은 그 어떤 구절보다 더 정확하게 하나님의 광대하심과 위대하심을 한마디로 요약한다. "그가 만물보다 먼저 계시고 만물이 그 안에 함께 섰느니라."

임마누엘을 선택하다

내가 즐겨 사용하는 한 예화가 있다. 사랑하는 아들을 잃고 결국 자신도 숨을 거둔 부유한 사람에 대한 이야기다. 그 부자는 평생 값비싸고 희귀하며 귀중한 물품을 수없이 모았다. 그가 죽자 유품을 정리할 목적으로 물건을 모두 경매에 부쳤다.

고가의 가구와 예술품 등에 대한 그의 취향을 익히 아는 수백 명이 이 경매에 참여했다.

하지만 그날은 대부분이 전혀 흥미를 보이지 않는 물품이 가장 먼저 경매로 나왔다. 경매사는 싸구려 티가 나는 액자 한 점을 선보이며 이렇게 말했다. "오늘 경매할 첫 번째 물건은 이분의 외아들을 그린 초상화입니다." 그는 참석한 사람들이 모두 그 액자를 보도록 잠시 기다렸다가 이어서 "입찰하실 분 계십니까?"라고 말했다.

방 안은 침묵이 감돌았고 그 초상화를 입찰하려고 손을 든 사람은 아무도 없었다. 그들은 이처럼 값이 나가지 않는 물건이 아니라 고가의 예술품과 물품을 구매하러 나왔기 때문이다. 경매사는 단 한 마디도 하지 않고 가만히 서 있었다. 경매사들이 거의 하지 않는 행동이었다. 그는 참석자들의 표정을 보고, 실제로 이 물건을 사고 싶어 하는 사람이 아무도 없음을 알고 있었다. 그럼에도 한 번 더 물었다. "응찰자가 아무도 없습니까? 고인의 아드님 초상화인데 아무도 원하지 않으십니까?"

바로 그때 홀 뒤편에서 한 노인이 수줍게 앞으로 나서며 말했다. "선생님, 저는 사망하신 분을 섬기던 사람이었습니다. 아드님의 초상화를 원하는 분이 아무도 없다면 제가 가져도 되겠습니까?"

경매사는 "한 번 더 물어보겠습니다. 이 댁 아드님의 사진을 응찰하실 분이 아무도 없습니까?"라고 말했다. 여전히 아무도 대답하지 않았다. 결국 그는 그 종에게 "네, 선생님. 이 초상화는 선생님 것입니다"라고 말했다.

노인은 천천히 앞으로 걸어 나와 그 초상화를 조심스럽게 받았다. 소년의 그림을 애정이 듬뿍 담긴 표정으로 바라보던 그는 그것을 겨드랑이에 낀 채 홀의 뒤편으로 사라졌다. 그러자 놀랍게도 경매사는 망치를 집어 들고 두들긴 다음 "이제 경매는 끝났습니다"라고 말했다.

홀 안이 크게 술렁거렸고 사람들이 서로 바라보는 가운데 누군가가 이렇게 말했다. "네? 뭐라고요? 오늘 고가의 유품은 하나도 나오지 않았습니다. 그런데 어떻게 경매가 다 끝났다고 하는 거죠?"

경매사는 이렇게 대답했다. "이 저택 주인께서는 유서에 아들의 초상화로 경매를 시작해야 한다고 요구하셨습니다. 아들을 극진히 사랑한 그분은, 그림을 낙찰한 사람에게 모든 것을 물려주겠다고 유언하셨습니다."

아들을 가진 사람은 모든 것을 다 가진 것이다. 아들을 갖지 못한 사람은 아무것도 갖지 못한 것이다.

때로 우리는 그 유품 경매에 참여한 사람들과 비슷하다. 단 한 가지만 제외하고 값비싼 물건을 사려고 계속 서성거리지만 하나님은 그곳에서 이렇게 말씀하신다. "나는 생명을 주고 더 풍성히 주려고 왔다. 하지만 그 생명은 오직 내 아들과 관계를 맺을 때만 얻을 수 있다. 너희에게 아들이 있으면 영생을 누릴 수 있고 형통을 누릴 수 있다." 성경은 로마서에서 이 점을 명확하게 언급한다. "자기 아들을 아끼지 아니하시고 우리 모든 사람을 위하여 내주신 이가 어찌 그 아들과 함께 모든 것을 우리에게 주시지 아니하겠느냐"(8:32).*

예수님과 함께하면 성부 하나님이 우리를 위해 준비하신 모든 것을 받을 수 있다. 예수의 이름을 알고 이해하면 주님 안에서 더 풍성하게 거하는 법에 대한 통찰을 얻을 수 있다. 임마누엘이신 예수님을 알아가자. 예수님을 알아감으로써 그분이 주시려는 능력을 풍성히 누리자(요 10:10).

---

* 1장의 일부는 Tony Evans, *The Power of the Cross: Putting It to Work in Your Life* (Chicago: Moody Publishers, 2016, 『십자가, 그 놀라운 능력』 디모데 역간)을 개정하여 발췌했다.

2장
알파와 오메가

이스라엘의 왕인 여호와, 이스라엘의 구원자인 만군의 여호와가 이같이 말하노라 나는 처음이요 나는 마지막이라 나 외에 다른 신이 없느니라.

– 이사야 44:6

보라 내가 속히 오리니 내가 줄 상이 내게 있어 각 사람에게 그가 행한 대로 갚아 주리라
나는 알파와 오메가요 처음과 마지막이요 시작과 마침이라.

– 요한계시록 22:12-13

예수님의 이름을 계속해서 살펴보기에 첫 글자보다 더 적합한 것이 무엇이겠는가? 알파(Alpha)는 헬라어 알파벳의 첫 글자이고, 예수님의 이름 중 하나이기도 하다. 그러나 이 이름을 살펴보기 전에 먼저 영어 알파벳을 살펴보도록 하자.

학교에 들어갔을 때, 혹은 학교에 들어가기도 전에 우리가 가장 먼저 배우는 것 중 하나가 알파벳이다. 부모나 조부모나 선생님은 첫걸음을 채 내딛기도 전인 유아에게 알파벳을 가르쳐주려고 한다. 어린 시절 나는 알파벳을 외우는 데 도움이 되는 노래를 많이 들었다. 오늘날에는 어린아이들이 알파벳 글자뿐 아니라 각 글자의 발음을 쉽게 배울 수 있는 다양한 게임과 장난감과 영상이 시중에 많다.

어린아이에게 알파벳을 배우는 것을 그토록 강조하는 이유는, A부터 Z까지 알아야 모든 단어를 이해할 수 있는 첫걸음을 내디딜 수 있기 때문이다. 단어를 알기 위해서는 문자를 알아야 한다. 단어는 문자로 구성되어 있기 때문이다. 더 나아가 이런 단어들은 우리의 생각을 구성하고, 생각의 소통은 모든 지식의 기반을 이룬다.

알파벳을 모를 때 어떤 삶을 살게 될지 생각해보라. 일단

글을 읽을 수 없다. 의사소통을 하는 데 큰 지장을 준다. 자음과 모음을 배열하는 법을 몰라서 정확하고 명확한 발음을 할 수도 없다. 되도록 영어 알파벳을 모르는 사람들과 교류하며 열등감과 상처를 안고 살아가게 될 것이다.

아니면 이미 이런 경험을 해봤을 수도 있다. 어쩌면 말이 통하지 않는 외국을 방문했다가 현지어를 한마디도 못 했던 경험이 있을 수 있다. 이렇게 알파벳을 모르면 아무리 단순한 문제라도 이해하기가 어렵다. 영어를 모국어로 사용하지 않는 나라에서 영어로 길을 알려달라고 부탁해보라. 원하는 목적지를 제대로 찾아가기가 결코 쉽지 않을 것이다. 그 이유는 무엇인가? 정확한 의사소통은 특정한 언어의 구성 요소들을 정확히 이해하고 활용할 때 가능하기 때문이다.

언어와 단어가 아주 중요하다는 것은 누구나 인정하는 사실이다. 한 주제나 일의 전체를 가리키는 말로 "A부터 Z까지"라는 관용구가 있다. 이 표현은 단순히 알파벳의 두 글자를 가리키는 것이 아니다. 이것은 강조하려는 어떤 사안의 총체성을 나타낼 때 사용된다.

알파벳이 너무나 중요한 이유는 문자가 중요하고 단어가 중요하며 생각이 중요하고 지식이 중요하기 때문이다.

영어로 "A부터 Z까지"라는 표현이 헬라어로는 "알파와 오메가"다. 알파는 헬라어 알파벳의 첫 글자이고 오메가는 마지막 글자다. 예수님은 지상에 오셨을 때 헬라어 사용권에서 생활하셨기에 알파와 오메가의 의미를 이해하셨다. "A부터 Z까지"

가 소통의 온전성, 지식의 온전함, 사고의 명료함을 가리키듯이 "알파와 오메가"라는 말은 예수님이 몸담고 계셨던 문화권에서 동일한 의미로 통용되었다. 그러므로 자신을 가리켜 알파와 오메가라고 말씀하신 것은 자신이 모든 생활에 필요한 지식의 완벽한 기반이라는 선언이었다. 필요한 모든 정보의 전부였고, 모든 질문의 대답이었다. 모든 소통의 충분조건이자 모든 것의 총체였다.

예수님은 자신이 알파와 오메가라는 주장을 뒷받침하시기 위해 실존과 존재의 범위를 더 확실히 밝히셨다. "처음과 마지막이요"(계 22:13)라는 말씀을 덧붙이는 방법을 사용하셨다. 본질적으로 예수님을 앞서는 문자도 없고 그분 뒤를 따르는 문자도 존재하지 않는다. 그분은 처음이자 마지막이시며 모든 것은 그 사이에 존재한다. 그뿐 아니라 이 말씀으로 예수님은 자신이 살아 있는 하나님이심을 선언하셨다. 우리가 이 사실을 아는 이유는 하나님이 구약에서 그분 자신을 동일하게 언급하셨기 때문이다.

이사야 44장 6절은 "이스라엘의 왕인 여호와, 이스라엘의 구원자인 만군의 여호와가 이같이 말하노라 나는 처음이요 나는 마지막이라 나 외에 다른 신이 없느니라"고 기록한다. 이사야 48장 12절은 "야곱아 내가 부른 이스라엘아 내게 들으라 나는 그니 나는 처음이요 또 나는 마지막이라"고 말한다.

자신을 가리켜 알파와 오메가이자 처음이며 마지막이라고 하신 예수님의 선언은 자신이 구약의 하나님이라고 선언하신 것과 같았다. 특히 이 이름은 예수님의 신성을 주장하고 인정히는 것이었다. 무엇보다 처음과 마지막이 얼마나 많이 있을 수 있겠는가? 구약의 하나님이 자신의 정체성을 처음이자 마지막이라고 소개하셨다. 예수님 역시 자신을 처음이자 마지막으로 소개하심으로써 그분이 신격의 한 위라는 사실을 계시하셨다.

최종적 말씀이신 예수님

예수님은 알파와 오메가라는 이름으로 자신의 신성을 선언하시는 데서 더 나아가신다. 그분은 자신이 하나님에 대해 알려진 모든 것의 완벽한 현현임을 분명히 밝히셨다. 문자는 단어를 형성하고 단어는 생각을 표현하기 때문이며, 예수님은 자신을 알파벳을 구성하는 모든 글자의 총합으로 소개하셨다. 예수님은 하나님으로서 모든 정보를 완벽히 알고 계시고, 하나님에 대해 알려진 모든 것을 전달하신다.

이것은 누군가가 예수님의 계시와 하나님의 현시를 외면하고 자의적으로 해석한 진리와 하나님에 대한 지식만 강조하면, 그것이 틀렸음을 의미한다. 영어 알파벳 문자들을 활용하지 않고 영어로 단어를 표현할 적절한 방법은 없다. 영어 알파벳을 사용하지 않고 단어를 만드는 사람이 있다면 그 단어는 영어 단어가 아닐 것이다. 마찬가지로 예수님은 자신이 알파에서 오메가에 이르는 모든 글자의 총체라는 사실을 명확히 하셨다. 근원이신 분에게서 비롯되지 않은 피조물은 예수님의 세계에 결코 존재할 수 없다. 그것은 절대 사실일 수가 없다.

예수님의 이런 특별한 이름에 기초를 둔 신학은, 예수님이 하나님에 대한 완전한 계시일 뿐 아니라 모든 주제에 대한 모든 지식의 완벽한 총체라는 내용으로 요약할 수 있다. 예수님과 독립적으로 존재하는 주제는 하나도 없다. 모든 지혜와 지식은 예수님께 뿌리를 내리고 있다. 이 이름을 진지하게 받아들이지 않을 때 우리 삶에 문제가 생긴다. 많은 이가 예수님을 사람들의 병을 고쳐주고 선행을 행한 위대한 역사적 인물로 여기지만, 우리 인생의 모든 영역에서 필요한 지식을 그분께 공급받지 않으면 건강하고 생산적인 선택을 내릴 수 있는 지혜와 지식이 부족해진다. 주일 하루만 예수님을 인정하고, 그분을 만물의 통치자로 의지하지 않는 신자가 너무나 많다. 예수님이 죽음으로 주셨던 풍성한 생명을 삶에서 누리기는커녕 하루하루 겨우 살아가는 이들이 넘쳐나는 이유가 이 때문이다.

예수님은 우리 인생에서 A부터 G까지가 아니다. 예수님을 시간의 일부로만 생각해서는 안 된다. 그분은 궁극적인 알파와 오메가시며 시작과 끝이 되신다. 만물의 주관자시다. 성경에는 그리스도의 총체적인 성격과 통치를 강조하는 내용이 많이 등장한다. 몇 가지 예를 함께 살펴보자.

- 에베소서 1:9-10 "그 뜻의 비밀을 우리에게 알리신 것이요 그의 기뻐하심을 따라 그리스도 안에서 때가 찬 경륜을 위하여 예정하신 것이니 하늘에 있는 것이나 땅에 있는 것이

다 그리스도 안에서 통일되게 하려 하심이라."
- 에베소서 1:21 "모든 통치와 권세와 능력과 주권과 이 세상뿐 아니라 오는 세상에 일컫는 모든 이름 위에 뛰어나게 하시고."
- 골로새서 1:15 "그는 보이지 아니하는 하나님의 형상이시요 모든 피조물보다 먼저 나신 이시니."
- 골로새서 1:17 "또한 그가 만물보다 먼저 계시고 만물이 그 안에 함께 섰느니라."
- 골로새서 1:19 "아버지께서는 모든 충만으로 예수 안에 거하게 하시고."
- 골로새서 2:3 "그 안에는 지혜와 지식의 모든 보화가 감추어져 있느니라."
- 골로새서 2:9 "그 안에는 신성의 모든 충만이 육체로 거하시고."
- 골로새서 3:11 "거기에는 헬라인이나 유대인이나 할례파나 무할례파나 야만인이나 스구디아인이나 종이나 자유인이 차별이 있을 수 없나니 오직 그리스도는 만유시요 만유 안에 계시니라."

위에서 소개한 본문에서 반복해서 등장하는 단어가 무엇인지 알아차렸는가? 그것은 "모든"이라는 단어다. 예수님은 모든 것을 아신다. 모든 것을 이해하신다. 모든 것을 실현하신다. 모든 것을 다스리신다. 그러므로 어떤 주제에 대해 생각하든지 예수님의 생각에서 벗어나는 것은 우리와 아무 상관이 없다. 예수님과 일치하지 않는 지식은 모두 오염한 것이나 무지의 소산이다. 친구나 미디어 전문 분석가나 심지어 교수나 연설가가 어떤 생각을 하든지 그들의 생각이 예수님 안에서 발견된 진리와 다르다면 틀린 것이다. 너무나 명백하고 단순하다. 하나님의 지식을 폐기하고 버리는 사람이 있다면, 인간 지혜는 결국 고통과 낙담과 공허로 얼룩진 길이라는 것을 알게 될 것이다.

형제들이여, 하나님은 말씀하시되 조금도 주저하거나 머뭇거리시지 않는다. 모든 질문에는 두 가지 답이 있다. 하나님의 답이거나 그 외 다른 이들의 답이다. 세상 모든 사람이 하나님과 다른 생각을 한다면, 그들이 모두 틀린 것이다. 야고보서 3장 15절은 인간의 지혜가 곧 귀신의 생각이라고 말한다. 그런 지혜는 단순히 어리석은 차원이 아니라 악한 것이다.

이와 반대로 영적 지혜에는 지식을 올바로 사용할 수 있는 능력이 있다. 지식은 정보다. 지혜는 그 정보를 사용해 긍정적인 영향을 미치고 결실을 맺을 수 있는 능력을 뜻한다. 지식은 있지만 지혜는 거의 혹은 전혀 없는 사람을 떠올려보라. 그런 사람을 '똑똑한 바보'라고 할 수 있다. 여러 학위를 소지했어도 그 지식을 지혜롭게 활용하는 법을 모르는 사람이 있다. 자신이 가진 정보를 인생에서 올바른 선택을 하는 데 활용할 줄 모른다면, 그는 갖은 대가를 치르다가 결국 평온과 능력을 빼앗기고 말 것이다.

히브리서 12장 25절은 "너희는 삼가 말씀하신 이를 거역하지 말라"고 말한다. 우리는 예수님이 하신 말씀을 외면해서는 안 된다. 우리는 대부분 이런 잘못을 저지르고 있다는 것을 부정하거나 우리의 행동 수위를 인정하지 않으려 들 것이다. 그리스도인이 예수님의 말씀을 엄중하게 받아들이지 않는 모습은 흔하게 볼 수 있다. 예수님의 십자가는 벽에 걸어놓은 멋진 장식품으로 쓰이거나 목걸이로 사용된다. 바이블 벨트(Bilbe Belt, 기독교 성향이 강한 미국 남부 지역) 지역에 있는 주유소나 편의점에 들어가면 온갖 크기의 보석 십자가나 돌로 만든 십자가들이 진열된 것을 쉽게 볼 수 있다. 물론 예수님의 대속하심을 기억하는 것은 중요하다. 그런데 그분의 말씀을 기억하고 실천하는 것 역시 그에 못지않게 중요하다. 정작 예수님의 말씀을 확인하고 되새기기 위해 노력하거나 시간을 투자하지 않으면서 벽에 십자가를 걸어놓거나 커피 테이블에 성경책을 비치하는 것이 무슨 소용이란 말인가?

예수님의 말씀에 순종하라. 모든 지식과 지혜의 총체이신 분의 말씀 안에 거하지 않는다면, 십자가는 종교적 부적에 불과하다. 실제로 하나님은 우리가 아들의 말씀을 청종하지 않고 그분의 진리대로 살아가지 않을 때 우리 삶을 흔들고 괴롭게 하심으로 우리의 관심을 되돌리려 하실 것이다(히 12:10-11 참고). 히브리서 1장 2절은 이렇게 말한다. "이 모든 날 마지막에는 아들을 통하여 우리에게 말씀하셨으니 이 아들을 만유의 상속자로 세우시고 또 그로 말미암아 모든 세계를 지으셨느니라." 그러므로 예수님은 단순히 종교나 영적 문제의 최종 결정권자시기만

한 게 아니다. 그분은 모든 일의 결정권자시다. 결혼 생활이나 돈이나 자녀 양육, 직장, 천국과 지옥, 오락, 관계 그 외 모든 것이 예수님의 권위 아래 있다. 예수님은 이 모든 일의 최종적 권위자시다. 이 모든 것의 시작이 되신다. 고린도전서 15장 27-28절은 이렇게 말한다.

> "만물을 그의 발아래에 두셨다 하셨으니 만물을 아래에 둔다 말씀하실 때에 만물을 그의 아래에 두신 이가 그중에 들지 아니한 것이 분명하도다 만물을 그에게 복종하게 하실 때에는 아들 자신도 그때에 만물을 자기에게 복종하게 하신 이에게 복종하게 되리니 이는 하나님이 만유의 주로서 만유 안에 계시려 하심이라."

C. S. 루이스(Lewis)의 말을 빌려 표현해보면, 나는 태양이 눈에 보이기에 그 존재를 믿으며 태양으로 말미암아 다른 모든 것을 볼 수 있기에 태양의 존재를 믿는다.* 마찬가지로 우리는 예수님을 믿는 데서 더 나아가 그분의 시각이라는 렌즈로 인생의 모든 것을 바라보아야 한다.

우리 인생과 생각의 모든 부분은 예수 그리스도와 연결되

---

* "눈에 보이기 때문일 뿐 아니라 그 존재로 모든 만물을 볼 수 있으므로 태양이 떠오르는 것을 믿듯이 기독교를 믿는다." C. S. 루이스, 2013년 10월 26일, C. S. Lewis Institute, Reflections, "Christianity Makes Sense of the World"에서 인용. http://www.cslewisinstitute.org/Christianity-Makes-Sense-of-the-World(2018. 10. 31).

고 접속되어야 하며 조화를 이루어야 한다. 예수님은 하늘로부터 땅에 이르기까지 온 세상에 하나님을 계시해주신다. 그분은 하늘의 진리와 지상의 우리 삶을 연결해주셨고 지금도 그 일을 하고 계신다. 예수님의 말씀이 곧 법이다. 최소한 그렇게 되어야 마땅하다.

툭하면 불평하거나 어린아이처럼 다투는 우리를 보고 부모님이나 보호자가 "내 말을 전혀 안 들었구나"라고 하는 소리를 들은 적이 있을 것이다. 아마 우리 역시 자녀에게 이런 식으로 말하고 있을지 모른다. 여기서 핵심은 최종 결정이 이미 내려져 있으므로 더는 그 일로 왈가왈부할 필요가 없다는 것이다.

예수님은 최종적 권위가 되신다. 여기에 덧붙일 말은 없다.

어떤 모임은 불필요하게 계속 이어지기도 한다. 과도한 토론이 지지부진하게 이어진다. 소모적인 논쟁이나 언쟁이 끊이지 않는 경우도 있다. 이렇게 모임이나 토론이나 언쟁이 쓸데없이 이어지거나 지속되는 이유는, 예수님을 모든 진리의 알파와 오메가이며 시작과 끝으로 인정하지 않기 때문이다. 예수님으로 시작하지 않는다. 우리는 예수님의 도우심이 절박하게 필요할 때만 그분께 나아간다. 그러나 주님은 그런 분이 아니다. 주님은 그런 취급을 받으시려고 이 땅에 오신 것이 아니다.

예수님은 우리에게 생명을 주시고, 그것을 더 풍성히 누리게 하시려고 이 땅에 오셨다(요 10:10). 하지만 이런 일은 주님의 근본적인 진리와 우리 삶을 일치시킬 때만 일어난다. 우리가 예수님의 진리와 하나가 될 때 그분의 능력을 누릴 수 있다. 예수님의 진리를 소유할 때 우리는 그분의 평화를 소유하게 된다. 예수님의 진리를 누릴 때 그분의 섭리를 향유하게 된다. 이것은 예수 그리스도의 생애로 구체화된 하나님의 말씀을 우리가 어떻게 이해하고 적용하는지에 따라 결정되는 인과 관계다.

완주하기

예수님의 진리와 일치하는 삶을 사는 비결을 발견한 사람은 무엇을 얻을 수 있는가? 그는 하나님이 창조의 목적으로 맡기신 소명을 완수하고 경주를 마무리할 수 있다. 히브리서 12장 1-3절은 이렇게 설명한다.

> "이러므로 우리에게 구름같이 둘러싼 허다한 증인들이 있으니 모든 무거운 것과 얽매이기 쉬운 죄를 벗어 버리고 인내로써 우리 앞에 당한 경주를 하며 믿음의 주요 또 온전하게 하시는 이인 예수를 바라보자 그는 그 앞에 있는 기쁨을 위하여 십자가를 참으사 부끄러움을 개의치 아니하시더니 하나님 보좌 우편에 앉으셨느니라 너희가 피곤하여 낙심하지 않기 위하여 죄인들이 이같이 자기에게 거역한 일을 참으신 이를 생각하라."

형제여, 지금 지쳐 낙담에 빠져 있더라도 이해할 수 있다. 성경은 이런 유형의 지친 상태를 보통 '피곤'이나 '낙심'이라는 단어로 표현한다. 모두 알겠지만, 살아가다 보면 인생의 풍랑을 만나기도 한다. 어려움을 겪는 원인이 당신에게 있을 수도 있고 다른 사람의 잘못으로 그렇게 됐을 수도 있다. 아니면 당신과 다른 누군가가 모두 그 원인인 경우도 있다. 이유가 무엇이건 결과는 매한가지다. 우리는 낙담하고 지친다. 삶의 의욕이 사라진다. 희망이 점점 사그라들고 열정이 식어버린다. 그러나 히브리서 저자는 이 구절에서 피곤하고 지쳐 있어도 포기하지 말고 계속 힘을 내라고 말한다.

지금 당장 상황이 아무리 어렵고 힘들어도 멈추어서는 안 된다.

우리에게는 마무리해야 할 경주가 있다. 비유적 의미의 경주이기는 하지만 하나님의 영광을 위해 그리고 나와 이웃의 유익을 위해 하나님나라의 삶을 살아가는 경주를 마무리해야 한다. 사람의 지혜를 따르다가 주님의 길을 잃거나 우회하게 됐을 수도 있다. 하지만 예수님은 우리를 다시 그 길로 돌아가게 하시고 경주를 잘 마치도록 도와주실 것이다.

히브리서 저자가 편지를 쓴 목적은 사람들을 완벽에 이르게 하기 위해서가 아니었다. 그가 편지를 보낸 대상은 죄와 실수로 망가지고 마음이 후회로 얼룩진 사람들이었다. 평범해서 실수하고 쉽게 좌절하던 사람들은 지쳐서 포기하고 싶었다. 그는 그런 사실을 잘 알았기에 포기하지 않고 신앙의 경주를 이어가도록 그들을 다독이고 격려했다. 그렇다면 어떻게 해야 그들이 포기하지 않고 계속 경주를 이어가게 할 수 있는가? 시작하고 끝맺는 법을 다 아시는 분을 온전히 바라보는 것이다. 알파와 오메가이자 시작과 끝이 되신 분께 시선을 고정하는 것이다.

지금 우리가 어떤 상황에 처해 있든 상관없다. 우리에게는 시작하고 마무리할 능력을 지니신 예수님이 계시므로 포기하지 않고 경주할 힘이 있다. 예수님은 신앙 여정의 시작이자 완성이시다. 우리가 초점을 바꾸기만 하면 된다. 올바른 길로 다시 돌아가야 한다. 우리 앞에 놓여 있는 경주를 포기하지 말라. 예수님께 시선을 고정하면 경주에 끝까지 임할 수 있다. 예수님께 온전히 집중하라.

어떤 대상에게 집중한다는 것은 그 외 다른 대상에게 집중하지 않는다는 뜻이다. 여러 대상에게 동시에 집중하기란 불가능하다. 예수님께 집중한다는 것은 그분께 시선을 고정한다는 뜻이다. 예수님 외에 어떤 누구에게도 시선을 주지 않는 것이다. 더 이상 다른 사람들과 그들의 생각, 심지어 당신 자신의 개인적 생각까지 관심을 갖지 않는 것이다. 그 대신 예수님을, 오직 그분만을 바라보는 것이다.

어디에 시선을 두는가가 우리의 방향을 결정한다. 현재 처한 어려운 상황이나 상태를 바라보고 부정적인 상황에만 시선을 고정하고 있다면 점점 더 엉망인 상황으로 내몰릴 것이다. 출구를 찾아내지 않으면 안 될 것이다. 이기게 해주실 힘을 의지해야 할 것이다.

이와 관련된 적절한 사례를 마태복음 14장 22-31절에서 볼 수 있다. 이 본문에 예수님이 무서운 풍랑을 뚫고 물 위를 걷어서 제자들에게 다가가신 내용이 나온다. 예수님은 악천후 속으로 그들을 보내셨다. 폭풍이 문제였다. 그러나 예수님은 제자들에게 다가가시면서 문제 그 자체를 밟고 가셨다. 폭풍을 제거하시지 않고 극복하셨다. 폭풍을 제압하셨다.

베드로는 예수님께 시선을 고정할 때만 그 폭풍을 극복할 수 있었다. 그는 예수님을 보고 자신도 물 위로 걸을 수 있는지 물었고, 예수님을 바라보는 동안에는 물 위를 무사히 걸을 수 있었다. 그러나 예수님에게서 시선을 돌려 자신을 에워싼 두려운 상황을 바라보자 다시 물속으로 가라앉았다.

형제여, 지금 어떤 상황에 처해 있든지 그 상황에만 시선을 고정하고 있다면 그 상황에 압도당하고 말 것이다. 상황에 지배당할 것이다. 상황에 완전히 삼켜질 것이다. 예수님은 베드로에게 위험한 상황에서 나아오라고 부르신다. 믿음으로 걸음을 내디디라고 요청하신다. 그러나 시선을 오직 그분께 고정할 때만 성공할 수 있다. 상황에만 계속 시선을 둔다면 그 상황에 삼켜지고 말 것이다. 베드로처럼 물속으로 가라앉을 것이다. 그러나 베드로처럼 다시 예수님을 바라보고 그분께 시선을 고정하면, 예수님은 우리를 다시 끌어올려 주실 것이다. 그러면 우리는 또다시 풍랑이 거세게 이는 바다 위로 걸어갈 수 있다. 베드로의 시선이 다시 움직였다. 베드로는 다시 예수님께 시선을 고정할 때만 절실히 필요한 신적인 개입을 받을 수 있었다.

때로 인생의 여러 시련으로 버둥거릴 때 도무지 하나님을 만날 수 없다는 절망감에 휩싸인다. 그러나 하나님은 우리를 떠나신 것이 아니었다. 오히려 우리의 시선이 하나님에게서 다른 곳으로 옮겨간 것이었다. 하나님의 임재를 느낄 수 없거나 하나님의 평안을 누릴 수 없을 때 자문해보라. '나의 영적 눈은 어디를 바라보고 있는가? 나는 어디에 시선을 두고 있는가?'

베드로가 예수님께 시선을 고정해야 한다는 사실을 기억한 순간, 예수님은 손을 내밀어 그를 구해주셨다. 갑자기 폭풍을 물러가게 하시지 않았다. 무서운 기세가 꺾이도록 풍랑을 즉각 잠잠하게 하시지 않았다. 그 대신 베드로에게 폭풍과 파도를 딛고 일어서서 안전한 배 위로 걸어갈 힘을 주셨고, 결국 예수님과 베드로는 무사히 해안에 당도할 수 있었다.

빌립보서 1장 6절에서 바울은 "너희 안에서 착한 일을 시작하신 이가 그리스도 예수의 날까지 이루실 줄을 우리는 확신하노라"고 말한다. 형제여, 이 얼마나 복된 소식인가! 예수께로 나아가는 것은 우리에게 필요한 모든 것의 시작과 끝이신 분께 나아가는 것이다. 예수님께 시선을 집중하면 그분은 마지막 결승선까지 우리를 데려가실 것이다.

조정 경기에는 키잡이라는 포지션이 있다. 이 선수는 목표 지점을 바라보고 배의 후미에 자리를 잡는다. 반면 노를 젓는 선수들은 목표로 삼은 방향과 반대 방향으로 앉는다. 그들은 배가 어디로 향하는지 볼 수 없다. 보이는 것은 오직 키잡이뿐이다. 키잡이가 노잡이들에게 노를 젓도록 지시하고 안내한다. 키잡이에게 관심을 집중하지 않거나 조금이라도 시선을 돌리면 금세 몇 초가 날아가버린다. 경기에서는 매초가 중요하다. 노잡이들이 방향을 지시하는 키잡이에게 시선을 고정하고 관심을 집중할 때만 우승할 확률이 높아진다.

인생은 불확실하다. 수많은 폭풍이 찾아온다. 너무나 많은 방향에서 고난과 시련이 닥친다. 그러나 예수 그리스도께 시선을 고정하고 그분의 부르심에 합당하게 삶을 이어가면, 예수님은 우리가 가야 할 방향을 안내해주실 것이다. 어떤 문제에 부닥치든지 먼저 그분의 시각을 찾고, 그분과 소통하며, 그분께 시선을 집중하라. 예수님은 알파와 오메가시며, 시작과 끝이 되신다. 예수님은 시작이자 마침이 되셔서 우리로 결승선을 통과하게 해주실 것이다.

Α

예수님은
우리 인생에서 A부터 G까지가 아니다.
그분은 궁극적인
알파와 오메가시며 시작과 끝이 되신다.
만물의 주관자시다.

3장
왕

시온의 딸아 크게 기뻐할지어다 예루살렘의 딸아 즐거이 부를지어다 보라
네 왕이 네게 임하시나니 그는 공의로우시며 구원을 베푸시며 겸손하여서
나귀를 타시나니 나귀의 작은 것 곧 나귀 새끼니라.

—스가랴 9:9

그 옷과 그 다리에 이름을 쓴 것이 있으니
만왕의 왕이요 만주의 주라 하였더라.

—요한계시록 19:16

우리 집에 찾아오기로 한 손님이 현관 벨을 눌러서 나가보니 그가 담배를 피우고 있었다고 하자. 그러면 나는 그에게 집으로 들어오기 전에 담배를 꺼달라고 부탁할 것이다. 우리 집에는 재떨이도 없을뿐더러 집 안에서는 담배를 피울 수가 없다. 그래서 손님의 행동을 용인할 수도 없고, 그러고 싶은 마음도 없다.

만약 손님이 우리 집에 와서 저속하고 상스러운 말을 거침없이 사용한다면, 우리 집에서는 상스러운 말이 허락되지 않기 때문에 나는 언어를 신중하게 사용해달라고 부탁할 것이다. 또 만약 우리 아이가 이성 친구를 우리 집에 초대해 하룻밤을 묵어가라고 했다고 하자. 나는 아이와 그 친구를 한 방에서 재우거나 한 침대를 사용하도록 허락하지 않고, 각자 방을 배정해줄 것이다. 그 친구의 집에서는 어떻게 하는지 모르겠지만, 우리 집은 혼전 동침을 허용하지 않는다. 혹은 마약을 하거나 술을 마시는 것도 허락하지 않는다. 내가 무슨 말을 하려는지 알겠는가?

손님이 이런 행동을 할 수 없는 이유는 그들이 우리 집에 있기 때문이다. 우리 집에는 모든 손님이 적응하고 받아들여야 할 몇 가지 중요한 지침이 있다.

아마 당신의 집에서는 담배를 피우거나, 거칠고 상스러운 말을 사용하거나, 독한 위스키를 마음껏 마셔도 누구 하나 제재하지 않을지 모른다. 그러나 당신이 우리 집을 방문했다면 당신이 집에서 어떤 생활을 하는지는 내게 중요하지 않다. 집 대출금을 갚는 사람도 나고, 각종 공과금과 세금을 내는 사람도 나이기 때문에 내 집은 내가 정한 원칙이 적용되는 영역이다. 그러므로 당신이 내 집에 왔다면 내 원칙을 따라야 한다. 내가 정해놓은 원칙을 받아들일 마음이 없다면, 우리는 갈등을 빚을 수밖에 없다. 내가 당신을 초청했더라도 의미 있는 만남이 되지 않을 것이며, 지속적인 만남으로 이어지지도 않을 것이다. 내 원칙을 한사코 거부하려 한다면 집을 떠나달라고 요청할 것이기 때문이다.

나의 딸 크리스탈은 의지가 강하고 자기 생각이 아주 분명한 편이다. 자신이 무엇을 하고 싶은지 잘 안다. 그런 장점 덕분에 수많은 어려움과 도전을 이겨내고 인생의 성공을 거둘 능력을 발휘할 수 있었다. 그런데 딸이 성인이 되기 전 아직 우리와 한집에서 살고 있을 때, 그런 성향 때문에 나와 자주 의견 충돌을 빚었다. 어느 날 어떤 문제로 언쟁이 벌어졌고, 그 언쟁은 꽤 길게 이어졌다. 내가 입장을 굽히지 않으리라고 판단한 딸은 아직 내 말이 끝나지 않은 상태에서 자리를 떠나려고 했다. 나는 급하게 "대체 어딜 가려는 거냐?"라고 물었다.

딸은 "내 방으로 가려는데요"라고 대답했다.

그 말을 듣고 나는 이렇게 답했다. "그 방은 네 방이 아니니까 그 방으로 가면 안 되지. 그 방은 내 방이야. 내가 너에게 내어준 방이니, 지금 그 방에 가면 안 돼."

크리스탈은 내 집에서 사용한 방에 대해 오해하고 있었다. 그 방의 주인은 딸이 아니었다. 딸은 임시로 방을 사용하고 있을 뿐이었다. 부모라면 아마 나의 이런 지적에 공감하리라 생각한다. 우리는 부모로서 각종 공과금을 내고 전기와 가스와 식량과 가구를 제공한다. 그러나 우리의 십 대 자녀들은 종종 부모의 원칙에 이의를 제기하고 언쟁을 벌이고 싶어 한다. 훌륭한 자녀 양육은 적당히 타협하지 않는다. 자녀 양육을 제대로 하는 부모라면 사랑의 지침과 경계를 설정하고, 자녀에게 존중과 자기 절제와 순종을 가르친다.

형제여, 우리가 자녀 양육에 대해서는 상당히 잘 이해할지 모른다. 그러나 하나님과 관련한 경우, 이런 원리들을 망각하기 쉽다. 하나님께는 집이 있다. 그분의 집은 하나님나라라고 불린다. 하나님나라는 모든 피조 세계에 대한 하나님의 전반적인 통치 영역을 말한다. 시편 24장 1절은 "땅과 거기에 충만한 것과 세계와 그 가운데에 사는 자들은 다 여호와의 것이로다"라고 말한다.

하나님은 피조 세계를 그분의 거처라고 부르신다. 피조 세계가 그분의 거처이므로 하나님은 자신이 원하시는 대로 이 피조 세계, 즉 그분의 집을 운영하신다. 이 집을 운영하실 때 하나님만의 원칙이 있다. 당신이 당신 자신의 원칙을 만들고 싶다면 가서 당신의 세계를 만들어야 한다. 이 피조 세계의 통치자는 하나님이시다. 하나님은 그분의 집을 관리할 혹은 위탁 운영할

3장. 왕

책임을 우리에게 일임하심으로써 인간을 통해 통치하는 방법을 선택하셨다. 나는 하나님의 통치를 '하나님나라 의제'(kingdom agenda)라고 부른다. 이것이 내가 가르치는 모든 내용의 밑바탕이다. 이 하나님나라 의제는 인생의 모든 영역에 대한 하나님의 전반적인 통치가 가시적으로 드러나는 것이라고 정의할 수 있다. 여기에는 우리가 하나님의 총체적 통치에 순응하는 것이 포함된다. 이렇게 하나님의 통치에 우리를 일치시키는 범위 안에서 그분은 우리에게 몇 가지 책임을 맡기셨다. 성경은 그것을 다음과 같이 간략히 소개한다.

- **창세기 1:1** "태초에 하나님이 천지를 창조하시니라."
- **창세기 2:7** "여호와 하나님이 땅의 흙으로 사람을 지으시고 생기를 그 코에 불어넣으시니 사람이 생령이 되니라."
- **창세기 2:15** "여호와 하나님이 그 사람을 이끌어 에덴동산에 두어 그것을 경작하며 지키게 하시고."
- **창세기 1:26-28** "하나님이 이르시되 우리의 형상을 따라 우리의 모양대로 우리가 사람을 만들고 그들로 바다의 물고기와 하늘의 새와 가축과 온 땅과 땅에 기는 모든 것을 다스리게 하자 하시고 하나님이 자기 형상 곧 하나님의 형상대로 사람을 창조하시되 남자와 여자를 창조하시고 하나님이 그들에게 복을 주시며 하나님이 그들에게 이르시되 생육하고 번성하여 땅에 충만하라, 땅을 정복하라, 바다의 물고기와 하늘의 새와 땅에 움직이는 모든 생물을 다스리라

하시니라."
- **시편 8:4-6** "사람이 무엇이기에 주께서 그를 생각하시며 인자가 무엇이기에 주께서 그를 돌보시나이까 그를 하나님보다 조금 못하게 하시고 영화와 존귀로 관을 씌우셨나이다 주의 손으로 만드신 것을 다스리게 하시고 만물을 그의 발 아래 두셨으니."
- **시편 115:16** "하늘은 여호와의 하늘이라도 땅은 사람에게 주셨도다."

하나님은 땅에 기원을 둔 피조물, 즉 인간을 창조하셨다. 인간이 맡은 일은 하나님의 집을 그분의 방식에 따라 경영하는 것이었다. 그러나 아담은 경기 초반에 공을 포기해버렸고 그 실수는 너무나 결정적이었다. 그렇게 공을 포기함으로 세상의 운영권을 사탄에게 넘겨버리고 말았다. 아담이 피조물의 주인에게 반역을 저지르고 죄가 세상에 들어오게 되었고, 피조 세계의 관리는 사탄에게 넘어가게 되었다. 이 일로 혼란과 무질서와 부패와 고통이 세상에 들어왔다.

하나님은 인간의 통치를 회복시키시려고 "마지막 아담" 혹은 "둘째 사람"으로 알려진 또 다른 아담을 준비하셔야 했다(고전 15:45, 47). 첫 아담이 실패한 일을 둘째 아담은 성공시킬 것이다. 그 이유는 무엇인가? 신적 존재이신 예수 그리스도가 둘째 아담이시기 때문이다.

그러나 예수님이 본격적으로 무대에 등장하시기까지는 시

간이 걸릴 것이다. 그래서 구약 성경은 시종일관 오실 왕, 즉 언젠가 하늘의 시각으로 땅을 통치하실 분을 고대하는 내용으로 가득 차 있다. 또한 그분이 유대인을 통해 세상에 오셔서 다윗의 보좌에 앉으시며, 이스라엘에서 세상을 통치하시리라 기대했다. 선지자들은 이 왕을 고대했다. 아브라함과 맺은 하나님의 언약은 이 왕을 예고했다. 다윗의 왕가 계보 역시 이 왕을 예고했다. 스가랴 9장 9절을 보면 왕으로 오실 예수님을 고대하는 이들의 생각을 엿볼 수 있다.

> "시온의 딸아 크게 기뻐할지어다 예루살렘의 딸아 즐거이 부를지어다 보라 네 왕이 네게 임하시나니 그는 공의로우시며 구원을 베푸시며 겸손하여서 나귀를 타시나니 나귀의 작은 것 곧 나귀 새끼니라."

예수님이 자신의 왕권을 본격적으로 알리려 하실 즈음 제자들에게 나귀를 데려오도록 지시하신 것은 바로 이런 맥락 때문이다. 신적 왕이 나귀를 타실 것이라고 오래전에 예언되어 있었기 때문이다. 예수님이 탄생하신 후 동방 박사들이 경배하러 찾아와서 그가 유대인의 왕으로 태어났다고 주장해도 놀랄 이유가 없다(마 2:2). 세례 요한은 왕의 오심을 선언하며 이스라엘 민족이 이해할 수 있는 용어로 그 사실을 표현했다. "회개하라 천국이 가까이 왔느니라"(마 3:2). 예수님은 복음의 선포를 시작으로 역사의 무대에 오르셨고 세례 요한과 동일한 메시지를 선언하셨다. "이때부터 예수께서 비로소 전파하여 이르시되 회개하라 천국이 가까이 왔느니라 하시더라"(마 4:17). 더 나아가 제자들이 복음을 전하도록 파송하시면서 하나님의 나라가 도래했음을 선언하도록 하셨다(마 10:7).

왕이 오셨다. 그 이름은 예수였다.

왕의 통치에 복종하다

예수님에 대해 말할 때, 오늘날의 문화적 정서상 선뜻 부르려 하지 않는 이름 중 하나가 바로 왕이다. 하지만 성경은 처음부터 끝까지 예수님이 왕이심을 집중적으로 부각한다. 우리는 예수님을 구주로 인정한다. 그분이 살아 계신 어린양이라는 사실은 쉽게 받아들인다. 그분을 임마누엘로 찬양한다. 우리는 대부분 구속의 역할과 관련해 예수님을 묘사하거나 그리는 경향이 있다. 물론 이런 역할이 예수님의 핵심적인 사역이기는 하지만, 그것을 과도하게 부각하면 우리의 일상생활에 드러나는 예수님의 능력을 온전히 깨닫지 못한다. 이 능력은 우리가 알게 되는 이름 그리고 우리가 복종해야 할 이름 곧, 왕, 주, 위대한 대제사장에서 드러난다.

물론 구속은 자율적인 자기중심적 문화에서 우리에게 큰 위로를 준다. 우리는 극히 자기 위주의 개인주의적 성향에 익숙하다. 많은 사람이 우리 문화가 자기애적 사고라는 전염병을 퍼

뜨렸다는 주장까지 제기했다. 예수님을 왕으로 인정하면 자연스럽게 순종과 의존, 존경과 자기희생과 경배와 같은 반응이 연상된다. 이런 태도는 우리 문화가 부추기는 삶의 방식과 정면으로 충돌한다.

그럼에도 예수님은 왕이시다. 나는 이 이름이 너무나 중요하다고 생각해서, 책의 초반부에서 이 이름을 다루기로 했다. 그리스도의 정당한 통치를 이해하고 복종하지 않으면 그분의 능력을 제대로 경험할 수 없다. 우리가 극복하지 못하는 혼란과 어려움은 대부분 예수님의 통치에 제대로 부응하지 않은 데서 비롯한다. 왕이신 통치자의 영토에 살면서 우리 스스로 왕으로 군림한다면 그 대가를 치러야 한다.

국가나 회사의 법을 어기면 대가가 따른다는 사실을 모두가 알 것이다. 예를 들어, 신호등과 같은 교통 규칙이나 세금 납부에 관한 법을 우리 마음대로 정해서는 안 된다. 출근 시간 역시 우리 마음대로 결정할 수 없다. 그런데 개인적인 어려움에 처했을 때, 그러한 문제들이 일어난 것이 왕이신 예수님이 아닌 스스로 만든 법칙에 따라 살았기 때문이라는 가능성은 거의 생각하지 않는다. 예수님이 사랑과 겸손과 이웃 사랑, 도덕적 순결과 하나님을 가장 먼저 섬기라는 명령을 불순종할 때마다 우리에게 범칙금을 부과하신다면, 주님의 법을 어기는 문제에 대한 인과 관계를 더 쉽게 이해할 것이다. 그러나 예수님은 그렇게 하시지 않는다. 그래서 우리는 그 관계를 제대로 이해하지 못한다. 그러다가 우리가 잘못된 선택을 내린 결과로 주님이 직접 우리에게 제재를 가하실 때, 우리는 주님께 긴급히 구조를 요청하게 된다.

예수님은 왕이시다. 그러나 예수님 당대의 이스라엘 백성처럼 우리는 잠깐만 그분을 찬양하다가 바로 돌변해 그분을 십자가에 못 박으려는 경우가 많다. 왜 이런 일이 벌어지는가? 예수님이 왕으로서 권세를 행사하시지 않는 한, 그분이 왕이시라는 사실을 무시하기 때문이다. 구체적으로 지시하고 요구하시지 않는 한, 우리는 예수님이 왕이시라는 사실에 크게 관심을 두지 않는다.

형제여, 하나님의 나라에 대해 중요한 사실을 알려주겠다. 하나님나라는 민주주의 국가가 아니다. 그분은 우리에게 투표해 달라고 부탁하시지 않는다. 우리의 허락을 구하시지 않는다. 하나님은 절대 군주시다. 실행할 일을 일방적으로 선언하시고, 실행 과정과 왕국이 지향하는 목표가 무엇인지 통보하신다.

자녀에게 오늘 해야 할 일을 알려주었지만, 오히려 그 문제로 언쟁을 벌였던 적은 없었는가? 당신이 원하는 일을 말하면 아이들은 요청하지도 않은 자기 의견을 제시한다. 그 선에서 멈추지 않고 더 나아가 왜 당신의 의견이 틀린지 따지고 든다. 자녀가 당신의 집에서, 당신의 지붕 아래, 당신의 권위 아래 살고 있는데도 말이다. 인정하기 싫겠지만 하나님과 우리 사이에는 이런 일이 더 빈번하게 벌어진다. 예수님이 왕이시라고 고백하고 그분이 왕국의 통치자시라고 선언하면서, 예수님의 진리에 대해 논쟁을 벌이고 그분의 명령에 불순종하며 그분의 책망을 무시

3장. 왕

하는 것은 노골적인 반역이다. 모든 문제에 대한 최종 결정권은 왕이신 예수님께 있다. 우리는 그분의 제자로서 그분의 나라를 선포해야 하고(마 24:14), 그에 걸맞게 살아야 한다.

하나님나라에서 우리 역할을 이해하기

예수님의 제자로서 우리가 맡은 역할은 사람들에게 구원의 방법을 알리는 데서 끝나지 않는다. 우리의 역할은 하늘의 통치가 땅에서 이루어지도록 사람들에게 몸소 보여주고 알리는 일도 포함한다. 예수님을 구주로 믿고 의지한다면, 머지않아 천국에서 주님을 만나는 기쁨을 누릴 것이다. 그리고 하나님나라의 통치 아래 살아가는 삶의 중요성을 깨달으면, 죄로 얼룩진 이 땅에서 그분의 통치를 누리는 능력을 경험할 수 있다.

불행하게도 우리는 사람들을 천국으로 인도하는 법에 과도하게 집중한 나머지, 그들을 이 땅에서 상처투성이에 능력도 없고 절망적인 삶을 살게 내버려 둔다. 예수님을 따른다고 해도 그분의 통치에 복종하지 않는 이상, 그분 나라의 풍성한 축복을 누리거나 삶에서 그분의 권위를 온전히 경험하기가 어렵다. 예수님은 왕이시고 그분의 왕국에 충성할 것을 요구하신다. 예수님은 우리의 구주가 되기를 원하시는 동시에 우리의 통치자가 되기를 원하신다. 우리 인생의 모든 문제에 대한 최종 결정권을 지닌 존재가 되기를 바라시는 것이다.

왕국이란 한 통치자가 왕좌에서 행사하는 권위가 미치는 영역을 말한다. 하늘 왕국은 하나님이 그리스도를 통해 통치하시는 영역을 가리킨다. 예수님의 나라가 "이 세상에 속한 것이 아니니라"(요 18:36)고 하신 말씀은, 그 왕국이 이 세상에 없다는 뜻이 아니었다. 그분의 왕국 권세가 이 세상에서 유래하지 않았다는 의미였다. 예수님이 이 세상에서 행사하시는 권세는 그분이 계셨던 세계, 즉 천상에서 기인하고 그분은 그 왕국의 왕이심을 분명히 밝히셨다(요 18:37). 이것이 우리가 기도할 때 하늘에서 하나님의 뜻이 이루어진 것처럼 땅에서도 이루어지게 해달라고 기도하는 이유다(마 6:10). 우리는 하늘에 계신 하나님의 통치를 위임받아 땅에서 실현하기 위한 도구다.

예수님의 제자로서 우리는 예수님의 통치를 받으며 그분이 지상에서 우리에게 위임하신 세력권을 관리하고 운영하는 일에 힘써야 한다. 문제는 우리 중 예수님의 뜻에 순종한다고 말하면서 그분의 통치와 권세를 인정하지 않는 사람이 많다는 것이다. 자신과 뜻이 다르면 절대 그분의 뜻대로 행하려 하지 않는다. 우리는 자신이 기꺼이 따를 수 있는 결정이나 거부감 없이 받아들일 수 있는 원칙에 대해서는 예수님의 최종 결정권을 순순히 인정한다. 그러나 왕은 이런 식으로 통치하지 않는다. 통치권이라는 개념에는 왕이 백성을 섬긴다는 의미가 없다. 오히려 백성이 왕에게 맞추어야 한다.

문제는 삶의 모든 영역에서 예수님의 말씀이 통치할 수 있도록 그분과 그분의 말씀을 알아가려고 노력하지 않을 때 발생한다. 제한 속도가 존재한다는 사실을 몰라서 속도 제한 규정을 어겼다고 변명한다면, 판사가 그것을 정당한 사유라고 인정해주리라 생각하는가? 규정을 정확히 몰랐고 신호등을 제대로 보지 못했다거나 그 지역의 제한 속도가 너무 느리게 설정된 탓이라고 항변해도 판사는 벌금을 내라고 판결할 것이다.

하나님이 정해두신 규칙을 제대로 파악하는 것은 우리의 몫이다. 하나님은 그분의 권세에 따라 살아가는 데 필요한 모든 것을 우리에게 주셨다(딤후 3:14-17 참고). 또 그분의 뜻을 계시해주심으로 그 뜻에 맞는 선택을 내릴 수 있는 경계와 기준들을 마련하셨다. 그분의 살아 있는 말씀과 성령은 우리에게 진리를 밝혀주어 필요한 지침과 방향을 알려주신다. 하나님께 불순종했을 때 어떤 변명이나 핑계도 통하지 않는다. 하나님나라에는 적국의 편에서 싸우면서 하나님이 베푸시는 혜택을 계속 누리는 베네딕트 아놀드 같은 매국노가 너무나 많다. 한 왕국의 은덕을 누리기 위해서는 왕국의 왕에게 복종해야 한다.

이것은 결코 사소한 문제가 아니다. 하나님은 세상에서 우리가 어떤 결정을 내리고 행동하며 방향을 선택하든, 하늘의 기준을 따라 결정을 내리라고 명령하셨다. 우리는 하나님나라의 의제에 따라 모든 인생을 살아가야 한다. 성별의 정의를 당신과 내가 내려서는 안 된다. 결혼 제도의 개념을 우리가 정의해서는 안 된다. 오만함, 소셜 미디어에 대한 집착, 나르시시즘이 삶의 적절한 방식인지 우리가 결정할 필요가 없다. 재정 관리에 관한 기준도 우리가 결정해서는 안 된다. 근무 태만을 어떤 식으로 보아야 하는지도 결정할 필요가 없다. 음욕을 품어도 괜찮은지는 우리가 결정할 사항이 아니다. 직접 대면했을 경우든지 온라인상이든지 마찬가지다. 인종 차별, 성차별, 계층 차별을 해도 되는지도 우리가 결정할 문제가 아니다. 지금까지 말한 일들은 물론이고 그 외의 모든 일은 이미 결정되어 있다. 하나님은 이미 분명히 말씀하셨고, 이런 결정 사항들을 주저하며 말씀하신 적이 없다.

그러나 너무나 많은 사람이 낡은 사고 방식과 이전의 규칙들을 그대로 가지고 하나님의 나라로 들어온다. 하나님나라의 백성이 되어도 이전의 지배자인 육신에게 여전히 충성을 다한다. 이전의 양육 방식이나, 친구들의 말이나, 육신의 욕망 혹은 미디어와 문화가 부추기는 것들을 수용하고 의지하면, 새로운 통치자, 왕 되신 그리스도와 갈등만 일으킬 뿐이다. 십 대 자녀가 집으로 데려온 친구들이 당신의 규칙이 아니라 그들의 규칙을 고집하며 포기하지 않으면 갈등을 빚을 수밖에 없는 것과 같다.

십 대 시절 나는 아버지와 자주 언쟁을 벌였다. 아버지는 그럴 때마다 입에 달고 살다시피하는 말씀으로 나의 반발에 대응하셨다. "아들아, 너는 현명한 결정을 내리는 법을 터득할 정도로 그렇게 오래 살지 않았단다." 하물며 만왕의 왕이시며 만주의 주가 되신 분이자 영원부터 영원까지 계신 분이라면, 그분의 말씀은 곧 법이자 기준이 되고도 남을 것이다. 우리는 늘 올바른 선택을 내릴 수 있다고 과신해도 될 정도로 이 땅에 오래 살지 않았다. 우리는 하나님의 결정에 맞추어 결정을 내려야 한다. 그러지 않으면 잘못된 선택을 하고 결정을 내리게 될 것이다.

얼마 전 아내와 뉴욕을 방문했을 때, 길을 걷다가 많은 사람이 모여 있는 것을 보고 걸음을 멈추었다. 사람들이 쇼윈도를 향해 손을 흔들고 있기에 무슨 일이 일어났는지 궁금해서 가까이 다가갔다. 알고 보니 메이시스 백화점 쇼윈도 전시에 실제 사람을 마네킹처럼 세워두었다. 지나가는 사람들은 그 모델들이 조금이라도 움직이지 않을까 짓궂은 장난을 치고 있었다. 그러나 온갖 장난과 손짓에도 모델들은 미동도 하지 않았다. 그 이유는 무엇인가? 모델료를 지급하는 사람들은 쇼윈도 밖의 사람들이 아니었기 때문이다. 메이시스 백화점의 소유주가 그들에게 모델료를 지급했기 때문에 그들은 창밖의 무리가 아니라 백화점의 소유주에게 의무를 다하고 있었다.

우리는 예수 그리스도를 구세주로 영접하면서 그분을 우리의 왕으로 섬길 의무도 함께 받아들였다. 무리의 말이 아니라 그분의 말씀을 따라야 한다. 이 세상 질서를 쫓아서는 안 된다. 우리의 결정을 좋아하거나 좋아하지 않는 사람들이 얼마나 되는지 혹은 당신의 의견에 동조하거나 거부하는 이들이 몇 명인지는 중요하지 않다. 이런 문제들은 조금도 중요하지 않다. 중요한 유일한 문제는 '왕은 무엇이라고 말씀하시는가'다. 예수 그리스도가 통치자시다. 그분이 우리의 권위가 되신다.

마태복음 6장 33절은 먼저 하나님의 나라와 그분의 의를 구하라고 말한다. 그러면 나머지 모든 것은 저절로 제자리를 찾을 것이다. 다시 말해, 왕의 통치와 영광을 먼저 구하면 그분이 우리를 지켜주실 것이다. 하지만 우리 자신의 뜻과 왕국을 추구하면 자신을 지킬 수 없다. 어느 경우에도 보호받지 못할 것이다.

나는 누가복음 12장 31-32절의 표현을 좋아한다. "다만 너희는 그의 나라를 구하라 그리하면 이런 것들을 너희에게 더하시리라 적은 무리여 무서워 말라 너희 아버지께서 그 나라를 너희에게 주시기를 기뻐하시느니라." 즉, 우리가 하나님을 먼저 구하면 그분은 기뻐하시며 기꺼이 그 나라를 주실 것이다.

생각과 태도와 결정의 영역에서 하나님을 먼저 구하지 않는 그리스도인이 많다. 그런 사람들은 마음, 관계, 재정, 직업 혹은 여러 환경 속에서 하나님이 우리에게 무엇을 하기를 원하시는지 놓칠 수밖에 없다. 그토록 많은 사람이 오랫동안 계속 패배하는 이유는 수없이 많지만, 그중 하나는 예수님을 왕으로 모시지 않기 때문이다. 사실 육신은 항상 하나님의 권세를 무효화하려고 호시탐탐 노린다. 하나님의 명령을 노골적으로 거부한다. 그러나 육신을 이길 한 가지 길이 있다. 바로 사령탑의 자리를 예수님께 내어드리는 것이다. 그런 다음 예수님의 말씀에 순종하라. 술과 음란물과 혀와 마음과 관계와 희망과 믿음에 관해 예수님이 지시하시게 하라. 그분의 통치가 우리 육신을 이기게 하라. 그러면 자유로워질 것이다.

예수님의 왕국에 입성한다는 것은 단순히 천국에 간다는 뜻이 아니다. 천국의 문으로 들어가는 것 자체로 만족하는 신자가 너무나 많다(요 10:9). 그들은 결국 그 수준에 머무른다. 구원은 반드시 필요하고 심판을 받지 않는 것도 놀라운 은혜지만,

그것이 전부는 아니다. 예수님은 그분의 나라를 유업으로 받도록 우리를 구원하셨다. 우리는 그분의 왕권 아래 신적 통치가 미치는 새로운 전 영역을 유산으로 받을 수 있다. 예수님의 통치 아래서 그분께 인도를 구하며 당신의 과거나 배경과 세속적 교육과 사고, 문화적 영향력, 고통, 회한을 과거로 흘려보낼 수 있다. 우리의 육신이 영과 싸우고 영이 육신과 싸우므로 당연히 충돌이 있을 것이다. 슬프게도 많은 그리스도인이 그런 충돌이 일어날 때 갈피를 잡지 못하고 혼란에 빠진다.

많은 사람이 예수님께 나아가기만 하면 더는 육신과 영의 전쟁을 벌이지 않아도 된다고 착각한다. 예수님과 관계적인 측면에서 가까워지는 것이 절대적으로 중요하지만, 그분께 순종하는 것 역시 중요하다. 이것은 우열을 가리는 문제가 아니다. 실제로 순종은 우리 왕과 더욱 친밀한 관계에 이르기 위한 핵심 요소다(요 15:10-11). 예수님을 왕으로 인정할 때 우리 육신은 영의 통치에 굴복할 수 있다. 우리의 진정한 통치자를 확정할 때까지 예수님의 권위라는 실체를 인정하지 않을 온갖 종류의 변명을 들이댈 것이다. 예수님은 당신을 사랑하신다. 예수님은 당신을 위로해주신다. 예수님은 우리의 필요를 채워주신다. 그런데 다음 문장 또한 진리다. 예수님은 당신을 다스리신다. 예수님께 불순종하는 것은 그분 나라의 축복을 스스로 차단하는 것이나 마찬가지다.

천국 시민

너무나 많은 이가 구원자를 원하지만, 왕은 원하지는 않는다. 예수 그리스도가 최종 결정권을 가지시거나 지휘권을 행사하시길 원하지 않는다. 그래서 온갖 갈등을 거듭하다가 결국 혼란에 빠진다. 빌립보서 3장 20절은 "그러나 우리의 시민권은 하늘에 있는지라 거기로부터 구원하는 자 곧 주 예수 그리스도를 기다리노니"라고 말한다. 당신과 나는 하늘 시민이다. 시민권이란 공식적인 거주지를 나타낸다는 사실을 기억하라. 우리는 그 나라의 거주민이며 그 나라에 소속된 존재이기 때문에 그 나라의 법조문과 규칙을 따라야 한다. 우리의 왕은 우리에게 왕국을 위임하셨다(눅 22:28-30).

해외 여행을 가려면 여권을 가져가야 한다. 여권을 소지하면 시민권을 지닌 본국을 떠나 다른 국가로 갈 수 있다. 즉, 다른 나라 왕국 방문을 허가받을 수 있다. 여권은 우리의 신분을 확인해주고, 우리의 시민권과 관련해 우리를 규정해준다. 본국의 신분 보장이 해외 대사관에서 그대로 적용된다. 우리가 어느 나라를 여행하는지는 상관없다.

마찬가지로, 예수님은 우리가 천국의 시민으로서 여권을 늘 가지고 다니기를 바라신다. 일터에 갈 때나 친구들과 어울릴 때 혹은 온라인에 게시물을 올릴 때, 정체성에 변화가 일어난 것처럼 가장하기를 원치 않으신다. 우리는 하늘 나라의 일원이며, 그 나라를 이롭게 하는 방향으로 왕국을 대변해야 한다.

많은 그리스도인이 이 땅에서 천국의 여권을 가지고 다니는 것이 아니라 이중 국적자로 살고 싶어 한다. 그러나 하나님 나라는 이런 식으로 운영되지 않는다. 예수 그리스도는 우리 왕으로서 우리가 준수하며 살아야 하는 법과 질서를 세우셨다. 그분께 맞서고 반항하면 대가를 치를 것이다. 예수님 왕국의 사법 체계를 무시하고 살아가면, 그 나라의 대리권을 행사할 수 없을 것이다.

예수님의 이름은 왕이다. 그분은 우리의 통치자시다. 우리의 최종적 권위가 되시며 통제권을 행사하신다. 마태복음 28장 18절에서 예수님은 "하늘과 땅의 모든 권세를 내게 주셨으니"라고 말씀하셨다. 일부나 부분적인 권세가 아니라 "모든 권세"다.

사실 우리는 예수님의 이런 측면을 그렇게 많이 이야기하지 않는다. 그러나 예수님이 모든 권세를 소유하고 계시므로 그분께 복종하는 것이 현명하다고 생각되지 않는가? 우리가 지금 어떤 어려움과 싸우고 있든지, 예수님께는 그 상황을 역전시킬 권세가 있다. 직장에서 우리가 넘어지기를 바라는 동료 직원들을 이길 권세가 그분께 있다. 또 그분은 엉망인 재정 상태를 회복해줄 권세를 갖고 계시고, 결혼 생활을 회복하고 우리의 천명을 감당하도록 이끌어줄 권세도 있으시다. 예수님은 모든 만물의 통치자시다. 심지어 우리가 겪는 시련도 그분의 통치 아래 있다. 우리의 문제나 우리의 원수들도 그분이 통치하고 관리하신다. 더 나아가 모든 시대의 가장 큰 대적, 사탄에 대한 권세도 갖고 계신다. 요한계시록 17장 14절은 "그들이 어린양과 더불어 싸우려니와 어린양은 만주의 주시요 만왕의 왕이시므로 그들을 이기실 터이요 또 그와 함께 있는 자들 곧 부르심을 받고 택하심을 받은 진실한 자들도 이기리로다"라고 말한다. 이어서 요한계시록 19장에서는 이렇게 말한다.

> "그 옷과 그 다리에 이름을 쓴 것이 있으니 만왕의 왕이요 만주의 주라 하였더라…또 내가 보매 그 짐승과 땅의 임금들과 그들의 군대들이 모여 그 말 탄 자와 그의 군대와 더불어 전쟁을 일으키다가…그 나머지는 말 탄 자의 입으로부터 나오는 검에 죽으매"(16, 19, 21절).

예수님은 이 최후의 전쟁에서 스스로 힘이 있다고 착각하는 자들에게 자신이 만왕의 왕이심을 보여주실 것이다. 예수님은 만물을 다스리시는 분이다. 따라서 우리는 더 이상 위축당한 채 두려워하며 살 필요가 없다. 누군가가 나보다 지위가 높고, 나보다 돈이 더 많으며, 외모가 더 아름답고, 더 큰 권력을 소유했더라도 문제가 되지 않는다. 우리에 대해 권세를 휘두르는 사람이 누구든지 예수님은 그들보다 더 큰 권세를 지니신다. 우리가 패배할 때는 우리의 방법과 지혜로 전쟁을 이기려고 할 때뿐이다.

예수님의 통치를 받아들이고 그분의 언약을 지키며 그분의 의를 힘입고 그분의 권세 아래 살아가면, 그분을 거스르는 어떤 문제로 씨름하든지 이기게 해주실 것이다. 어떤 인간도 만왕의 왕이 아니므로 우리에 대한 최종 결정권을 행사할 수 없다. 그들이 왕일 수는 있어도 유일한 왕은 아니다. 그들이 상관일 수는 있어도 유일한 상관은 아니다. 그들이 권력자일 수는 있어도 유일한 권력자는 아니다. 예수님은 우리가 아는 대로 아름답고 온순한 구유의 아기시고, 전능자시며, 권위자시고, 우리가 맡겨드리는 모든 전쟁을 승리로 이끄실 분이다. 예수님은 우리의 장군이자 상사이며 전사이고 군인이며, 가장 중요하게는 우리 왕이시다.

그토록 많은 사람이 오랫동안
계속 패배하는 이유는 수없이 많지만,
그중 하나는
예수님을 왕으로 모시지 않기 때문이다.

4장
하나님의 어린양

내가 애굽 땅을 칠 때에 그 피가 너희가 사는 집에 있어서

너희를 위하여 표적이 될지라 내가 피를 볼 때에 너희를 넘어가리니

재앙이 너희에게 내려 멸하지 아니하리라.

―출애굽기 12:13

이튿날 요한이 예수께서 자기에게 나아오심을 보고 이르되 보라

세상 죄를 지고 가는 하나님의 어린양이로다.

―요한복음 1:29

왕이 어떻게 어린 양이 될 수 있는가? 왕과 어린 양은 서로 상충하는 역할 같지 않은가? 어린 양은 온순하고 순종적이지 않은가? 무엇보다 어린 양은 분별력과 지혜가 크게 결핍된 무기력한 짐승의 표본이다. 예수님이 어떻게 어린 양과 왕의 속성을 동시에 드러내실 수 있는지 우리 머리로는 선뜻 이해가 되지 않는다. 그러나 성경에서 계시된 그대로 하나님의 어린양을 알게 되면, 그 어린양이 사실 강하고 맹렬한 왕이라는 것을 알 수 있다. 실제로 하나님의 어린양은 우리가 가장 벅찬 싸움을 벌여야 할 때 호소하고 의지해야 하는 이름이다. 어린양은 우리의 가장 열렬한 경배와 경외와 공경을 받으시기에 합당하다.

그러나 너무 속단하거나 성급하게 결론을 내리지는 말자. 언젠가 이 세상을 통치할 전사로서 하나님의 어린양을 본격적으로 설명하기 앞서 어린 양의 제의적 역할의 기원을 살펴본 뒤, 예수님이 그 역할을 어떻게 이루시는지 알아보자. 안타깝게도 희생제물로서 어린 양의 시작과 의미를 잘 알지 못하고 넘어가려는 사람이 너무 많다. 일상생활 속에서 하나님의 어린양의 능력을 전혀 경험하지 못하는 이유가 여기에 있다.

아담과 하와는 에덴동산에서 최초로 죄를 범한 후 그 문제를 스스로 해결하려고 했다. 무화과나무 잎을 엮어 허리에 둘러 수치를 가리려고 했다. 그러나 하나님은 그 가리개를 인정하시지 않았다. 무화과나무 잎을 엮어 만든 가리개로는 거룩한 하나님의 요구를 충족할 수 없었다. 결국 하나님은 짐승을 죽여 피를 흘리게 하는 방법으로 아담과 하와를 위해 직접 가리개를 마련해주셨다(창 3:7, 21 참고). 이 행위는 구약 전반에 걸쳐 진행된 희생 제사 제도로 이어졌고, 이를 통해 하나님의 진노를 일시적으로라도 누그러뜨릴 수 있었다.

출애굽기 12장에서 이 제사 제도의 중요한 핵심인 유월절 사건을 볼 수 있다. 이스라엘 백성이 노예살이의 속박에서 벗어나 애굽을 떠나려고 준비하고 있을 때, 하나님은 마지막으로 애굽 땅의 장자를 모두 죽이는 재앙을 내리셨다. 이스라엘 백성은 하나님이 내리실 재앙을 피하기 위해, 흠이 없는 어린 양을 죽여 그 피를 자기 집의 문설주에 발라야 했다. 여호와가 문설주에 발린 제물의 피를 보고 그 집을 건너뛰심으로, 그 집의 모든 이가 목숨을 보전할 수 있었다. 이에 관한 내용은 출애굽기 12장 13절에서 읽을 수 있다.

> "내가 애굽 땅을 칠 때에 그 피가 너희가 사는 집에 있어서 너희를 위하여 표적이 될지라 내가 피를 볼 때에 너희를 넘어가리니 재앙이 너희에게 내려 멸하지 아니하리라."

다시 말해, 양의 피를 통해 하나님의 정의에 따른 심판을 피할 수 있다는 것이다. 다른 무엇도 아닌 문설주에 바른 피를 표적으로 삼으신 이유는 성경에서 강조하는 이 원리 때문이다. "육체의 생명은 피에 있음이라"(레 17:11). 누구든 피를 너무 많이 흘리면 목숨을 잃는다. 바로 이런 차원에서 하나님은 자신의 진노를 돌이키려면 피 흘림이 있어야 한다고 말씀하셨다.

충분한 희생 제사

하나님은 거룩하신 분이다. 공의로우신 분이다. 죄에 반응하실 때 사사로이 감정을 표출하시지 않는다. 무분별하게 화를 내시거나 진노하시지 않는다. 하나님의 진노는 하나님의 공의와 직결되어 있으며, 공의는 그분 본성의 일부다. 하나님은 진노를 앞세우시지도 않지만, 정의를 생략하시지도 않는다. 반드시 정의를 행사하셔야 한다. 그러므로 하나님은 놀라운 자비와 은혜로 진노를 돌이킬 방법을 강구하셨다.

구약 시대에는 임시 해결책으로 규례에 따른 희생 제사들과 어린 양 제사를 드렸다. 하나님은 어린 양의 피를 보시고 일종의 '할부'와 유사한 의미로 그 제사를 받아들이셨다. 짐승의 제사는 죄의 문제를 결코 완전히 해결해줄 수 없었다. 단지 전면적 처벌을 지연시킬 뿐이었다. 이 제사가 죗값을 완불하는 방법이 될 수 없었던 이유는, 희생제물이 진노를 완전히 상쇄할 수 없었기 때문이다. 다시 말하면 죄를 지은 주체가 인간이고, 어린 양이라는 짐승이 제물이었기 때문이다. 죗값을 완불하기 위해서는 제물이 필요한 사람의 죄를 상쇄할 수 있는 동등한 자격을 갖춘 제물을 드려야 했다(히 10:4).

제물은 흠이 없고 무죄해야 했다. 또 질병이 없고 완벽해야 했다. 어떤 흠결도 없어야 했다. 어린 양은 무죄하더라도 실존적 성격상 죄를 지을 수 없다. 따라서 이 희생제물은 그 제물로 가려야 하는 죄와 완벽하게 맞아떨어지지는 않는다. 히브리서 10장 11-14절은 과거의 희생제물들과 모든 것을 충족한 한 가지 제물의 가장 극명한 대조를 보여준다.

> "제사장마다 매일 서서 섬기며 자주 같은 제사를 드리되 이 제사는 언제나 죄를 없게 하지 못하거니와 오직 그리스도는 죄를 위하여 한 영원한 제사를 드리시고 하나님 우편에 앉으사 그 후에 자기 원수들을 자기 발등상이 되게 하실 때까지 기다리시나니."

옛 제사 제도는 심판을 지연해주었지만 반복해서 시행해야 하는 제도였다. 해마다 대속죄일에 대제사장은 지성소에 들어가 제사를 드려야 했다. 무엇보다 특히 모든 백성은 각기 하나님의 심판을 면하기 위해 정기적으로 제사를 드려야 했다. 어린 양 제사의 목적은 대리적 속죄였다. 먼저 이 개념의 중요성을 정확히 파악하지 못하면 하나님의 어린양이라는 이름의 의미를 제대로 이해하지 못할 것이다. 핵심은 하나님이 죄를 심판하셔야 한다는 것이다. 그리고 우리는 죄를 지은 죄인이다. 그러므로 우리는 모두 심판 아래 있다.

지금 우리는 모두 같은 정도의 죄를 짓지 않고, 똑같은 죄를 짓지도 않는다. 하지만 성결함과 완전함의 범주를 다룰 때 우리가 중범죄자인지 경범죄자인지는 중요하지 않다. 극소량의 비소가 음식물을 오염하듯이, 크든 작든 모든 죄는 거룩을 오염한다. 비소로 오염한 음식물은 모두 버려야 한다.

어떤 사람들은 십계명의 대부분을 지키고 있기 때문에 아무 문제가 없을 것으로 생각한다. 그러나 절벽 끝에서 고리 열 개로 연결된 체인에 매달려 있다고 상상해보라. 고리가 하나라도 깨어지면 무슨 일이 벌어지겠는가? 마찬가지로 십계명 중 단 한 계명만 어겨도 우리는 더 이상 거룩하지 않다. 하나님의 기준은 '어느 정도 잘하는 수준'이 아니라 완벽을 요구한다. 하나님은 오직 그분이 용납하신 것만을 용납하신다. 우리가 용인할 수 있는 수준이니 하나님도 받아주시리라 생각하지만, 그것은 우리의 착각이다. 당신의 집에서 누군가에게 일을 시켜본 적이 있는가? 그리고 그 사람은 자신이 흡족한 수준으로 잘 해냈다고 생각하여 스스로 만족했지만 정작 당신은 흡족하지 않았던 적은 없는가? 이 경우에는 당신의 판단이 전적으로 중요하다. 당신이 그 집의 주인이기 때문이다. 마찬가지로 하나님의 피조 세계와 관련하여 중요한 것은 하나님의 기준이다. 그분은 완벽 자체를 요구하신다. 바로 이런 이유 때문에 예수님이 흠이나 점도 없는 어린양이라고 불리시는 것이 중요하다(벧전 1:18-19; 히

9:11-14). 예수님은 하나님의 어린양으로서 완전함의 수준을 충족하셨다.

고린도전서 5장 7절은 예수님을 "우리의 유월절 양"이라고 언급한다. 요한복음 1장 29절은 "이튿날 요한(세례 요한)이 예수께서 자기에게 나아오심을 보고 이르되 보라 세상 죄를 지고 가는 하나님의 어린양이로다"라고 말한다. 이런 구절들을 건성으로 읽으면 중요한 사실을 놓칠 수 있다. 핵심적인 표현을 대수롭지 않게 넘길 것이다. 여기서 눈여겨보아야 할 것은 바로 "세상의"라는 표현이다. 예수님은 하나님의 어린양으로 오셔서 '무제한 속죄'(unlimited atonement)로 불리는 제사를 드리셨다. 예수님의 죽음은 이 세상에 생존했던 그리고 앞으로 생존할 모든 사람의 모든 죄를 처리할 정도로 충분한 제사였다. 예수님이 드리신 제사는 온 세상을 위한 모든 요구를 충족했다(요일 2:2).

"하나님께서 그리스도 안에 계시사 세상을 자기와 화목하게 하시며 그들의 죄를 그들에게 돌리지 아니하시고 화목하게 하는 말씀을 우리에게 부탁하셨느니라"(고후 5:19). 하나님은 예수님을 통해 온 세상이 자신과 화목하게 하셨다. 예수님은 하나님의 기준을 충족하심으로써 하나님의 기준들을 만족시키셨다. 하나님이 정해두신 기준 중 하나는 완전함이다. 예수님은 완전하셨다. 또 다른 기준은 희생제물이 인간이어야 한다는 것이었다. 예수님은 이 기준에도 부합했다. 세 번째 기준은 희생제물이 우리와 같아야 한다는 것이었다. 이에 대해 히브리서 2장 17절은 "그러므로 그가 범사에 형제들과 같이 되심이 마땅하도다 이는 하나님의 일에 자비하고 신실한 대제사장이 되어 백성의 죄를 속량하려 하심이라"고 말한다.

예수님은 피와 살과 뼈로 이루어진 사람이어야 했다. 인간의 고통과 싸움과 상실을 이해하는 존재여야 했다. 예수님은 이 모든 조건에 부합하는 분이었고 또한 완전한 존재셨다.

십자가에서 예수님은 이 세상에 생존했던 모든 인간의 모든 죄를 대신 감당하시되 영원히 감당하셨다.

천국과 지옥에 관해 사람들이 흔히 하는 오해는 자신들의 죄로 천국에 가지 못하고 지옥에 간다는 생각이다. 이것이 사실이라면 구원받은 사람들도 천국에 갈 수 없다. 구원받은 사람들도 여전히 죄를 짓기 때문이다. 사람들은 자신의 죄 때문에 지옥에 가지 않는다. 왜 그런가? 예수님이 모든 죄에 대해 값을 치르셨기 때문이다. 예수님은 십자가에서 마지막으로 "다 이루었다"(요 19:30)라고 말씀하셨다. 이 말은 죄의 형벌을 모두 다 치렀다는 뜻이다.

문제는 모든 사람의 죗값이 치러졌어도 지옥에 가는 사람들은 영생을 누리지 못한다는 것이다. 요한복음 3장 16절은 "하나님이 세상을 이처럼 사랑하사 독생자를 주셨으니 이는 그를 믿는 자마다 멸망하지 않고 영생을 얻게 하려 하심이라"고 말한다. 그들은 영원한 생명을 놓친 것이다. 자신들에게 주어진 생명을 받아들이는 선택을 하지 않았다. 사실상 그것을 거부했다.

오늘날의 예를 들어 이것을 설명해보겠다. 만약 내가 새 차를 사서 당신에게 주려고 한다면, 자동차 값을 모두 내고 세금 문제도 해결한 뒤에 줄 것이다. 당신이 해야 할 유일한 일은 자동차가 아직 대리점에 있어서 직접 인수하러 가야 한다는 점이다. 당신이 차를 가져가지 않으면 아무 소용이 없다. 그런데 차를 인수해서 몰고 가더라도, 당신이 따로 매달 할부금을 낸다면 그 차가 이미 당신 소유가 됐음을 믿지 않는 것이다.

아니면 생일 선물의 예는 어떤가? 매년 생일마다 우리는 생일 선물을 받는다. 그런데 그 선물을 준 사람에게 선물 값을 갚은 적이 있는가? 아니면 다른 누군가가 당신에게 그런 행동을 한 적이 있는가? 아마 그런 식으로 행동하는 사람은 없을 것이다. 왜 그런가? 선물이란 바로 그런 것이기 때문이다. 마찬가지로 영원한 생명이라는 선물은 우리 노력으로 얻거나, 돈을 내야 한다거나, 되갚는 것이 아니다. 우리는 우리 죄를 대속해주신 그리스도만을 믿음으로 그 선물을 받아야 한다. 그리스도를 믿지 않으면, 죗값이 이미 완전히 치러졌는데 그 혜택을 누리지 못하는 비극을 경험할 수 있다.

사람들이 지옥에 가는 것은 죄를 지었기 때문이 아니다. 죗값은 완불되었다. 그들이 천국에 가지 못하고 결국 지옥에 가는 이유는, 그들에게 영생을 선물로 주시기 위해 죗값을 모두 치르신 분께 믿음으로 반응하지 않았기 때문이다(계 20:11-15). 복음이 '복된 소식'(good news)인 이유가 바로 그 때문이다. 우리가 내야 할 것은 어떤 것도 없다. 복음의 놀라운 소식은 우리의 죗값이 완전히 치러졌다고 말한다. 하나님은 영원한 제사, 하나님의 어린양 제사로 우리가 받아 마땅한 형벌을 대체하게 하셨다. 고린도후서 5장 21절은 그것을 이렇게 표현한다. "하나님이 죄를 알지도 못하신 이를 우리를 대신하여 죄로 삼으신 것은 우리로 하여금 그 안에서 하나님의 의가 되게 하려 하심이라." 하나님이 계좌 이체를 해주신 셈이다. 그리스도를 믿는 믿음으로 그분을 영접하는 모든 이에게 예수님의 의를 통해 완벽한 '신용 점수'를 옮겨주셨다.

그러므로 현재 자신의 신용 점수가 엉망이라고 해도, 하나님이 당신을 바라보실 때는 마치 아무 죄를 짓지 않은 사람처럼 보인다. 예수 그리스도의 의를 우리에게 전가해주셨기 때문에 우리는 하나님께 완전히 용납될 수 있다. 그래서 우리 앞으로 날아온 청구서를 갚을 필요가 없다는 소식이 반갑게 다가온다. 특히 갚을 능력이 전혀 없을 때 더욱 그렇다.

어린양 신학

어린양 신학을 이해하기 위해서는 먼저 구원 신학 자체를 살펴보아야 한다. 지금 이미 구원을 받은 사람이라면 이 단락을 건너뛰고 싶은 마음이 들 수도 있다. 그러나 나는 두 가지 목적을 염두에 두고 이 부분을 썼다. 첫째, 기독교 신앙의 기본 토대에 익숙하지 않은 사람들에게 이 신학을 명료하게 소개하고자 했다. 둘째, 이미 그리스도인이 된 사람에게는 다른 사람에게 믿음을 소개할 효과적이고도 단순한 방법을 가르쳐주고자 했다.

문제

"모든 사람이 죄를 범하였으매 하나님의 영광에 이르지 못하더니"(롬 3:23).

구원은 복된 소식이다. 하지만 나쁜 소식이라는 배경에 비추어봐야 그것을 더욱 실감할 수 있다. 나쁜 소식은 우리가 모두 죄인이라는 것이다. 지구라는 행성에 사는 사람이라면 남자든 여자든, 과거든 현재나 미래든 죄가 없는 사람은 없다.

죄에 해당하는 헬라어는 문자적으로 '과녁을 놓치다'라는 뜻을 담고 있다. 활시위를 당겨 화살을 날리지만 과녁을 맞히지 못하는 궁수를 묘사하는 표현이다. 마찬가지로 죄는 과녁에 명중되지 못하는 것이다. 과녁이란 무엇인가? 로마서 3장 23절은 "모든 사람이 죄를 범하였으매 하나님의 영광에 이르지 못하더니"라고 말한다. 죄는 하나님의 영광, 즉 하나님의 기준에 도달하지 못하는 것이다.

이 개념의 이해를 돕기 위해 미디어나 문학계나 심지어 교회가 고수하는 대중적 신화를 비판하지 않을 수가 없다. 죄는 그 정도에 따라 경중을 나눌 수 있다는 우화가 우리 사이에 존재한다. 우리 중 많은 이가 중범죄자는 심각한 죄인으로 보지만, 사소한 거짓말을 하는 사람에게는 죄인이라는 오명을 붙이기를 꺼린다. 지방 구치소 수감자는 연방 정부의 교도소 수감자만큼 심각한 죄를 짓지 않았다는 일반적인 구분은 일견 논리적으로 보인다. 하지만 죄를 바라보는 하나님의 시각은 우리의 시각과 크게 다르다.

성경에서 죄는 정도로 구분되지 않는다. 하나님의 영광에 이르지 못하든지, 하나님의 영광에 부합하든지 둘 중 하나다. 죄 문제 전체는 이것을 기준으로 하기 때문에 우리의 과녁을 제대로 이해해야 한다.

영광이라는 단어는 무언가 공개적으로 전시된 것, 드러난 것을 가리킨다. 죄는 과녁을 맞추지 못한 것이고, 그 과녁은 '하나님을 제대로 드러내야 한다.' 이런 시각으로 죄의 문제를 바라보면, 죄에 대한 이해가 바뀌기 시작한다. 하나님의 본질과 속성을 정확히 드러내지 못하는 일을 할 때마다, 하나님의 성품을 제대로 반영하지 못할 때마다 우리는 죄를 짓는 것이다.

섬을 조사하다가 갑자기 화산 폭발을 맞닥뜨린 두 탐험가에 관한 유명한 이야기가 있다. 두 사람은 순식간에 흐르는 용암에 갇히고 말았다. 그들 눈앞에는 불과 1-2미터 거리에 용암이 닿지 않은 곳이 있었다. 그 지대로 갈 수만 있다면 안전하게 탈출할 수 있었다. 그러나 그곳으로 가기 위해서는 용암이 흐르는 강을 뛰어넘어야 했다. 한 사람은 활동적인 노인이었지만, 그렇다고 다부지거나 민첩하지는 않았다. 그는 최대한 빠르게 달려서 놀라울 정도로 멀리 점프했지만, 많이 이동하지 못했다. 그는 무시무시하게 뜨거운 용암에 빠져 즉사하고 말았다.

다른 한 탐험가는 훨씬 젊은 사람으로 탁월한 신체 조건을 가진 사람이었다. 실제로 그는 대학 시절 멀리뛰기 대회에서 누구도 깨지 못했던 최고의 기록을 세웠다. 그는 온 힘을 실어 달리기 시작했고 조금도 나무랄 데 없는 자세로 힘껏 점프했다. 심지어 자신의 대학 기록을 깨뜨렸다. 하지만 불행하게도 그는 안전지대에 훨씬 못 미치는 지점에 착지하고 말았다. 그 청년이 동료보다 훨씬 놀라운 기록을 세웠지만 두 사람 모두 사망했다. 살아남기에는 턱없이 모자란 지점이었기 때문에 그들의 능력이 얼마만큼인지는 전혀 중요하지 않았다.

직원을 고용하거나 친구를 고를 때 '선함'의 정도가 중요할 수 있다. 그러나 죄가 문제일 때 중요한 한 가지 기준은 하나님의 완전한 거룩함이다. 문제는 어떻게 저 건너편 이웃보다 더 잘할 수 있느냐가 아니라, 하나님께 얼마나 부합하느냐다. 하나님의 기준은 완전한 의다. 이 기준은 사람이 아무리 열심히 착한 일을 해도 혹은 도덕적으로 아무리 올바르다고 해도 도달할 수 없다.

죄의 형벌

"그러므로 한 사람으로 말미암아 죄가 세상에 들어오고 죄로 말미암아 사망이 들어왔나니 이와 같이 모든 사람이 죄를 지었으므로 사망이 모든 사람에게 이르렀느니라"(롬 5:12).

이 구절을 읽고 한 사람(아담)을 통해 죄가 세상에 들어왔다면, 당사자가 아닌 사람들을 처벌하는 것은 부당하다고 항변하고 싶을지 모른다. 그러나 사망이 모든 사람에게 이른 것은 "모든 사람이 죄를 지었[기]" 때문이다. 우리는 단순히 아담이 범죄해서 처벌받는 것이 아니다. 우리는 아담의 범죄하는 성향을 물려받았고, 실제로 죄를 짓기 때문에 처벌받는다.

자녀에게 죄를 짓는 방법을 가르칠 필요가 없다는 사실을 알고 있는가? 자녀를 앞혀놓고 "들키지 않게 거짓말하는 법이란다"라거나, "이기적으로 구는 법을 알려줄게"라고 말하는 모습을 상상할 수 있는가? 이런 일은 가르치지 않아도 자연스럽게 습득한다.

다른 식으로 이것을 설명해보겠다. 작은 구멍이 난 사과를 본 적이 있는가? 그런 사과를 보면 십중팔구 먹기를 꺼릴 것이다. 구멍이 있으면 사과 안에 벌레가 있을 가능성이 있다. 그런데 어떻게 벌레가 그 사과 안에 자리를 잡게 되었는지 아는 사람은 별로 없다. 사과 표면에 기를 쓰고 기어 다니다가 사과 안에 자리를 잡을 기회를 노렸을 것으로 유추하기도 한다. 그러나 사실 그런 식으로 사과 안에 벌레가 생기는 것은 아니다. 과일이나 잎에 떨어진 벌레의 알에서 애벌레가 부화해서 생긴 것이다. 어린 애벌레 상태에서 사과 안에 자리를 잡는다. 후에 다 자란 벌레가 밖으로 나오려고 과육을 파먹으면 구멍이 생긴다.

마찬가지로, 우리가 태어나는 순간 죄의 씨앗이 각 사람의 내면에 존재한다. 죄악의 증거가 표면으로 드러나기까지 시간이 걸릴 수도 있지만, 그 증거는 그대로 존재하며 결국 언젠가는 그 모습을 드러내게 된다.

죄에는 형벌이 뒤따른다. 성경에 따르면 그 형벌은 사망이다(롬 6:23 참고). 이것은 물리적 죽음(영이 육체와 분리되는 상태)과 영적 죽음(영이 하나님과 분리되는 상태)을 모두 의미한다.

해결책

"[그러나 하나님은] 우리가 아직 죄인 되었을 때에 그리스도께서 우리를 위하여 죽으심으로 하나님께서 우리에 대한 자기의 사랑을 확증하셨느니라"(롬 5:8).

"그러나 하나님은"(개역개정에서는 생략됨-역주)이라는 두 단어는 매우 강력한 힘을 지닌다. 이 표현 다음에 나오는 내용은 어떤 상황이든 혁명적 변화로 이어질 수 있다. "나의 결혼 생활은 파탄 났어. 그러나 하나님은…." "남편은 나를 버렸고, 아이들은 도무지 말을 듣지 않아. 그러나 하나님은…." "나는 직장도 없고 돈도 없고 미래도 없어. 그러나 하나님은…."

하나님은 어떤 상황도 회복하실 수 있다. 그분은 인생의 도전이나 곤경이나 죄악의 결과보다 더 크고 능력이 있으신 분이다.

나는 하나님과 영원히 분리될 저주를 받은 죄인이다. "그러나 하나님은…." 이 표현은 우리에게 구원의 신학을 압축하여 보여준다. 우리가 여전히 죄인이었을 때 하나님은 예수 그리스도, 의로우신 어린양을 보내셔서 우리 대신 죽게 하심으로 우리를 향한 그분의 사랑을 증명하셨다.

하나님이 이토록 우리를 사랑하시다니 놀랍지 않은가. 우리는 이 사랑을 받을 어떤 일도 한 적이 없다. 그러나 예수님이 갈보리에서 치르신 희생 제사의 의미를 생각해보면 경이로움은 더욱 깊어진다.

아무나 죄의 형벌을 위해 죽을 수 있는 것은 아니다. 알다시피 우리는 모두 죄를 지었고, 따라서 누구도 그 죗값을 대신 지불하기 위해 죽을 수 없다. 각자 자신의 죗값을 치러야 한다. 우리를 구하려는 이는 누구든지 절대적으로 무죄해야 한다.

적절한 예화를 소개해보겠다. 어느 여름날 숲에서 두 형제가 놀고 있었는데, 느닷없이 벌이 날아와 형의 눈두덩을 쏘았다. 놀란 동생이 망연자실 형을 바라보고 있는데, 벌이 그의 머리 위로 윙윙거리며 날아다니기 시작했다. 공포에 질린 동생은 소리를 질렀다. "벌이 나를 쏘려고 해!" 마음을 진정시킨 형은 "무슨 소리를 하는 거야? 벌은 널 쏘지 못해. 이미 나를 쏘았잖아"라고 말했다.

성경은 갈보리에서 바로 이런 일이 일어났다고 말한다. 하나님은 우리를 너무나 사랑하시기에 예수 그리스도의 모습으로 하늘에서 내려오셔서 우리 대신 '사망의 쏘임'을 당하셨다. 예수님은 자신의 죄가 아니라 당신과 나의 죄를 위해 십자가에 달리셨다. 예수 그리스도는 죄가 없으시므로 죽음으로 우리 모두를 위한 죗값을 치르실 수 있었다(고후 5:21).

예수님이 십자가에서 죽으심으로 죄 문제가 실제로 해결되었다는 것을 어떻게 알 수 있는가? 그 주일에 일어난 일로 알 수 있다. 그날 아침 막달라 마리아는 예수님의 무덤을 찾아갔지만 예수님을 찾을 수 없었다. 누군가를 보았지만 정원지기일 뿐이라고 생각했다. 그에게 주님의 시신을 어디로 옮겼느냐고 물었다. 정원지기가 그녀의 이름을 부르자 마리아는 놀라 숨이 멎는 것 같았다. 그분은 바로 예수님이셨다(요 20:1-18 참고).

고린도전서 15장 6절에 따르면, 승천하시기 전의 부활하신 그리스도를 직접 본 이들이 5백 명이 넘는다. 부활이 없었다면 우리 믿음은 공허하고 무의미할 것이다. 사도 바울이 말한 대로 예수님이 부활하시지 않았다면 우리는 지상에서 가장 불쌍한 존재일 것이다. 그러나 하나님의 어린양이 부활하신 것은 사실이다(고전 15:12-20).

용서

"일하는 자에게는 그 삯이 은혜로 여겨지지 아니하고 보수로 여겨지거니와 일을 아니할지라도 경건하지 아니한 자를 의롭다 하시는 이를 믿는 자에게는 그의 믿음을 의로 여기시나니"(롬 4:4-5). "너희는 그 은혜에 의하여 믿음으로 말미암아 구원을 받았으니 이것은 너희에게서 난 것이 아니요 하나님의 선물이라 행위에서 난 것이 아니니 이는 누구든지 자랑하지 못하게 함이라"(엡 2:8-9).

선행으로 누군가를 구원할 수 있다면 예수님의 죽음은 무의미하다. 그러나 예수님은 우리가 스스로 죗값을 치를 수 없음을 아셨다. 그래서 하나님의 어린양의 희생 제사가 반드시 필요하다. 어린양의 제사로 죄를 용서받으려면, 우리를 구원하실 어린양을 신뢰해야 한다.

예수님을 믿는다는 것은 단순히 예수님에 대해 믿는 것을 훨씬 뛰어넘는다. 예수님의 생애와 죽음에 대한 사실을 아는 것은 단순히 '관념적 지식'에 불과하다. 예수님을 믿으면 그 지식을 행동으로 옮겨야 한다. 다시 말해, 예수님을 믿고, 전적으로 신뢰하며, 그분께 모든 것을 토로해야 한다. 사실 우리는 의자에 앉을 때마다 부지중에 이 개념을 설명하게 된다. 의자에 몸을 다 싣고 앉는다는 것은 그 의자가 당신의 몸을 지탱해줄 것을 믿는다는 뜻이다. 우리는 대부분 의자를 전적으로 신뢰하기 때문에 체중이 얼마나 나가든 망설임 없이 즉각 우리 몸을 의자에 맡긴다.

조금이라도 의심이 생기면 넘어지지 않으려고 다른 무언가를 붙잡고 앉거나, 다리에 힘을 주고 의자에 제대로 앉지 않을 것이다. 많은 사람이 구원에 대해 바로 이런 식의 태도를 보인다. 예수님이 자신에 대해 계시하신 내용을 머리로는 인정한다. 그러나 선행을 많이 하려고 노력하거나, 교회 관습을 믿거나 혹은 스스로 할 수 있는 무언가를 의지하여 위험을 분산한다.

구원을 위해 예수님 외에 다른 것을 의지한다면, 사실상 예수 그리스도로 충분하지 않다고 말하는 것임을 명심해야 한다.

하나님은 우리 존재의 모든 무게를 예수 그리스도와 그분이 십자가에서 이루신 일에 의탁하도록 기다리고 계신다. 우리의 절대적이고 영원한 운명을 그분께 걸어야 한다.

"우리 어머니는 그리스도인이었고 나를 위해 늘 기도해주셨습니다"라고 말하는 사람들이 있다. 정말 감사한 일이다. 그런데 당신은 어떤가? 기독교에서는 부모에게 어떤 영적 유산을 물려받았는지는 중요하지 않다. 어느 교회를 다니는지도 중요하지 않다. 당신이 오직 그리스도의 인격과 사역을 절대적으로 신뢰하는지기 중요하다.

4장. 하나님의 어린양

하나님의 어린양은 우리 죄에서 우리를 구속해주신다. 로마서 3장 24절은 "그리스도 예수 안에 있는 속량으로 말미암아 하나님의 은혜로 값없이 의롭다 하심을 얻은 자 되었느니라"고 말한다. S&H 그린 스탬프(Green Stamps)를 기억한다면 이 절을 더 쉽게 이해할 수 있을 것이다. 이 스탬프는 특정 가게에서 물건을 구입하면 받을 수 있는데, 스탬프를 모은 뒤 쿠폰 교환 센터에 가면 쿠폰을 물건으로 바꿀 수 있다. 구속의 정확한 의미가 바로 이것이다. 물건의 값을 치르지 않고 쿠폰으로 대체할 수 있다는 것이다. 미국에서 노예제가 합법일 당시, 누군가가 노예에 대한 값을 치르면 그는 해방되어 자유인의 신분을 얻을 수 있었다. 하나님의 어린양은 우리를 죄에서 구속하시려고 우리가 진 빚의 대가를 지불하셨다.

예수님은 칭의와 구속을 제공하는 데서 나아가 우리를 위한 속전이 되어주셨다. 로마서 3장 25절에서 이 내용을 읽을 수 있다. "이 예수를 하나님이 그의 피로써 믿음으로 말미암는 화목제물로 세우셨으니 이는 하나님께서 길이 참으시는 중에 전에 지은 죄를 간과하심으로 자기의 의로우심을 나타내려 하심이니." 화목제물(propitiation)은 '만족'이라는 의미를 지닌 중요한 신학적 용어다. 화목하다는 것은 만족한다는 뜻이다. 그러므로 하나님의 어린양이 대리 속죄를 통해 거룩하신 하나님의 요구를 충족하셨다고 말한다면, 그분이 우리 죄를 위한 화목제물이라고 선언하는 것이다.

하나님의 어린양은 칭의, 구속, 화목이라는 선물에 반응하는 모든 이에게 영원한 생명을 주신다. 요한일서 2장 2절은 그분이 우리 죄의 화목제물이실 뿐만 아니라 온 세상의 죄를 위한 화목제물이라고 말한다. 어린양의 은혜를 거부하는 사람은 어린양의 진노를 받을 수밖에 없다(계 6:15-17). 베드로전서 2장 24절은 이 점을 강조한다. "친히 나무에 달려 그 몸으로 우리 죄를 담당하셨으니 이는 우리로 죄에 대하여 죽고 의에 대하여 살게 하려 하심이라 그가 채찍에 맞음으로 너희는 나음을 얻었나니."

우리는 하나님의 어린양에 대해 올바른 삶으로 반응해야 한다. 예수님은 당신과 내가 영적인 패배가 아니라 영적인 승리의 삶을 살도록 십자가에서 죽으셨다. 마귀가 더는 우리를 소유하지 못하도록 죽으셨다. 이렇게 예수님의 죽음으로 말미암아 우리는 구원을 얻고 천국에 가게 되었을 뿐만 아니라, 이 땅의 일상에서 구원과 건져주심을 누릴 수 있다. 예수님이 채찍에 맞으심으로 우리는 매일 삶에서 치유를 경험한다. 각종 중독과 두려움과 염려와 관계 문제, 의심 그 외 많은 문제에서 고침을 받는다.

어쩌면 아직 이런 치유를 경험하지 못했을 수도 있다. 여전히 과거의 고통이나 죄 때문에 생긴 상처와 싸우고 있을 수도 있다. 그러나 하나님의 어린양은 우리를 위해 구속을 확보하셨고, 그 구속은 우리가 여전히 안고 있는 모든 상처를 치유할 정도로 강력한 효력을 발휘한다. 예수님이 십자가에 달리신 것은 단순히 죄인이 성도가 되게 하기 위한 것만은 아니었다. 성도들이 치유되는 데 그 목적이 있었다. 하나님의 어린양은 단순히 영원을 위해서만 우리를 구원하신 것이 아니었다. 바로 지금을 위해 우리를 구원하셨다.

특별한 능력의 어린양

예수님의 이 이름을 정확히 이해하고 그분이 어린양으로서 성취하신 일을 제대로 이해한다면, 삶의 태도에 변화가 일어나야 한다. 내가 요한계시록 12장 11절을 즐겨 생각하는 이유가 이 때문이다. "또 우리 형제들이 어린양의 피와 자기들이 증언하는 말씀으로써 그를 이겼으니 그들은 죽기까지 자기들의 생명을 아끼지 아니하였도다." 이 절이 말하지 않는 내용을 유의해서 찾아보라. 그들이 긍정적인 사고의 힘으로 이겼다고 말하지 않는다. 강한 체력이나 엄청난 재력으로 이기지도 않았다. 성경은 그들이 어린양의 피로 이겼다고 말한다. 이것은 십자가에서 예수님이 우리의 죗값을 대신 치르시고 사탄의 권세를 깨뜨리셨기 때문에 가능했다. 우리는 성(聖)금요일에 관한 설교를 듣고 나서 그날에 관한 찬양을 부르거나 성금요일의 죽음을 생각하는 데 많은 시간을 할애한다. 이런 반응은 모두 칭찬할 만하다. 다만 토요일에 일어난 일을 쉽게 망각하는 것이 애석할 뿐이다. 토요일에 예수님은 지옥으로 내려가셔서 사탄이 지배하는 세계에 승리를 선언하셨다(벧전 3:18-20; 엡 4:9).

하나님의 어린양은 죽으신 후 부활하시기 전에 승리의 말씀을 선언하셨다. 마귀에게 "내가 이기고 너는 패배했다. 내가 이곳을 접수했다"라고 말씀하셨다. 마귀에게 진 빚이라는 사슬이 깨졌다. 문제가 모두 해결되었다. 그러므로 사탄이 지금 우리를 차지할 유일한 방법은 속임수를 쓰는 것뿐이다. 그래서 사탄이 대사기꾼이라 불리는 것이다. 이제 사탄은 우리가 힘이 없는 존재라고 생각하도록 속여야 한다. 이렇게 우리 생각을 호도하기 위해 주로 사용하는 방법은 어린양의 피를 망각하게 하는 것이다. 어린양의 피를 기억하지 않는다면 삶에서 승리할 수 있다는 사실도 까맣게 잊을 수 있다. 어린양의 피는 사탄의 힘을 무력화한다. 우리에게 의의 힘을 입혀주는 것이 바로 어린양의 피다.

아침마다 눈을 뜰 때, 침대에서 일어나 침실을 나가기 전에 자기 자신과 마귀에게 하나님의 어린양이 우리의 모든 죄를 해결하셨다는 진리를 선언해야 한다. 이렇게 매일 진리를 선언하면 천국에서 영생을 누릴 수 있고, 현재 이 땅에서 일어나는 사탄의 공격을 넉넉히 방어할 수 있다.

하나님의 어린양이라는 이름에 담긴 진리는 너무나 중요하므로 매일 시간이 나는 대로 묵상하고 되새겨야 한다. 인생의 어려움과 질곡을 만날 때 가장 먼저 이 진리를 의지하고 되새겨야 한다. 어떤 일을 만나든지 어린양의 피를 의지하라. 모든 영적 전쟁은 근본적으로 영적인 성격을 띤다.

요한계시록에서 예수님은 20회 이상 어린양이라는 이름으로 불린다. 성경의 마지막 책인 요한계시록은 장차 임할 하나님 나라의 비밀을 담고 있으며, 예수님을 어린양이라고 거듭 언급한다. 심판의 책을 열 수 있는 이는 죽임당하신 어린양밖에 없다.

- **요한계시록 5:6** "내가 또 보니 보좌와 네 생물과 장로들 사이에 한 어린양이 서 있는데 일찍이 죽임을 당한 것 같더라 그에게 일곱 뿔과 일곱 눈이 있으니 이 눈들은 온 땅에 보내심을 받은 하나님의 일곱 영이더라."
- **요한계시록 5:8** "그 두루마리를 취하시매 네 생물과 이십사 장로들이 그 어린양 앞에 엎드려 각각 거문고와 향이 가득한 금 대접을 가졌으니 이 향은 성도의 기도들이라."
- **요한계시록 6:1** "내가 보매 어린양이 일곱 인 중의 하나를 떼시는데 그때에 내가 들으니 네 생물 중의 하나가 우렛소리같이 말하되 오라 하기로."
- **요한계시록 7:9** "이 일 후에 내가 보니 각 나라와 족속과 백성과 방언에서 아무도 능히 셀 수 없는 큰 무리가 나와 흰옷을 입고 손에 종려 가지를 들고 보좌 앞과 어린양 앞에 서서."
- **요한계시록 17:14** "그들이 어린양과 더불어 싸우려니와 어린양은 만주의 주시요 만왕의 왕이시므로 그들을 이기실 터이요 또 그와 함께 있는 자들 곧 부르심을 받고 택하심을 받은 진실한 자들도 이기리로다."

요한은 어린양을 통치자로, 우리가 예배할 분으로, 우리의 전사이자 구주로 반복해서 언급한다. 어린양은 진노하시는 사자다(계 5:5). 5장 11-14절에는 하나님의 어린양에 대한 가장 놀랍고 전면적인 묘사가 나온다.

"내가 또 보고 들으매 보좌와 생물들과 장로들을 둘러선 많은 천사의 음성이 있으니 그 수가 만만이요 천천이라 큰 음성으로 이르되 죽임을 당하신 어린양은 능력과 부와 지혜와 힘과 존귀와 영광과 찬송을 받으시기에 합당하도다 하더라 내가 또 들으니 하늘 위에와 땅 위에와 땅 아래와 바다 위에와 또 그 가운데 모든 피조물이 이르되 보좌에 앉으신 이와 어린양에게 찬송과 존귀와 영광과 권능을 세세토록 돌릴지어다 하니 네 생물이 이르되 아멘 하고 장로들은 엎드려 경배하더라."

이 양은 절대 평범한 양이 아니다. 이 양은 하나님의 어린양이자 세상의 모든 죄를 지신 양으로 우리의 찬양을 받기에 합당하신 분이다. 그분은 보좌에 좌정하고 계시며 전쟁에서 승리하신 분이다. 또 권능과 힘과 영광을 받으신다. 이런 요소가 하나님의 어린양의 DNA에 새겨져 있다. 우리는 그분을 예배하는 것을 삶의 방식으로 삼아야 한다. 그러면 주님이 죽음으로 우리에게 주신 능력을 활성화할 수 있다.

최근에 나는 와이오밍의 잭슨 홀(Jackson Hole)에서 열린 성경 공부 강의를 촬영했다. 잭슨 홀은 미국에서 풍광이 빼어나게 아름다운 곳으로, 자연과 야생 생물의 놀라운 보고로 손꼽히는 곳이다. 촬영하며 여러 곳을 다니던 중 한 가지 사실을 알게 되었다. 사람들에게 곰 퇴치용 스프레이를 지니고 다니라고 당부하는 간판이 심심찮게 있었다는 것이다. 곰 스프레이는 야생 곰의 접근을 막는 용도로 사용된다. 우리가 떠나고 불과 며칠 후 여행 가이드 한 사람이 곰의 공격을 받고 사망했다고 한다. 그러므로 곰은 절대 사소하게 볼 위험이 아니다. 이때 곰 스프레이는 그것들이 다가오지 못하도록 스스로 안전하게 방어하는 데 도움이 된다.

마찬가지로 어린양의 피는 사탄을 퇴치할 방충제 역할을 한다. 사탄이 집에서나 직장에서 혹은 감정과 생각으로 우리를 괴롭히려고 할 때 하나님의 어린양을 예배해야 한다. 어린양을 예배할 때 우리는 놀라운 능력의 보혈로 사탄을 이길 수 있다. 승리를 안겨주는 것은 어린양의 피다. 앞으로 영원토록 그리고 우리 인생의 매 순간 승리할 수 있다. 그런데 그분을 섬기고 그분의 뜻에 철저히 자신을 맞춤으로 그 보혈의 능력을 활용해야 한다.

사탄은 절대 만만한 적이 아니다. 그에게는 사나운 발톱이 있다. 힘이 있다. 억센 턱으로 우리를 망가뜨릴 수 있다. 그는 기만에 능하며, 하나님을 위해 왕국의 소명을 감당하는 삶을 살지 못하게 우리를 정도에서 탈선하게 하려고 호시탐탐 노린다. 예수님 보혈의 능력을 우리의 방패와 영적 무기로 활용할 때만 승리하는 일상을 살아갈 수 있다.

예수님의 이 이름을 마음에 새기고 예배하라. 이 이름을 적용하라. 이 이름에 영광을 돌리라. 우리는 이 이름 안에 있을 때 보호받고 능력과 힘을 얻는다. 어린양은 그에 합당하신 분이다.

예수님은 피와 살과 뼈로 이루어진 사람이어야 했다.
인간의 고통과 싸움과 상실을
이해하는 존재여야 했다.
예수님은 이 모든 조건에 부합하는 분이었고
또한 완전한 존재셨다.

5장
위대한 대제사장

여호와는 맹세하고 변하지 아니하시리라 이르시기를

너는 멜기세덱의 서열을 따라 영원한 제사장이라 하셨도다.

—시편 110:4

그러므로 우리에게 큰 대제사장이 계시니 승천하신 이

곧 하나님의 아들 예수시라 우리가 믿는 도리를 굳게 잡을지어다…

그러므로 우리는 긍휼하심을 받고 때를 따라 돕는 은혜를 얻기 위하여

은혜의 보좌 앞에 담대히 나아갈 것이니라.

—히브리서 4:14, 16

지금까지 임마누엘, 알파와 오메가, 우리 왕, 전능한 어린 양이신 예수님을 알아보았다. 그러나 이 모든 직분을 하나로 이어주는 또 다른 예수님의 특별한 역할이 있다. 예수님은 하나님의 완벽하고 엄격하며 무흠한 기준들을 충족하시는 방식으로 이 역할을 감당하신다. 이 역할은 위대한 대제사장이라는 이름에서 확인할 수 있다. 성경에서 가장 많은 오해를 받고 있는 책 중 하나인 히브리서는 압도적으로 이 역할을 강조한다. 알다시피 히브리서는 성경에서 이해하기 쉽지 않은 책 중 하나다. 대부분의 사람은 히브리서를 신약 성경에서 계시록 다음으로 이해하기 어려운 책이라고 생각한다. 히브리서가 이렇게 이해하기 어려운 한 가지 이유는 이 책이 한 가지 전제를 바탕으로 기록되었기 때문이다. 히브리서는 독자들이 구약에 정통하다는 전제 아래 쓰였다.

구약에는 이스라엘 백성의 일상생활에 영향을 미치는 수많은 제사와 상징, 규례, 제도가 나온다. 히브리서가 기록된 시기에 살았던 유대인은 이런 일상에 익숙했을 것이다. 그러나 현대를 살아가는 우리에게는 대부분 낯설고 이해하기 어려운 전통이다.

우리 중 많은 사람이 이런 히브리서 배경과 아무 상관이 없는 곳에서 태어나고 자랐다. 구약 전통이나 신학, 제사 제도에 익숙하지 않으며, 성경의 제사장직도 낯설다. 그 결과 히브리서가 심지어 무엇을 말하는지 모르는 사람도 많다.

히브리서의 중심 주제와 메시지를 한마디로 요약하면 세 단어로 정리할 수 있다. '절대 포기하지 말라.' 이 책의 모든 특이한 요소의 핵심을 이 한 문장으로 정리할 수 있다.

절대 포기하지 말라.

히브리서는 패배를 인정하고 싸움을 포기하고 싶은 유혹과 처절하게 싸우는 일단의 신자에게 쓴 책이다. 그들은 믿음을 버리고 싶은 유혹을 받고 있었다. 사는 게 너무 괴롭고 고통스러워서 포기하고 굴복하고 싶은 유혹을 받고 있었다. 당시의 문화적 풍토에서 그리스도인으로 살기 위해서는 극한의 고통과 어려움을 각오해야 했다. 박해와 압력, 도전, 감당하기 어려운 힘든 일들을 매일 경험하고 있었다. 혹독한 삶이었다. 히브리서 저자가 포기하지 말라고 당부해야 했던 이유가 바로 이런 상황 때문이었다. 포기하지 말라. 절대 포기하지 말라. 이미 지쳐 있겠지만 포기하고 싶은 마음에 굴복하지 말라.

히브리서의 청중과 동병상련의 감정을 느낄 사람이 있을지 모른다. 처절하게 고통스러운 상황 속에서 그만두고 싶은 마음이 굴뚝같을지 모른다. "포기하지 않을 이유가 무엇인데?"라고 반발하고 싶을지 모른다. 상황이 절대 달라지지 않으리라는 절망감에 시달릴지도 모른다. 절대 상황이 나아지지 않을 것이라는 비관적인 생각에 빠져 있을지 모른다. 그토록 바라는 승리는 요원하며 원하는 삶을 절대 살 수 없으리라는 생각이 들지 모른다.

그리스도인이고, 교회에 다니며 기도하고, 주님을 찾는다고 해도 (솔직히 말해) 누구나 포기하고 싶다는 유혹을 느낄 때가 있다. 한 가닥 작은 희망을 붙잡고 있는데, 한 번의 작은 충격에도 넘어지고 말 것 같다는 생각이 들 때가 있다.

그러나 히브리서의 저자는 우리가 포기하거나 굴복할 필요가 없는 이유를 설명하려고 노력한다. 그리고 그 모든 것은 예수님의 한 이름, 대제사장이라는 이름과 관련이 있다.

제사장의 자격 요건

이 이름의 중요성을 이해하기 위해서는 먼저 유대의 제사장 제도의 본질을 이해할 필요가 있다. 히브리서 저자는 5장 서두에서 유익한 통찰을 제공한다.

> "대제사장마다 사람 가운데서 택한 자이므로 하나님께 속한 일에 사람을 위하여 예물과 속죄하는 제사를 드리게 하나니 그가 무식하고 미혹된 자를 능히 용납할 수 있는 것은 자기도 연약에 휩싸여 있음이라 그러므로 백성을 위하여 속죄제를 드림과 같이 또한 자신을 위하여도 드리는 것이 마땅하니라 이 존귀는 아무도 스스로 취하지 못하고 오직 아론과 같이 하나

님의 부르심을 받은 자라야 할 것이니라"(1-4절).

제사장은 사람들 가운데서 선택함을 입었고, 사람들을 위해 제사장으로 임명받았다. 다시 말해서, 제사장은 제사장으로 섬길 사람들과 동등한 존재여야 했다. 히브리서 저자는 계속해서 제사장이 하나님께 임명을 받아야 했다고 말한다. 어느 날 아침 눈을 뜬 뒤 제사장이 되겠다고 스스로 결심한다고 해서 제사장이 될 수 없다는 말이다. 일개 개인이 마음대로 결정할 수 있는 권한이 없었다. 사람들이 합심해서 누군가를 제사장으로 세울 수도 없었다. 투표 용지에 이름을 적어 내는 방식으로는 안 된다는 뜻이다. 하나님의 분명한 부르심이 있어야 했다.

더 나아가 제사장은 죄를 위한 희생제물을 드려야 했다. 그분이 대표하는 사람들의 죄를 위한 희생 제사뿐 아니라 자기 자신의 죄를 위한 제물도 드려야 했다(3절). 이 희생 제사로 죄나 죄의 결과를 무효화하지는 못했지만, 언젠가 진정한 제사를 드릴 날이 올 때까지 그 결과를 지연시킬 수는 있었다. 히브리서 10장 4절에 이런 내용이 나온다. "이는 황소와 염소의 피가 능히 죄를 없이 하지 못함이라." 이 짐승의 제사를 보며 사람들은 죄가 사망에 이르게 한다는 엄중한 현실을 새롭게 확인했다. 죄는 사망을 낳기 때문에, 죄를 범한 사람들이 죽음의 심판을 지연시킬 수 있도록 짐승들의 피를 흘려야 했다.

제사장이 갖추어야 하는 자격 요건이 또 있었다. 히브리서 5장 2절에서 이 자격 요건을 소개한다. "그가 무식하고 미혹된 자를 능히 용납할 수 있는 것은 자기도 연약에 휩싸여 있음이라." 기본적으로 제사장은 연약하다는 것이 무슨 의미인지 이해할 수 있어야 했다. 인생의 어려움으로 고통당하는 이들을 공감할 수 있어야 했다. 긍휼이 절실히 필요한 사람들을 이해할 줄 알아야 했다. "연약에 휩싸여" 있다는 말은 그 사람 역시 자신의 한계와 극복할 과제들을 안고 있었다는 뜻이다.

고통을 전혀 경험해보지 못한 사람이 다른 사람들을 섬기는 사역을 하려고 하면, 단순히 입으로만 떠드는 사람처럼 보일 수 있다. 그리고 그가 전하는 말이 종종 천박하거나 비현실적이거나 이상적으로 느껴질 수 있다. 오직 개인적 시련과 고통을 거쳐야만 그릴 수 있는 학습 곡선이 있는 것이다. 이처럼 제사장이 알아야 하는 사실이 있었다. 먼저 제사장 자신이 죄에서 정결함을 입어야 하는 사람이고, 속죄 제사를 지내는 사람들처럼 자신도 신적 도움이 필요한 존재라는 사실을 알아야 했다.

이 모든 것은 예수님이 우리의 대제사장이시라는 것이 무슨 의미인지 더 잘 이해하게 해준다. 히브리서 5장 5-10절에서 말하는 것과 같다.

"또한 이와 같이 그리스도께서 대제사장 되심도 스스로 영광을 취하심이 아니요 오직 말씀하신 이가 그에게 이르시되 너는 내 아들이니 내가 오늘 너를 낳았다 하셨고 또한 이와 같이 다른 데서 말씀하시되 네가 영원히 멜기세덱의 반차를 따르는 제사장이라 하셨으니 그는 육체에 계실 때에 자기를 죽음에서 능히 구원하실 이에게 심한 통곡과 눈물로 간구와 소원을 올렸고 그의 경건하심으로 말미암아 들으심을 얻었느니라 그가 아들이시면서도 받으신 고난으로 순종함을 배워서 온전하게 되셨은즉 자기에게 순종하는 모든 자에게 영원한 구원의 근원이 되시고."

이 구절이 "또한 이와 같이"라는 표현으로 시작한다는 사실을 유의해서 보라. 이것은 비교를 위한 구절이다. 우리는 지금 제사장직과 관련하여 예수님이 1-4절에 설명된 모든 자격 요건을 다 갖추신 분이며, 이제 설명하려는 자격 요건 역시 모두 갖추신 분이라는 사실을 듣고 있다. 예수님은 이전 제사장들이 자격을 갖추어야 하듯이 자격을 갖추셔야 했다. 그분은 하나님의 임명을 받아 제사장이 되셨다. 그분은 인간이셨다. 고난을 알고 이해하셔야 했다. 우리가 우는 것처럼 우셨고, 연약함이 무엇을 의미하는지 이해하셨다. 인간의 몸을 입으심으로 고뇌와 번민과 고통과 공허함 그리고 그 외 인간이 겪는 감정을 직접 경험하셨다. 예수님은 우리와 전혀 다를 바 없이 인간의 희로애락을 아시는 분이었다.

이처럼 예수님은 오래전 정해진 규정에 따라 제사장직에 필요한 요건을 갖추셨다. 여기에 더해 그분이 아니고는 누구도 갖출 수 없는 더 중요한 한 가지 조건 역시 충족하셨다. 이에 대해서는 6절과 10절에 기록되어 있다. 이 두 절에서는 예수님이 "멜기세덱의 반차를 따르는" 제사장이라고 말한다. 그분의 제사장직 계보는 멜기세덱의 직분 수행 과정과 절차와 역사적 계보에 뿌리를 두고 있었다. 대제사장이신 예수님을 이해하기 위해서는 먼저 멜기세덱이 어떤 존재인지 알아야 한다.

누군가 멜기세덱과 같은 이름을 이야기하면 십중팔구 한 귀로 듣고 한 귀로 흘려보낼 것이다. 사람들이 이런 반응을 보이는 이유는 많지만, 특별히 한 가지를 꼽는다면 이 단어를 발음하는 법조차 알지 못하는 경우가 많기 때문이다. 그러나 히브리서가 기록될 당시의 사람들은 유대 문화와 유산에 익숙했는데도 이 이름에 큰 의미를 두지 않았다. 히브리서 저자는 사람들이 이런 반응을 보인 이유가 그들이 '듣는 것이 둔해졌기' 때문이라고 말한다. 히브리서 5장 11절은 이 점을 지적한다. "멜기세덱에 관하여는 우리가 할 말이 많으나 너희가 듣는 것이 둔하므로 설명하기 어려우니라."

이 말은 당대의 사람들과 오늘날의 우리에게 들을 영적인 귀가 없다는 뜻이다. 우리는 여전히 세속적으로 생각하고 판단하며, 육신을 따라 살고 있다. 마치 AM 주파수로 FM 방송을 들으려는 것과 같다. FM으로 주파수를 맞추지 않으면 그 방송을 듣지 못할 것이다. 그리스도인인 우리가 육신을 따라 살고 있다면, 영적인 진리는 우리 머리 위 허공에서만 맴돌고 있을 것이다. 중요한 핵심과 연결되지 못하는 것이다. 그러나 문제는 멜기세덱에 관한 중요한 사실을 놓칠 경우 예수님에 관한 중요한 진리도 놓치게 된다는 것이다. 이 말은 우리 앞에 놓인 어려움과 문제들을 맞실 때 필요한 도움을 받지 못한다는 뜻이기도 하다.

멜기세덱을 만나다

멜기세덱이라는 이름은 전체 구약 성경에서 단 두 번밖에 등장하지 않는다. 먼저 시편 110편 4절에 그 이름이 등장한다. "여호와는 맹세하고 변하지 아니하시리라 이르시기를 너는 멜기세덱의 서열을 따라 영원한 제사장이라 하셨도다."

두 번째로 창세기 14장에서 그에 관한 글을 읽을 수 있다.

"아브람이 그돌라오멜과 그와 함께 한 왕들을 쳐부수고 돌아올 때에 소돔 왕이 사웨 골짜기 곧 왕의 골짜기로 나와 그를 영접하였고 살렘 왕 멜기세덱이 떡과 포도주를 가지고 나왔으니 그는 지극히 높으신 하나님의 제사장이었더라 그가 아브람에게 축복하여 이르되 천지의 주재이시요 지극히 높으신 하나님이여 아브람에게 복을 주옵소서 너희 대적을 네 손에 붙이신 지극히 높으신 하나님을 찬송할지로다 하매"(17-20절).

핵심 내용은 이렇다. 멜기세덱은 왕이다. 그는 살렘의 왕이다. 구약 시대에 살렘은 예루살렘을 가리키는 이름으로 '평화'라는 뜻이었다. 따라서 살렘 왕은 평화의 왕이다.

왕들은 모두 자기 왕국이 있으므로 멜기세덱은 왕이라는 역할의 본질상 왕국과 통치하는 영토가 있었다. 이 영토는 그의 말이 최종적 권위를 지니는 곳이었다. 그런데 멜기세덱은 왕일 뿐만 아니라 또한 제사장이었다.

지금까지 살펴보았듯이, 제사장의 임무는 하나님 앞에서 인간을 대변하는 것이었다. 반대로 선지자의 직무는 인간 앞에서 하나님을 대변하는 것이었다. 선지자가 사람들에게 하나님의 말씀을 전달했다면, 제사장은 사람들의 죄를 하나님께 가져가서 그들 대신 제사를 드렸다. 예수님은 하나님의 말씀이라고 불렸으므로(요한일서 참고) 선지자가 되신다. 또한 멜기세덱과 마찬가지로 제사장이자 왕이 되신다.

멜기세덱이 처음 등장하는 장면(창 14장)은 전쟁이 끝난 이후다. 아브람은 전쟁에서 막 돌아왔다. 그는 전쟁에서 이기고 전리품으로 획득한 모든 것을 내놓았다. 승리를 얻기 위해 할 수 있는 일을 모두 했다. 그러나 전쟁에서 이기고 돌아오던 그는 왕이자 제사장인 멜기세덱을 만났고, 멜기세덱은 그에게 빵과 포도주를 주었다. 왜인가? 아브람이 피곤했기 때문이다. 그는 전쟁에서 싸우고 이겼지만 지쳐 있었고 기력을 회복해야 했다. 멜기세덱은 그런 아브람이 재충전하도록 도와주었다.

그러나 멜기세덱이 빵과 포도주로 기력을 회복하도록 도운 동시에 아브람을 축복해준 것을 눈여겨보라. 고린도전서 10장 16절을 읽어보면 신약에 이런 내용이 반영되어 있음을 알게 된다. "우리가 축복하는바 축복의 잔은 그리스도의 피에 참여함이 아니며 우리가 떼는 떡은 그리스도의 몸에 참여함이 아니냐." 예수님은 멜기세덱의 반차를 따라 오셨고, 우리는 오늘날 성만찬으로 회복과 축복을 경험한다. 멜기세덱 당시에 제사장들은 이런 회복과 축복을 또 다른 방식으로 제공했다. 성찬식은 단순히 빵을 먹고 음료수를 마시는 데 국한되지 않는다. 우리가 어제의 싸움을 극복하고 회복하도록 도울 뿐만 아니라 내일의 전투에 대비하도록 돕는 데 목적이 있다. 또 그것은 우리에게 새로운 축복을 주고자 마련되었다.

　이 축복은 싸움의 두 가지 측면과 관련된다. 잘 알겠지만 우리는 종종 한 가지 싸움에서 벗어난 다음에, 주 안에서 회복되지도 못하고 우리를 위해 베푸신 축복을 누리지도 못한 채 또 다른 싸움을 맞이한다. 결국 처절하게 패배하는 이유가 바로 이 때문이다. 우리의 대제사장이신 예수님은 우리의 영을 회복해 주시고, 힘을 주시며, 인생에서 벅찬 도전과 시련을 만날 때마다 축복을 베풀어주러 오셨다.

　예수님은 대제사장이라는 역할을 통해 우리에게 회복과 축복을 주실 뿐 아니라, 우리 영혼에 필요한 안정과 더불어 하나님과 특별한 차원의 친밀함을 누리게 해주신다. 히브리서를 계속 읽다 보면 이런 내용을 만날 수 있다.

> "우리가 이 소망을 가지고 있는 것은 영혼의 닻 같아서 튼튼하고 견고하여 휘장 안에 들어가나니 그리로 앞서가신 예수께서 멜기세덱의 반차를 따라 영원히 대제사장이 되어 우리를 위하여 들어가셨느니라"(6:19-20).

　예수님은 우리 영혼의 닻이다. 닻의 역할은 무엇인가? 배를 안전하게 고정하는 역할을 한다. 닻을 드리우면, 아무리 바람이 거세게 불고 풍랑이 일어도 배가 자리를 지킬 수 있다. 닻이 단단히 붙잡고 있으므로, 아무리 배가 흔들려도 제자리에서 떠내려가지 않는다.

이 개념을 제대로 이해해야 하는 이유는 닻을 내리지 않으면 큰 해를 당할 수 있기 때문이다. 대제사장이신 예수님을 우리 인생의 닻으로 삼지 않으면, 인생의 폭풍과 풍랑으로 떠내려가 결국 파산하고 말 것이다. 그분을 위대한 대제사장으로 의지하고 그분께 굳건히 매여 단단히 붙들려 있으면, 가정과 직장에서 겪는 어려움, 재정이나 건강의 문제 혹은 정서정 불안정 등으로 상황이 어려워질 때 의지할 닻을 얻게 될 것이다. 안전하게 자리를 지킬 수 있을 것이다. 무섭게 일렁이며 요동치는 풍랑과 바람을 만나도 예수님이 우리를 굳건히 붙들어주실 것이다. 우리에게 소망을 주실 것이다.

소망은 기쁨으로 미래를 기대하는 것이다. 소망은 우리의 현재 상태에 좌우되지 않는다. 앞으로 결국 이루어질 긍정적 결과를 바라보게 한다. 그래서 소망은 늘 기대와 관련이 있다. 예수 그리스도의 대제사장직은 기대감으로 기다리는 우리가 흔들리지 않도록 지켜준다. 앞으로 만날 온갖 혼란 속에서도 단단히 뿌리를 내리게 해준다.

예수님은 회복과 축복과 안정과 소망만 주시는 분이 아니다. 우리를 휘장 안으로 데려가심으로 하나님과 더 친밀한 교제를 누리게 해주신다. 제사장은 휘장 안으로 들어가기 위해 성막의 세 곳을 통과해야 한나. 민지 바깥뜰을 지나야 한다. 그런 다음 성소로 들어간다. 성소를 통과한 후에는 지성소, 곧 하나님이 임재하시는 곳으로 들어간다. 예수 그리스도는 죽으시고 장사되시고 부활하심으로 성부 하나님과 우리를 갈라놓던 휘장을 없애셨다. 이제 우리는 대제사장이신 예수님과 올바른 관계를 맺음으로 하나님의 존전에 나아갈 수 있다.

구약 시대에 제사장이 하나님의 임재 앞에 나아갈 때와 관련된 한 가지 흥미로운 이야기가 있다. 그들은 발목에 줄을 매고 휘장 안으로 들어가야 했다. 그렇게 한 이유는 제사장이 하나님의 존전에서 잘못을 저지를 경우에 대비하기 위해서였다. 만져서는 안 되는 것을 만질 수도 있고, 반드시 거쳐야 할 정결 과정을 제대로 이행하지 않을 수도 있다. 그래서 만에 하나 제사장이 갑자기 사망할 경우, 그 제사장 외에 지성소에 들어갈 권한이 있는 사람이 없었기 때문에 성소로 들어가 시신을 꺼낼 수가 없었다. 이렇게 제사장이 사망하면 발목에 매인 끈을 당겨 그를 끌어내야 했다.

그러나 예수님은 우리가 그 앞에 나아가도록 값을 치르셨다. 그분의 의가 우리에게 전가되었다. 예수님이 그분을 믿는 모든 이를 위해 아버지께 나아갈 길을 마련해주셨으므로, 우리는 더 이상 발목에 줄을 매고 나아갈 필요가 없다. 요한일서 2장 2절은 "그는 우리 죄를 위한 화목제물이니 우리만 위할 뿐 아니요 온 세상의 죄를 위하심이라"고 말한다. 예수님은 성부 아버지께 우리의 대언자가 되어주신다.

히브리서 7장 1절에서는 멜기세덱의 반차를 따르는 제사장의 역할에 중보자로 섬기는 역할이 포함된다고 말한다. "이 멜기세덱은 살렘 왕이요 지극히 높으신 하나님의 제사장이라 여러 왕을 쳐서 죽이고 돌아오는 아브라함을 만나 복을 빈 자라." 여기서 하나님에 대한 호칭을 눈여겨보라. 원어로 보면 이 구절에 사용된 하나님의 이름은 '엘 엘리온'이다. 엘 엘리온은 하나님을 가리키는 이름으로 만물을 통치하신다는 뜻이다. 하나님은 대법원과 같은 역할을 하신다. 하급 법원이 어떤 판결을 내리든지 대법원이 최종 결정권을 갖는다. 마찬가지로 하나님이 다른 이들과 다른 판결을 내리시면, 그 판결이 법적 구속력을 갖고 최종적으로 시행된다. 예수님은 최고의 지존 앞에서 우리의 중재자이자 변호사로서 그분의 영토에서 우리를 섬기신다.

대제사장에 대한 반응

아브람은 멜기세덱에게 어떻게 반응했고, 우리는 그 반응에서 무엇을 배울 수 있는가? 아브람은 십일조로 알려진 예물을 멜기세덱에게 바쳤다(창 14:20; 히 7:2 참고). 오늘날 십일조에 대해 듣고 싶어 하는 사람은 많지 않다. 십일조에 관한 이야기는 건너뛰기를 원한다. 그러나 십일조는 대제사장과 우리 관계에서 중요하기 때문에 이 부분을 잘 이해해야 한다. 이 개념을 더 정확히 이해하기 위해서는 히브리서 8장의 몇 구절을 살펴볼 필요가 있다.

- "지금 우리가 하는 말의 요점은 이러한 대제사장이 우리에게 있다는 것이라 그는 하늘에서 지극히 크신 이의 보좌 우편에 앉으셨으니"(히 8:1).
- "저 첫 언약이 무흠하였더라면 둘째 것을 요구할 일이 없었으려니와"(7절).
- "새 언약이라 말씀하셨으매 첫 것은 낡아지게 하신 것이니 낡아지고 쇠하는 것은 없어져 가는 것이니라"(13절).

오늘날 많은 그리스도인이 십일조에 관한 잘못된 프로그램을 따르는데, 이는 십일조에 담긴 구약의 개념에 따라 십일조 제도를 운영하기 때문이다. 옛 언약 아래서는 축복을 받기 위해서 십일조를 바쳐야 했다(말 3:10). 하지만 새로운 언약은 이런 식으로 작동하지 않는다. 멜기세덱이 먼저 아브람에게 빵과 포도주를 준 다음 그를 축복해주었고, 아브람은 그에 대한 답례로 십일조를 했다는 사실을 기억하라. 아브람은 하나님의 축복을 받을 목적으로 십일조를 바치지 않았다. 하나님이 이미 그를 축복해주셨기 때문에 십일조를 바쳤다. 하나님을 설득해 복을 받기 위해서가 아니라, 하나님의 선하심에 반응한 것이었다.

에베소서 1장 3절은 "하늘에 속한 모든 신령한 복"으로 우리가 이미 축복을 받았다고 말한다. 하나님은 이미 우리를 축복하기로 결정하셨다. 이미 우리에게 복을 베풀기로 결정하셨다. 우리가 하나님께 무언가를 바치더라도 그분의 축복을 받기 위해서가 아니다. 하나님께 감사를 표현하는 데 목적을 두는 것이다.

우리는 예수님이 대제사장으로서 우리에게 확보해주신 은혜에 감사를 표현한다. 예수님은 우리를 위해 성막의 세 영역을 지나가시는 대신 천상의 세 차원을 통과하셨다. 예수님은 죽으시고 무덤에서 살아나셔서 구름을 타고 승천하신 후 공중의 하늘과 별들의 우주를 통과하셨다. 그런 다음 세 번째 하늘, 즉 하나님의 보좌가 있는 알현실로 들어가셨다. 이런 하늘들을 통과해 성부 하나님의 우편에 있는 보좌에 앉으셨다. 그분은 이렇게 천상에 올라가심으로 성부 하나님께 직접 나아갈 길을 열어주셨고, 하늘 성소에 들어가 하나님의 도우심을 받음으로 우리가 인생의 수많은 어려움에도 끝까지 견딜 힘을 얻게 해주셨다.

히브리서 4장 14-16절은 이에 대해 어떻게 반응해야 하는지 말해준다.

> "그러므로 우리에게 큰 대제사장이 계시니 승천하신 이 곧 하나님의 아들 예수시라 우리가 믿는 도리를 굳게 잡을지어다 우리에게 있는 대제사장은 우리의 연약함을 동정하지 못하실 이가 아니요 모든 일에 우리와 똑같이 시험을 받으신 이로되 죄는 없으시니라 그러므로 우리는 긍휼하심을 받고 때를 따라 돕는 은혜를 얻기 위하여 은혜의 보좌 앞에 담대히 나아갈 것이니라."

예수님을 우리의 대제사장으로 모신다면 믿음을 굳게 붙잡아야 한다. 우리의 믿는 노리를 굳게 붙들어야 한다. 포기하지 말아야 한다. 굴복해서는 안 된다. 그 이유가 무엇인가? 우리의 연약함과 고통을 이해하시는 분이자, 그 문제를 능히 해결하실 수 있는 분께 나아갈 길을 내신 분이 우리를 대신하여 변호하신다는 것을 알기 때문이다.

우리가 겪은 인생의 어려움 중 예수님이 경험하시지 않은 어려운 분야는 단 하나도 존재하지 않는다. 예수님은 외롭고 고독하다는 것이 어떤지를 아신다. 거부당한다는 것이 어떤지도 알고 계신다. 버림받고 매를 맞고 상처를 입는 것이 얼마나 힘든지 알고 계신다. 고통이 너무 극심해서 피눈물을 흘리고 절규하며 통곡할 때 어떤 기분이 드는지 아신다. 배신의 고통이 어떤지 알고 계신다. 집이 없다는 것이 어떤지 알고 계신다. 목마르고 굶주리며 유혹을 받는 것이 어떤지도 알고 계신다. 또 공격당하고 걷어차이며 조롱당할 때 어떤 감정이 올라오는지 알고 계신다. 심지어 십자가에서 우리 죄를 지셨기 때문에 죄의 문제로 짓눌리는 고통이 무엇인지도 잘 아신다. 그분은 죄를 짓지 않으셨는데도 우리의 무거운 죄의 대가를 기꺼이 감당하셨다.

예수님은 연민을 느끼시는 분이고, 우리를 잘 아시는 분이다. 그분은 우리의 심정을 잘 아신다. 그분이 우리를 온전히 이해하고 동정하실 수 있는 이유가 바로 그 때문이다. 그리고 당신과 나는 은혜의 보좌에 나아가 그 자비와 긍휼히 여기심을 누릴 수 있다. 그 보좌 앞에서 긍휼하심과 때를 따라 돕는 은혜를 누릴 수 있다. 그런데 우리는 그 보좌 앞에 가까이 나아가는 걸음을 내디뎌야 한다. 굳게 믿으며 나아가야 한다. 우리의 대제사장이신 예수님과 관계가 여전히 서먹하다면, 예수님이 우리 대신 수행하시는 제사장직을 절대 확인하지 못할 것이다. 주일 오전에만 그리스도인이라면, 어려울 때 우리를 도우시는 제사장직을 경험하지 못할 것이다. 하나님이 우리 상황에 개입하시는 것을 보기 위해서는 대제사장이신 예수님과 관계를 누림으로 담대하게 그분께 나아가야 한다. 가까이 나아가야 한다.

상처를 입고 고통스러워하고 있다면 절대 하나님을 멀리해서는 안 된다. 그분 앞으로 달려가야 한다. 하나님을 멀리하는 것은 좋지 않다. 그분께 가까이 나아가야 한다. 실제로 하나님은 자신에게 더욱 가까이 나아오게 하시려고 우리가 어려움을 더 오래 겪도록 허락하실 수도 있다. 대제사장께 나아감으로 하나님께 더욱 가까이 나아갈 때만 우리에게 필요한 은혜와 긍휼을 누릴 수 있다.

예수님은 보좌에 앉아 계시므로 거룩한 은혜를 베푸실 수 있다. 그분은 우리를 체휼하시는 대제사장이시므로 긍휼히 여기는 은혜와 자비를 베푸실 수 있다. 예수님께 가까이 나아가라. 그럴 때 포기하지 않고 싸움을 지속할 힘을 얻을 수 있다. 건지심을 얻을 수 있다(히 7:23-25). 평화를 누릴 수 있다. 필요를 따라 도움을 베풀어주실 위대한 대제사장을 만날 수 있다.

6장
만유의 주재

이는 한 아기가 우리에게 났고 한 아들을 우리에게 주신 바 되었는데 그의 어깨에는 정사를 메었고 그의 이름은 기묘자라, 모사라, 전능하신 하나님이라, 영존하시는 아버지라, 평강의 왕이라 할 것임이라.

—이사야 9:6

그는 보이지 아니하는 하나님의 형상이시요 모든 피조물보다 먼저 나신 이시니 만물이 그에게서 창조되되 하늘과 땅에서 보이는 것들과 보이지 않는 것들과 혹은 왕권들이나 주권들이나 통치자들이나 권세들이나 만물이 다 그로 말미암고 그를 위하여 창조되었고.

—골로새서 1:15-16

몇 년 전 미국 중서부를 덮친 무서운 폭풍과 관련해 전해지는 이야기가 있다. 모두가 앞다투어 필사적으로 안전한 곳을 찾아 달리는 중에, 한 남자가 한 소년이 다른 소년을 등에 업고 가는 모습을 보았다. 등에 업힌 소년은 그를 업은 소년과 체구가 거의 비슷하게 보였지만 분명히 더 어린 소년이었다. 그 남자는 "무거워 보이는구나! 도와줄까?"라고 소리쳤다.

이 말을 듣고 더 어린 소년을 업은 아이는 이렇게 대답했다. "아뇨. 무겁지 않아요. 제 동생이에요."

사랑하는 이라면 어깨에 전해지는 무게가 아무리 무거워도 아마 무겁다고 생각하지 않을 것이다. 사랑하기 때문에 3킬로미터든 30킬로미터든, 아니면 더 먼 거리까지도 얼마든지 갈 수 있다. 사랑하면 우리가 필요한 이들을 업고 갈 힘이 생긴다.

예수님에게서도 동일한 사랑을 볼 수 있다. 무엇보다 우리는 그분의 형상으로 만들어진 존재다. 우리는 예수님과 비슷한 감성 DNA를 지니고 있다. 그러나 예수님은 우리 중 한 사람만 업어주시지 않는다. 우리를 모두 업고 가신다. 모든 사람을 도와주신다. 그분은 우리를 모두 사랑하시며, 우리를 위해 기꺼이 내어주시는 분이다. 우리에게 예수님이 필요할 때마다 그분은 어김없이 그 자리에 계신다.

　　때로 인생이 힘들고 벅차게 느껴지고, 우리 힘으로 어려움을 헤쳐 나가지 못할 것 같은 좌절감에 빠질 수 있다. 누구도 예외는 없다. 누구나 인생에 불어닥치는 폭풍우를 헤쳐 나가기 위해 예수님의 도우심이 필요하다. 이번 장에서 우리가 살펴볼 이름이 그토록 중요한 이유가 이 때문이다. 이 책 초반에 살펴본 이름인 임마누엘은 하나님이 우리와 함께하신다는 것을 말해준다. 왕, 어린양, 대제사장과 같이 지금까지 살펴본 예수님의 능력은 하나님이 우리와 어떤 관계를 맺고 계신지를 보여준다. 그러나 이제 살펴볼 이름에서는 하나님이 우리를 얼마나 위하시는지를 엿볼 수 있다. 그분은 우리 편이 되어주신다. 우리가 성공하기를 원하신다. 그리고 성공하는 데 필요한 모든 것이 그분 안에 있다.

　　이 이름의 개념이 구약에 등장한다. 이 이름은 기록된 당시와 마찬가지로 지금도 적용할 수 있다.

　　거의 7백 년이 흐른 뒤 이 예언적 이름이 성육신하실 것이다. 신적 존재가 아기로 이 땅에 오시기까지 이스라엘 백성은 기나긴 어려움과 시련과 위험의 시간을 보내야 할 것이다. 지극히 특별한 이 존재는 자기 일생을 통해 중요한 여러 역할을 성취하러 오셨는데, 그중 몇 가지 임무는 이스라엘 백성에게 더 직접적으로 다가왔을 수 있다. 즉, 백성은 그 역할을 다른 것보다 더 따뜻하다고 느꼈을 수 있다. 그래서 어쩌면 다른 역할보다 그것이 더 필요하다고 생각했을지도 모른다. 예수님의 탄생을 예고

한 이사야 9장 6-7절에 암시된 이름은 만유의 주재다.

> "이는 한 아기가 우리에게 났고 한 아들을 우리에게 주신 바 되었는데 그의 어깨에는 정사를 메었고 그의 이름은 기묘자라, 모사라, 전능하신 하나님이라, 영존하시는 아버지라, 평강의 왕이라 할 것임이라 그 정사와 평강의 더함이 무궁하며 또 다윗의 왕좌와 그의 나라에 군림하여 그 나라를 굳게 세우고 지금 이후로 영원히 정의와 공의로 그것을 보존하실 것이라 만군의 여호와의 열심이 이를 이루시리라."

이사야 선지자에 따르면 태어나실 아기이자 우리에게 주신 아들은 그의 어깨에 정사를 메게 될 것이다. 오직 한 분만이 그 어깨에 정사를 멜 것이고, 그분이 바로 주권자, 만유의 주재시다. 언젠가 예수님이 육신을 입은 몸으로 세상에 다시 오셔서 예루살렘에 왕국을 세우시고 이스라엘에서 온 세상을 다스리시겠지만, 현재 그분은 자기 백성의 영적 통치자라는 직위를 갖고 계신다. 예수님이 지금 적극적으로 통치권을 행사하시는 정사는 그분의 교회와 그분 나라의 시민들이다. 예수님은 우리를 다스리실 뿐 아니라 그 어깨에 우리를 지고 가실 것이다.

다시 말해서, 예수님은 무거운 짐을 져주시는 분이다. 세상을 통치하는 만유의 주재이신 예수님은 관료제의 폐해에서 자유로우실 수 있다. 예수님께 우리를 통치하실 권한을 넘겨드리면 그분은 우리가 감당해야 할 모든 짐을 져주신다. 필요를 채워주시고, 연결해주시며, 정리해주신다. 또 준비해주시고 구원해주신다. 불행하게도 우리가 이러한 축복을 항상 누리지 못하는 이유가 하나 있다. 예수님이 다스리시도록 우리 자신과 교회를 내어드리지 않기 때문이다. 그러나 우리를 다스리도록 내어드리면, 예수님의 이름으로 그리고 그분의 능력으로 사회에 영향을 미침으로써 하나님께 영광을 돌리고 사람들을 이롭게 할 길이 열릴 것이다.

그러나 이사야는 만유의 주재신 예수님의 역할을 단순히 알리기만 하는 차원에서 만족하지 않았다. 예수님의 다스리심을 인정하는 것이 매우 중요하지만, 이사야는 당시 그의 글을 읽을 사람들이 예수님이 어떻게 다스리시는지 알아야 할 필요가 있다고 생각했다. 그들은 영원토록 그리고 모든 면에서 그들을 구원해주실 분에 대해 알아야 했다. 오늘날도 마찬가지다. 그래서 이사야는 예수님이 만유의 주재로서 그분의 역할을 어떻게 이루시는지 설명한다.

경이로운 상담자 (기묘자, 모사)

이사야서 본문에 나오는 이름들의 목록에 소개되는 만유의 주재로서 첫 번째 역할은 상담자의 역할이다. 오늘날 상담자, 즉 카운슬러는 조언을 해주는 사람을 가리킨다. 카운슬러는 조언이 필요할 때 찾아가는 사람이다. 인생의 지침이 필요할 때 카운슬러를 찾아가기도 한다. 단순히 명쾌한 상황 파악을 위해서라도 카운슬러를 찾아갈 수 있다. 카운슬러는 정확히 이 호칭이 선언하는 일을 한다. 상담을 해주는 것이다. 카운슬러라는 역할을 통해 이사야는 예수님이 비범한 조언자의 역할을 감당하러 우리에게 오셨음을 알려준다. 그분은 위대한 인생 코치가 되신다. 훌륭한 카운슬러가 되어주신다. 예수님은 우리를 위하시는 분이다!

우리는 대부분 자기 스스로 하는 상담이 때로 도움되기도 하지만, 효과가 없을 때가 더 많다는 사실을 경험으로 알고 있다. 누구나 자기 힘으로 해보려다가 오히려 완전히 망쳐버린 경험을 해봤을 것이다. 또한 우리는 대부분 다른 이들에게 받은 조언과 상담이 기대하던 만큼 효과가 없다는 사실도 경험으로 알고 있다. 실제로 어떤 상담을 받고서, 상담가가 대체 어느 별에 살고 있는 사람인지 의심이 들 정도로 크게 실망하기도 한다. 상담가가 정말 우리를 생각해서 우리의 치유를 바라는지, 혹은 단순히 상담료를 버는 데만 관심이 있는 것은 아닌지, 다시 말해 우리를 돈벌이 대상으로만 보는 것은 아닌지 실망하며 상담실을 떠나는 경우도 적지 않다.

하지만 예수님은 다르시다.

예수님은 탁월하고 훌륭한 상담자시다. 그분이 제공하시는 지침과 조언과 통찰과 명확함은 항상 정확하고 시의적절하며 유익하다. 위로부터 오는 지혜는 늘 효과가 있고 유익하다. 성경은 이런 사실을 반복해서 강조한다.

- **시편 32:8** "내가 네 갈 길을 가르쳐 보이고 너를 주목하여 훈계하리로다."
- **시편 73:24** "주의 교훈으로 나를 인도하시고 후에는 영광으로 나를 영접하시리니."
- **잠언 3:5-6** "너는 마음을 다하여 여호와를 신뢰하고 네 명철을 의지하지 말라 너는 범사에 그를 인정하라 그리하면 네 길을 지도하시리라."
- **고린도전서 1:25** "하나님의 어리석음이 사람보다 지혜롭고 하나님의 약하심이 사람보다 강하니라."
- **야고보서 3:17** "오직 위로부터 난 지혜는 첫째 성결하고 다음에 화평하고 관용하고 양순하며 긍휼과 선한 열매가 가득하고 편견과 거짓이 없나니."
- **요한일서 5:20** "또 아는 것은 하나님의 아들이 이르러 우리에게 지각을 주사 우리로 참된 자를 알게 하신 것과 또한 우리가 참된 자 곧 그의 아들 예수 그리스도 안에 있는 것이니 그는 참 하나님이시요 영생이시라."

우리 인생이 이토록 뒤틀리고 엉망이 되는 이유 중 하나를 꼽으면 자신의 판단과 지식에 과도하게 의지하기 때문일 것이다. 혹은 너무나 많은 사람에게 조언과 지혜를 구하려고 하기 때문이다. 어떤 사람들은 심지어 점쟁이를 찾아가거나, 텔레비전 프로그램에 의지하거나, 팟캐스트에 자문을 구하기도 하고, 그 외 여러 세속적인 수단을 통해 조언을 얻기도 한다. 이 중에는 상당히 긍정적이고 상식적인 조언을 제공하는 경우도 있지만, 전혀 도움이 되지 않는 경우도 적지 않다. 그러나 아무리 유익한 팟캐스트나 기사라고 해도 그 조언은 일반적일 테고, 주어진 소명대로 살아갈 길을 안내하는 조언은 아닐 것이다.

심지어 잘못된 방향의 조언을 받아 오히려 혼란을 겪고 힘들어하는 사람들도 있다. 잘못되고 부적절한 정보에 근거한 상담은 모든 것을 포기하게 만들 수 있다. 우리의 꿈을 산산이 부숴버릴 수 있고, 우리의 희망을 무너뜨릴 수 있다. 실제로 우리를 죽음으로 몰고 갈 수도 있다.

어린 시절 반복된 천식 발작으로 힘들어할 때 아버지는 나를 병원으로 데려가서 치료를 받게 하셨다. 그런데 한번은 의사가 큰 실수를 저질렀다. 주사기에 엉뚱한 약을 주입한 것이다. 의사로서 전문적인 훈련을 받고 의료 지식을 쌓았는데도 잘못된 약을 주입했던 것이다.

내 상태가 너무 심각했기 때문에 아버지는 그날이 마치 어제인 양 지금도 생생하게 기억하신다. 부모님은 실제로 나를 잃을 수도 있다고 생각했다고 한다. 그 의사는 학위도 있었고, 의사 자격증도 있었다. 오랫동안 의사로서 수련했고 학교도 졸업했다. 심지어 아버지 본인도 그 의사에게 치료를 받았었다. 그러나 그 의사는 인간이었다. 인간은 누구나 실수한다. 실제로 자주 실수를 저지른다.

그러나 놀라운 상담자이신 예수님은 절대 실수하시는 법이 없다. 결코 실수하시지 않는다. 골로새서 2장 2-3절은 그 이유를 말해준다. "확실한 이해의 모든 풍성함과 하나님의 비밀인 그리스도를 깨닫게 하려 함이니 그 안에는 지혜와 지식의 모든 보화가 감추어져 있느니라."

그리스도 안에는 모든 지혜와 지식과 명철이 감추어져 있다. 예수님이 그토록 놀랍고 탁월한 상담자이신 이유는 모든 사안을 완벽하게 아시기 때문이다. 그분이 위대한 조언자이신 이유는 어떤 사안이나 문제를 들고 가도 완벽하게 파악하시는 완벽한 통찰의 소유자시기 때문이다. 예수님은 완전한 지식의 소유자실 뿐 아니라 또한 완벽한 이해의 소유자시기도 하다. 히브리서 2장 17-18절은 예수님이 우리와 같은 사람이 되셨으므로 우리를 더 잘 도우실 수 있다고 말한다. 그분은 우리가 느끼는 감정을 고스란히 느끼셨다. 거절을 경험하셨고 멸시를 당하셨다. 사람들에게 잊히거나 무시당하는 것이 어떤 것이며, 과소평가되는 것이 어떤 경험인지 알고 계신다. 예수님은 인간의 질고를 이해하시며 우리를 이해하신다.

상담가는 대부분 전문적인 상담 실습을 통해 훈련받고, 거기서 배운 방법을 실전에 적용하려 노력한다. 그러나 그들이 내담자의 심리 상태나 그가 겪은 일을 다 이해하는 것은 아니다. 모든 상황을 항상 완전히 공감할 수는 없다. 그래서 그들의 조언은 이론적으로 참고할 만하고 사례 연구에 도움이 될지 모르지만, 핵심을 비껴가는 경우가 적지 않다. 반면 예수님은 인생의 우여곡절 속에서도 우리가 가야 할 길을 아시고, 우리가 직면한 난관을 극복하거나 목표에 도달하는 데 방해되는 심리적이고 정신적인 장애물이 무엇인지도 알고 계신다. 그리고 그 장애물을 어떻게 처리해야 하는지도 알고 계신다. 한마디로 말해, 예수님은 우리를 안내해주실 뿐 아니라 공감해주신다.

예수님은 우리가 어떤 인생의 여정을 밟아왔고, 어떤 연유로 지금과 같은 상황에 처했는지, 그 상황을 타개하기 위해 무엇을 해야 하는지 아신다. 또한 인생의 모든 길이 교차하는 지점이 어디인지 그리고 그렇게 길을 벗어나다가 결국 어떤 종착지에 다다를지도 알고 계신다. 그러므로 때를 놓치기 전에 가야 할 길로 가도록 도와주실 수 있다. 간단히 말해, 예수님은 모든 것을 다 아신다는 말이다. 이사야 40장 13-14절은 하나님이 모든 것을 아시며, 그분이 모르시는 정보는 하나도 없다고 말한다. 그분은 처음부터 끝까지, 위에서부터 아래까지, 그 중간의 모든 것까지도 전부 아시므로 상담에 관해 정통하시다.

그러나 예수님께 상담을 받기 위한 한 가지 조건이 있다. 요한복음 7장 17절에서 그 조건을 확인할 수 있다. "사람이 하나님의 뜻을 행하려 하면 이 교훈이 하나님께로부터 왔는지 내가 스스로 말함인지 알리라." 또한 전도서 2장 26절은 "하나님은 그가 기뻐하시는 자에게는 지혜와 지식과 희락을 주시나"라고 말한다. 잠언 1장 7절은 "여호와를 경외하는 것이 지식의 근본이거늘 미련한 자는 지혜와 훈계를 멸시하느니라"고 말한다. 이 조건들은 구체적으로 무엇을 말하는가? 하나님의 뜻을 행하고, 그분이 보시기에 선한 존재가 되며, 여호와를 경외하는 것이다. 이 모든 내용을 한마디로 요약하면 그분과 일체화되는 것이다. 우리 마음과 생각과 뜻과 말과 결정을 하나님의 절대적 주권과 통치에 맡길 때, 그분의 지혜와 지식을 우리 것으로 활용할 수 있다. 방화벽이 내려오면 우리 인생을 온전히 통치하고 다스리시도록 하나님의 지혜를 찾을 수 있다.

이 책을 쓰는 동안, 나는 우리 사역팀인 '어반 얼터너티브'(Urban Alternative)에 속한 약 7백 명의 팀원과 관광차 이스라엘을 다녀왔다. 몇 년 전에 이스라엘을 다녀왔기 때문에 오랜만에 가는 그 여행으로 활력을 회복할 수 있었다. 이미 다녀온 경험으로, 이스라엘의 지리와 지형지세는 대략적으로 알고 있었다. 그러나 어떤 경우든 혹은 어떤 방식으로든, 이 많은 단체 여행객을 이끄는 여행 가이드 역할을 하겠다고 나설 수는 없었다. 큰 실수를 저지를 것이 분명했다. 그 대신 우리는 이스라엘 투어 프로그램을 제공하는 회사와 계약을 맺었다. 그들은 어느 호텔이 좋은지, 어떤 길을 경유해야 좋은지 누구보다 잘 알았고, 어디에서 맛있는 음식을 먹을 수 있는지도 알았다. 또한 전국을 쉽고 편안하게 다닐 수 있는 최고의 팁도 알려주었다.

여행 가이드는 여행자가 편안하게 여행하도록 도와주고, 혼자 여행할 때보다 더 많은 곳을 보고 누리는 데 필요한 정보를 준다. 그러나 인생이라는 여정을 이끌 자격을 지닌 유일한 가이드는 예수님이시다. 우리를 안내할 자격이 있다고 주장하며 우리의 인생 코치가 되고 싶어 하는 사람은 많다. 그러나 예수님만이 유일한 상담자, 즉 기묘자이자 모사가 되신다. 예수님은 우리의 여행 가이드로서 완벽하게 그 일을 수행하시는 분이다. 절대 실수하시는 법이 없다. 절대로 말이다. 게다가 예수님은 1년 365일 24시간 언제든 대기하고 계신다. 결코 늦으시는 법도 없고, 음성 사서함이 꽉 차서 메시지를 놓치시는 법도 없다. 절대 약속을 취소하시지 않으며, 휴가를 가시거나 주무시거나 문을 닫아두시지도 않는다. 우리가 예수님을 찾으면 언제든지 만날 수 있다. 그분의 역할 중 하나는 우리를 위해 중보하시는 것이기 때문이다(히 7:25).

예수님은 놀라운 상담자시다. 하지만 그분께 나아가 당신의 생각을 그분의 말씀에 맞추어야 한다. 그러한 내어드림이 없다면 그분은 우리에게 아무 소용도 없을 것이다.

전능하신 하나님

우리의 주권자이신 예수님은 훌륭한 카운슬러로서 완벽한 조언을 해주실 뿐 아니라, 우리에게 주신 조언을 실제로 이루실 수 있다. 그분은 전능한 하나님이시기에 어떤 길로 우리를 인도하시든지 완벽하게 일을 성사시킬 능력을 지니셨다.

보통 차에 비정상적인 소음이 나거나 어딘가에 문제가 생겼다는 경고등이 켜질 때 자동차 정비소에 차를 가져간다. 우리는 무엇이 문제인지 파악조차 못 할 때가 많다. 단지 이상한 소음이 나거나 등이 켜지지 않는다는 것을 알 뿐이다. 하지만 이런 문제들을 해결하지 않으면, 주행 중에 더 큰 문제가 발생해서 훨씬 더 많은 비용을 치를 수 있다. 그래서 정비사에게 경고등이 켜진 것을 보여주거나, 이상한 소음을 확인해달라고 한다. 그리고 대체로 정비사는 그 문제를 해결해준다.

정비소로 차를 가져가는 이유는 고장 난 부분을 스스로 고칠 충분한 지식이 없기 때문이다. 스스로 자동차를 정비할 기술이 없다면, 문제를 해결할 방법도 알 수 없다. 그러나 정비소에 가면, 차를 수리할 지식과 기술을 갖춘 정비사가 온갖 도구와 장비를 갖추고 있다. 제일 먼저 정비사는 고장 난 부분이 어디인지 확인하기 위해 차량 고장 진단 기기에 차를 연결할 것이다. 그런 다음 결과를 분석하고 엔진 소리를 들어보며 육안으로 확인할 수 있는 문제들을 찾아본다. 간단히 말해, 이 모든 단계를 거쳐 자동차가 정상으로 작동하도록 수리할 것이고, 우리는 이상 소음이나 비정상적인 부분을 고친 차를 몰고 무사히 집으로 돌아올 것이다.

이제 예수님을 생각해보자. 그분의 탁월한 조언을 구하러 찾아가서, 무엇이 문제인지 확인하고 고장 난 부분을 진단하고 고치고 싶은가? 예수님은 그 문제를 해결할 도구와 장비와 인력과 힘을 갖추셨다. 그분께 우리 인생의 혼란을 잠잠하게 할 능력이 있다. 우리의 실존적 혼란을 바로잡을 기술도 있다. 이 모든 일을 하실 예수님을 의지하기만 하면, 우리 관계와 그 외 다른 문제들을 해결할 수 있다. 전능하신 하나님은 능력이 지극히 크시므로, 우리 인생에서 회복되어야 할 문제를 회복시키는 일에 다른 무엇도 필요하시지 않다.

우리 집은 멀티탭을 많이 구비해두는데, 특히 텔레비전과 다른 장비들이 있는 거실에 많다. 멀티탭은 한 개의 콘센트에 두 개 이상의 플러그를 꽂을 수 있게 한 장치다. 때로 콘센트 두 구만으로는 모자란 경우가 있다. 콘센트를 사용하여 기구에 전기를 공급하는 전원을 이용할 수 있지만, 정작 그 기구들을 콘센트에 연결하지 못한다면 그 전원은 아무 소용이 없을 것이다. 멀티탭을 사용하면 한 번에 여러 기구를 연결할 수 있게 된다.

때로 인생도 이와 유사하다. 한두 가지 문제는 어렵지 않게 스스로 처리할 수 있다고 생각한다. 한두 가지 시련은 너끈히 감당할 수 있다는 생각도 든다. 그러나 이런 문제나 시련이 끊임없이 찾아오거나 누적되면 혼자만의 힘으로는 벅차다는 생각이 든다. 서너 가지 이상의 문제나 어려움이 닥치면, 내면 깊숙한 곳의 힘까지 고갈되어 더 이상 힘을 사용할 수 없다. 전능하신 하나님은 우리의 멀티탭이 되신다. 그리고 결코 공급량이 고갈되지 않는다. 언제 어디서나 우리가 어떤 일을 당하든, 모든 문제를 처리하실 전기와 기구를 충분히 갖추고 계신다. 유일하게 주의해야 할 점은 그분과 직접 연결되어야 한다는 것이다.

복음서에서 이 인상적인 이름의 능력이 나타나는 것을 쉽게 찾아볼 수 있다. 한 가지 예를 들면, 예수님이 죄에 대해 권능을 나타내시는 경우다. 예수님은 죄를 용서하시고, 사람들이 자초한 결과에서 구속하시는 능력을 베푸시며, 가서 다시는 죄를 짓지 말라고 촉구하셨다. 또한 귀신들을 쫓아내셨다. 병자를 고쳐주셨고 죽은 자를 살리셨다. 예수님은 가는 곳마다 능력과 이적을 보여주셨다.

한번은 예수님이 귀신 들린 사람을 만나셨을 때 그 남자 안에 있던 귀신들이 자신들의 이름을 군대라고 고백했다. 예수님은 단지 귀신 하나를 맞닥뜨리신 것이 아니었다. 귀신들의 군대를 만나셨다. 그러나 그들은 전능하신 하나님의 적수가 되지 못했다. 예수님은 군대 귀신을 몰아내시고 부정한 돼지 떼에 들어가도록 허락하셨고, 돼지 떼는 비탈로 내리달아 호수에 빠져 죽었다(눅 8:26-33). 지금 당신이 안고 있는 문제는 무엇인가? 전능하신 하나님이 군대 귀신을 처리하실 수 있는 분이라면, 지금 당신이 어떤 문제로 고통을 겪든지 넉넉히 이기도록 도와주실 수 있지 않겠는가?

실제로 마귀도 먼저 하나님을 알현해야 했다. 하나님께 허락을 받아야 욥을 시험할 수 있었다(욥 1:6-12 참고). 또한 베드로를 시험하고 도전하기 위해 하나님께 여쭈어야 했다. 그를 밀처럼 "까부르듯" 하기 위해서는 하나님께 먼저 허락을 받아야 했다(눅 22:31). 우리는 마귀의 힘을 과도하게 부풀리는 경우가 많다. 예수님은 마귀보다 더 큰 능력을 지니셨을 뿐 아니라 모든 권세를 소유하고 계신다. 물리적이든, 심리적이든 혹은 영적이든 어떤 환경에서나 우리가 원할 경우 개입하고 관리해주실 수 있다. 예수님은 전능한 하나님이시고, 거룩한 주재시며, 우리를 위해 싸워주시는 분이다.

영존하시는 아버지

이사야서 9장 6절에 소개된 예수님의 세 번째 이름은 영존하시는 아버지다. 이 이름은 예수님에 대해 우리가 가장 사용하지 않는 이름일 것이다. 이 이름을 잘 사용하지 않는 이유는 성부 하나님과 성자 예수님을 구분하기 때문이고, 예수님이 아버지 본체의 형상(히 1:3)이시라는 사실을 쉽게 망각하기 때문이다. 예수님은 육신을 입고 오신 하나님의 형상이시다(요 10:30, 38). 이사야는 예수님이 삼위일체의 제1위격이신 성부 하나님이라고(초대교회는 이런 주장을 양태론이라는 이단으로 규정했다) 주장하는 것이 아니다. 성부 하나님을 그대로 반영하는 예수님의 인격적 속성을 강조하는 것이다. 이런 의미에서 예수님은 아버지와 같은 분이며, 그러한 부성애적 특성을 우리에게 유감없이 보여주신다.

이 점을 더욱 명확하게 이해하도록 돕기 위해, 내가 직접 겪은 일을 한 가지 예로 소개하고자 한다. 나의 생물학적 자녀나 입양 자녀가 아닌데도, 목사이자 카운슬러로서 또한 라디오 설교자로서 나를 아버지라고 부르는 사람들이 있다. 그들은 나를 영적인 아버지로, 심지어 간단하게 아버지라고 부른다. 실제로 나를 아버지라고 부르는 사람 중에는 나보다 나이가 많은 사람들도 있다. 하지만 나를 아버지라고 부른다고 해서 내가 그들의 생물학적 아버지를 대신하는 것은 결코 아니다. 단지 우리 관계의 속성을 가장 정확히 반영하는 용어를 사용하고 있을 뿐이다. 어떤 부분에서 그들은 내가 그들에게 아버지와 같은 역할을 한다고 생각하는 것이다.

이사야는 예수님을 영존하시는 아버지로 부르면서, 예수님이 구속과 통치와 의의 속성 외에 다른 속성을 반영하는 분임을 알려주고자 했다. 예수님이 우리를 그분의 보호 아래 두시고, 갈 길을 알려주시며, 인도하시고, 격려해주시며, 베풀어주시는 식으로 여러 면에서 우리의 아버지 역할을 하고 계심을 알리고 싶었던 것이다.

그러나 예수님의 이 이름은 아버지처럼 우리를 돌보시는 예수님의 역할만 부각하지 않는다. 예수님이 시간의 창조자로서 시간을 초월하여 존재하시는 분임을 의도적으로 강조하는 역할도 한다. 알파와 오메가로서 예수님은 시작도 끝도 없으신 분이다(계 1:8). 혹은 이사야가 다른 곳에 기록한 대로 "지극히 존귀하며 영원히 거하시며 거룩하다 이름하는 이"(사 57:15)시다. 하나님은 영원히 사시는 분이다. 삼위의 각 위격은 시간의 제약을 받으시지 않는다. 제2위격이신 예수님은 역사의 주관자이자 시간을 통제하시는 분이다. 히브리서 1장 10-12절은 예수님이 시간이 있기 전에 시간이 없는 세계에 계셨다고 말한다. A부터 Z까지, 태어나고 숨을 거두기까지 우리는 흐르는 시간 속에서 살고 있지만 예수님은 그러시지 않는다. 인간의 실존적 조건에 제약을 받으시지 않고, 우리의 기준에 구속받으시지도 않는다. 예수님은 영원하신 분이다. 영존하시는 분이다. 시작도 없고 끝도 없으시다.

우리는 시간의 제약을 받는 경험밖에 한 적이 없다. 그래서 예수님의 이런 이름은 이해하기가 매우 어렵다. 전도서 3장 1-8절은 우리가 몸담고 사는 세상이 웃든지 울든지 살든지 죽든지 매사에 때가 정해져 있다고 말한다. 우리는 시간이라는 옷을 입고 살아간다. 어떤 이들은 심지어 우리가 시간에 갇혀 있다고 말한다. 이런 실존적 조건을 피할 방법은 없다. 당신과 나는 날마다 나이가 들어간다. 해마다 늙어간다. 왜 그런가? 우리가 시간의 흐름에 제약을 받는 삶으로 폐쇄적 우주 안에 갇혀 있기 때문이다.

그러나 예수님은 시간 밖에 살고 계신다. 시간을 지배하신다. 만유의 주권자가 되신다. 계절과 날씨의 지배자를 어머니 대자연(Mother Nature)으로 종종 표현하듯이, 영존하시는 아버지라는 호칭에서 예수님이 실제로 시간의 아버지(Father Time) 되심을 이해하게 된다. 예수님은 영존하시는 아버지다.

시간을 가장 합당하게 활용하는 법은 영존하시는 아버지라는 예수님의 지위를 인정할 때 발견할 수 있다. 예수님이 우리의 시간을 다스리도록 내어드리면, 그분은 우리 시간을 이끄시고, 교차시키시며, 연결하시고, 조직하시며, 활용하시고, 감독하실 수 있다. 또한 때마다 우리에게 필요한 모든 것을 갖추도록 도우실 수 있다.

하나님은 수천 년 전에 주신 이 예언자적 이름을 통해, 예수님께 우리 시간을 다스리도록 내어드리면 시간을 가장 합당하게 활용하는 데 필요한 지혜와 통찰을 얻을 수 있음을 알려주신다. 에베소서 5장 15-16절은 시간에 관해 이렇게 가르친다. "그런즉 너희가 어떻게 행할지를 자세히 주의하여 지혜 없는 자같이 하지 말고 오직 지혜 있는 자같이 하여 세월을 아끼라 때가 악하니라." 예수님은 우리를 사랑하시는 영존하시는 아버지로서, 우리가 하나님께 영광을 돌리고 사람들을 이롭게 하는 방향으로 지혜롭게 시간을 사용하기를 원하신다. 그분은 다른 지혜로운 아버지처럼, 우리가 누릴 수 있는 가장 풍성한 삶을 경험하도록 최선을 다해 시간을 능숙하게 활용하는 법을 배우기를 원하신다. 예수님은 이런 삶을 누릴 수 있도록 우리를 안내하고 가르치며 동기를 부여하는 법을 정확히 알고 계신다.

평강의 왕

마지막으로, 이사야는 예수님이 평화의 왕이심을 알리고 싶어 한다. 평화를 뜻하는 히브리어는 샬롬(shalom)이다. 이스라엘을 방문하면 인사할 때마다 '샬롬'이라는 표현을 사용하는 모습을 볼 수 있다. 이 표현은 평화라는 단어의 현대적인 개념보다 훨씬 풍성한 의미를 지닌 함축적인 단어다. 샬롬이라는 개념은 균형 잡힌 안녕을 바란다는 뜻이다. 그러므로 유대인이 당신에게 '샬롬'이라고 인사하면 단순히 행복하기를 바란다고 말하는 것이 아니다. 당신의 인생이 통합적이고 온전하기를 바라는 뜻을 담아 인사하는 것이다. 영어로 "우여곡절 많은 드라마는 이제 그만"(no more drama)이라는 의미일 것이다. 인생이 손상된 곳 없이 온전하다는 뜻이다.

평화의 왕이라는 이름을 현재 미국의 상황에 빗대어 번역한다면, "더 이상 드라마가 없는 세상의 왕"(Prince of no more Drama)이라고 표현할 수 있다. 예수님은 평안의 왕이시다. 혼란과 혼돈에서 우리를 구원해주신다.

사실 인생은 극적일 정도로 불안정하다. 정말로 그렇다. 누구나 불행을 경험할 수 있다. 타락한 인간이 사는 타락한 땅에서 살아가야 하기에 누구나 고통을 겪는다. 그러나 우리 환경이 평화를 얻을 유일한 자원을 결정하도록 둔다면, 실제로 일상적인 평화를 누리기란 상당히 어려울 것이다. 그러나 평화의 왕이라는 이름은 우리에게 비교할 수 없는 훌륭한 자원이 있음을 알려준다. 실제로 예수님은 유일한 참된 평화의 근원이 되신다. 그분은 이 점을 분명하게 드러내 보이셨다. "이것을 너희에게 이르는 것은 너희로 내 안에서 평안을 누리게 하려 함이라 세상에서는 너희가 환난을 당하나 담대하라 내가 세상을 이기었노라"(요 16:33). 예수님은 우리가 아무리 고통스럽고 두려운 상황에 내몰려 있어도 평화를 실현하실 능력을 지니신 분이다. 나는 갈릴리 호수를 손에 꼽기 어려울 만큼 많이 방문했다. 한번은 가이드가 우리 일행에게 갈릴리 호수가 요단 계곡 지대에 위치한 탓에 예고 없이 갑자기 무서운 강풍이 일어날 수 있다고 알려주었다. 그와 같은 폭풍의 위력은 어마어마하다고 한다. 마가복음 4장 35-41절에 기록된 기사에서 제자들이 맞닥뜨린 폭풍은 한

밤중에 생긴 것이었다. 시커먼 구름으로 달빛 한 점 보이지 않았을 것이다. 칠흑처럼 어두운 밤바다 한가운데서 제자들은 갑자기 불어닥친 폭풍에 완전히 무방비 상태였을 것이다. 폭풍은 그들의 항해 실력뿐만 아니라 그들의 심리 상태도 시험했다. 이 구절을 읽을 때 나는 그들이 느꼈을 공포를 실감한다. 사납게 파도가 일렁이는 바다에서 제자들과 함께 베드로가 파도에 흠뻑 젖은 모습을 상상할 수 있다. 그들이 예수님을 깨우고 "선생님이여 우리가 죽게 된 것을 돌보지 아니하시나이까"(막 4:38)라고 물은 것도 전혀 놀랄 일이 아니다. 나도 그들과 똑같이 행동했을 것이다. 실제로 베드로가 단순히 그렇게 담담하게 질문했으리라고 생각하지 않는다. 그는 크게 소리치고 고함을 질렀을 것이다.

"예수님! 우리가 죽게 되었는데 가만히 계실 거예요? 제발 일어나주세요!"

예수님은 제자들의 필사적인 절규에 담담하게 반응하셨다. 선잠에서 깨어나 폭풍을 바라보시고 바다를 향해 단지 "잠잠하라 고요하라"(39절)고 말씀하셨을 뿐이었다. 두 번의 짧은 명령에 폭풍은 순종했다. '잠잠하다'에 해당하는 헬라어는 '침묵하다'(hold one's peace)라는 의미가 있는 시오페(siópé)라는 어근에서 파생한 단어다. 정리하자면 예수님은 폭풍을 향해 조용히 하라고 말씀하신 것이다. 시끄러운 소리를 그만두라고, 소란 피우지 말고 조용히 하라고 명령하신 것이다. 부모가 갓 걸음을 배워 좌충우돌하는 아이를 야단치는 것처럼, 예수님은 바다를 향해 "가만히 있으라"고 말씀하셨다.

그 결과는 단순하면서도 즉각적이었다. 성경은 폭풍이 "아주 잔잔하여지더라"(39절)고 말한다. 평화가 찾아왔다.

형제여, 지금 당신 인생에 천둥과 번개가 뒤질세라 사방에서 내려치고 있을지 모른다. 전혀 예기치 못하게 인생에 폭풍이 불어닥치고, 고통스러운 환경에 내몰리고 있을 수도 있다. 어디에도 희망이 보이지 않는다. 미래를 기대할 수도 없다. 한밤중에는 사방이 칠흑처럼 어둡다. 그러나 폭풍 속에서 예수님의 평화가 승리하는 때는 바로 그렇게 어둠에 잠겼을 때다. 예수님은 한마디 말씀으로 우리의 현재 상황에 평화를 선사하시는 분이다.

현실을 직면하도록 하자. 우리 힘으로는 평화를 쉬이 누릴 수가 없다. 그러나 예수님의 이 이름을 인격적으로 알아가면 값없이 평화를 누릴 수 있다.

폭풍우 한가운데를 지나는 비행기를 타본 적이 있는가? 나는 그런 적이 있다. 잔이 쏟아지고, 머리 위의 짐칸이 모두 열리며, 사방에서 사람들이 비명을 질렀다. 나는 비행기 타는 것을 무서워한 적이 없지만, 그런 상황에 처하면 아무리 무뚝뚝하고 감정을 잘 드러내지 않는 사람도 안전벨트를 단단히 매고 신경을 곤두세우기 마련이다.

이례적인 난기류를 만나 심한 돌풍으로 기체가 좌우로 심하게 흔들렸던 공포스러운 비행 경험에 대한 에피소드가 있다. 창밖의 구름은 흡사 시커먼 석탄 더미 같았고 번갯불이 가까이에서 춤을 추듯 어지럽게 번쩍거렸다. 승객들은 공포로 비명을

6장. 만유의 주재

지르다가 기괴할 정도로 잠잠해지기를 반복했다. 누구도 안전하다고 느끼지 않았다.

작은 소년 한 명만이 이 소동에서 예외였다. 그 아이는 공책에 태양이 환하게 빛나는 날 나무를 오르는 자신을 그리는 데 심취해 있었다. 그 아이를 본다면 누구도 폭풍의 한가운데를 나는 비행기에 타고 있다고 생각할 수 없었을 것이다.

근처에 앉아 있던 한 승객이 그 아이를 보고 어떻게 그렇게 태평스러운지 궁금해서 "넌 무섭지 않니?"라고 물어보았다.

소년은 잠시 공책에서 눈을 떼고 씩 웃으며 이렇게 말했다. "네."

"왜 무섭지 않니?" 승객은 자신의 좌석을 꼭 잡은 채 답을 재촉하듯 물었다.

"제 아빠가 조종사니까요!" 소년은 당연한 듯이 대답하더니 다시 그림 그리는 데 집중했다.

나는 인생이 때로 통제 불능 상태에 빠질 수 있음을 안다. 그럴 때 두려움을 느끼기가 쉽다. 그러나 평화의 왕이 통제실에 앉아 계신다는 것을 알면 마음에 평안이 찾아올 것이다.

우리는 평화라는 단어를 흔히 사용하지만, 이 단어의 실제적 의미를 놓칠 때가 종종 있다. 전쟁으로 폐허가 된 곳에서 평화는 휴전으로 잠시 전쟁이 중지된 상태와 비슷한 의미로 받아들여진다. 젊은 어머니에게는 이제 걸음마를 시작한 자녀가 잠시 낮잠을 자는 시간을 의미할 수도 있다.

평화는 사람마다 각기 다른 의미로 받아들일 수 있다. 그러나 예수님이 주시는 평화는 전혀 다르다. 그분의 평화는 외부의 혼돈과 혼란 속에서도 내적 평안을 누리게 준다. 폭풍에 대한 공포감은 사라지고, 예수님을 경외하는 건강한 두려움이 자리 잡을 때 그분이 주시는 평화를 경험한다. 바다의 풍랑에서 시선을 거두어 구주를 바라볼 때 평화가 찾아온다.

바울은 골로새서에서 갈릴리 바다에서 광풍이 예수님께 반응하는 것처럼 하나님의 평화에 반응하라고 말했다. "그리스도의 평강이 너희 마음을 주장하게 하라"(골 3:15). '주장하다'에 해당하는 헬라어는 '운동경기의 심판을 보다'라는 뜻이다. 우리는 심판이 무슨 일을 하는지 다 알고 있다. 심판은 경기의 규칙대로 경기를 운영한다. 야구 경기에서 볼, 스트라이크, 아웃, 홈런 등 심판이 무엇을 선언하든지 그대로 인정된다.

마찬가지로, 평화의 왕이 어떤 문제에 대해 무엇을 말씀하시든지 그대로 적용된다. 그분이 주권자시므로, 어떤 결정을 내리시든지 그 결정대로 인정되는 것이다.

형제여, 지금 당신의 세상이 무너져 내리는 참담한 상황이라도 당신이 그 상황과 함께 무너질 필요가 없다. 당신에게 일어난 일이나 닥쳐온 폭풍을 스스로 통제할 수는 없지만, 그 상황에 어떻게 반응할 것인지는 결정할 수 있다. 우리 삶에 함께하시는 예수님의 임재와 능력에 반응하면, 공포의 광풍에 휩쓸려 가지 않고 고요한 평화를 누릴 수 있다. 주님이 주시는 평화를 누릴 수 있다. 그렇다고 어려운 일이 생기지 않는다는 말은 아니다. 우리에게 낯선 문제와 어려움에 삼켜지지 않을 수 있다는 말이다.

관계가 흔들리고 직장을 잃을 수도 있고 건강이 악화될 수도 있다. 점점 살림살이가 궁색해지고 살기가 더 어려워질 수도 있다. 그러나 예수님은 "잠잠하라. 고요하라"고 말씀하신다. 평화의 왕이 그 품에 우리를 품어주시므로 편안하게 쉼을 누릴 수 있다.* 하나님은 우리와 평화의 언약을 맺기를 바라신다 (겔 34:25; 37:26).

공연 실황에서나 텔레비전, 인터넷 중계 방송에서 오케스트라 단원들이 음을 조율하는 장면을 볼 때가 있다. 이 시간에는 음악이 아닌 소음만 가득하다. 악기들은 귀가 아플 정도로 제각기 소리를 낸다. 그러나 지휘자가 무대로 걸어 나와서 지휘봉을 들면 그의 존재만으로 모든 것이 달라진다. 이제 모두의 시선이 일제히 그에게 쏠린다. 시끄러운 소음이 이제는 조화로운 화음으로 바뀐다.

예수님이 참된 주권자로, 모사로, 전능하신 하나님으로, 영존하시는 아버지로, 평강의 왕으로 우리 인생을 지배하시도록 내어드리면, 우리 인생의 혼란스럽고 시끄러운 모든 것이 일제히 그분께 맞춰진다. 그분이 모든 것을 통치하고 조정하시도록 내어드릴 때 우리 인생이 조화로워지고 모든 부분이 질서를 찾아간다. 그러나 그런 일은 우리가 그분께 자신을 맞출 때만 일어날 수 있다. 그분의 이름들에서 확인해본 것처럼, 이런 혜택은 우리가

---

* 1장과 6장의 일부는 Tony Evans, *Like No Other: The Life of Christ* (Nashville: Lifeway Publishers, 2014), 18-20, 29를 개정하여 발췌했다.

그분께 맞추고 그분의 지도와 주권적 권위를 따라갈 때만 누릴 수 있다. 하나님이 통치하시는 곳에 평화가 찾아온다(사 52:7).

예수님의 이름에서 우리는 능력과 인도하심과 평화와 지혜를 발견한다. 그 안에서 우리가 필요한 모든 것을 발견할 수 있다. 예수님이 우리 인생의 모든 영역을 통치하시도록 주권을 내어드림으로써 그분의 통치의 혜택을 신학적 개념이 아닌 직접적인 삶의 경험으로 누려야 한다.

2부

예수님의 인격에 따른 권능

7장

에고 에이미

하나님이 모세에게 이르시되 나는 스스로 있는 자이니라.

―출애굽기 3:14

예수께서 이르시되 진실로 진실로 너희에게 이르노니 아브라함이 나기 전부터 내가 있느니라 하시니.

―요한복음 8:58

예수님은 하나님의 셀카와 같다. 오늘날 많은 사람이 셀카가 무엇인지 알지만, 모르는 사람을 위해 설명하자면 스스로 자신의 모습을 찍은 사진을 뜻한다. 더 자세한 설명은 필요 없으리라 생각한다. 셀카를 찍다 보면 다른 사람들도 함께 찍힐 수 있지만 사진을 찍는 당사자는 꼭 포함되어야 한다. 남의 사진을 찍는다면 셀카라고 할 수 없다. 그 이유는 무엇인가? 셀카에는 항상 본인의 모습이 찍혀야 하기 때문이다.

예수님이 하나님의 셀카인 이유는 그분이 하나님의 본체 그대로의 모습이시고 하나님의 현현이기 때문이다. 그분은 단순히 우리의 친구가 아니다. 사진에 함께 찍힌 사람들 중 하나가 아니다. 예수님은 하나님의 셀카다.

하나님은 본질상 우리 육안으로 볼 수 없는 분이다. 우리의 유한성 때문에 그분을 다 파악할 수도, 볼 수도 없다. 우리는 하나님을 보고 살아남을 수 없다. 예수님이 아니면 하나님의 내밀한 마음을 알 수 없고, 그분의 인격이나 속성도 알 수 없다. 그분은 전적으로 타자이며 인간의 이해 영역 밖에 계시는 분이기 때문이다. 그러나 하나님은 우리를 향한 놀라운 사랑으로 우리에게 자신을 알리시기를 간절히 바라셨다. 우리에게 자신을 보여주시기를 원하셨다. 그래서 그 일을 실제로 이루기 위해 우리가 이해할 수 있는 모습으로 우리에게 오셔야 했다. 사람인 동시에 하나님이셔야 했다. 그러면 하나님이 어떤 분이신지 더 잘 알 수 있지만, 믿지 않는 자들의 경우 하나님과의 거리는 오히려 더욱 멀어진다.

요한복음 8장 48-59절을 보면 내가 좋아하는 예수님의 이름인 '에고 에이미'(ἐγώ εἰμι), 즉 '나는 …이다'(I Am, 스스로 있는 자)가 등장한다. 예수님은 역사의 이 순간에 세상에 이 이름을 소개하심으로 많은 사람이 하나님께 더욱 가까이 나아가도록 이끄셨다. 하지만 동시에 더 많은 사람이 하나님에게서 멀어지게도 하셨다. 이 이름은 건성으로 대충 받아들일 수 없는 이름이다. 예수님은 에고 에이미든지 아니면 거짓말쟁이든지 둘 중 하나인 것이다. 거짓말쟁이라는 말을 쓰다니 지나치다는 생각이 들지 모르지만, 자신이 아버지를 알지 못한다고 하면 거짓말쟁이가 될 것이라고 예수님이 직접 말씀하셨다(요 8:54-55).

에고 에이미라는 이름은 열띤 논쟁이 벌어지는 와중에 등장한다. 바로 얼마 전에 예수님은 간음한 여인을 용서하시고, 그녀를 돌로 치려고 하는 분노에 찬 위선적인 사람들, 남을 정죄하는 데 열을 올리는 많은 사람을 물리치셨다. 이 당시 예수님은 병을 고쳐주시고 귀신을 내쫓는 기적으로 유명인이 되셨다. 이제 누구도 무시할 수 없는 중요한 인물이 되신 것이다. 하지만 모든 사람이 예수님의 신분을 알지는 못했다. 그분은 좋은 일을 많이 하는 선한 사람인가? 마귀의 수하로서 귀신의 힘을 이용하는 자인가? 아니면 그분은… 하나님이시란 말인가?

우리가 방금 살펴본 요한복음 8장 48-59절의 열띤 논쟁이 벌어질 때 예수님의 심정이 어떠하셨을지 잠시 생각해보자. 유대인들이 그분을 에워싸고 질문을 퍼부으며 비난했다. 언제 그분을 칭송했냐는 듯이 사람들은 금방 격한 말을 쏟아내기 시작했다. 어떤 이들은 그분이 귀신 들렸다고 비난했다. 예수님은 이들에게 일종의 독백을 하듯이 대답하셨다. 이 독백은 혼자 곱씹듯이 하는 말로, 듣고 있는 사람들에게 도움을 주는 말이었다. 무엇보다 예수님은 구속하려고 오신 대상을 향해 말씀하고 계셨다. 그분이 십자가에서 지실 죄는 바로 그들의 죄였다. 그뿐 아니라 그들의 혈관 속에 흐르는 피는 그분이 창조하신 피였다. 그들의 장기가 제대로 기능하도록 보호하는 피부도 그분이 조직하신 것이었다. 그들이 숨 쉬는 공기도 그분이 만드셔서 매일 보존하시는 것이었다. 예수님의 번뜩이는 창조적 재능 덕분에 인간이 생존할 수 있고, 식량을 생산하며, 후손을 낳아 대를 이어갈 수 있는 장소가 창조되었다. 별들이 일정한 거리를 유지하는 덕분에 지구로 떨어져 인류가 멸망하지 않게 하신 것도 그분의 능력 때문이었다. 태양이 활활 타오르며 지구를 따뜻하게 데워주는 것도 그분의 에너지 덕분이었다. 예수님 주변에 서 있던 사람들, 그분이 귀신 들린 것 같다는 말에 고개를 끄덕이며 수긍하는 사람들에게 생명을 주신 분도 바로 예수님이셨다.

나를 잘 모르는 사람에게 모욕당하면 결코 기분이 좋지 않다. 아마 그 사람이 누군지 확인하고 싶을 것이다. 소셜 미디어상의 잘 모르는 사람이나 어쩌다 만나는 사람이 나를 비웃으면, 고통스러울지는 모르지만 죽을 만큼 심각하지는 않을 것이다. 그러나 당신이 부양하거나 병간호하는 사람이나 혹은 어떤 형태로든 당신이 양육하는 사람이 당신을 모욕하면, 극한 분노의 감정을 억누르기가 쉽지 않을 것이다.

예수님은 그날 자신을 비난하는 자들을 꾸짖으실 때, 감정을 자제하며 말씀하셨을 것이 분명하다. 그냥 손가락 하나만 까딱해도 모두를 한 번에 땅에 고꾸라뜨리실 수 있는데, 그러지 않으셨다는 것이 놀랍다. 그들에게 말할 입을 주신 분을 어떻게 감히 자신들보다 낮은 존재처럼 대하고, 귀신처럼 천하고 불의한 존재인 양 비난할 수 있다는 말인가.

그러나 예수님은 극도로 자제하며 신적 권능을 행사하셨다. 나라면 "나는 귀신 들린 것이 아니라"(요 8:49)고 말할 때 분노로 눈빛이 흔들리고 기가 차서 큰 한숨을 내쉬었을 것이다. 아마 그분은 눈을 내리깔고 한 지점을 보고만 계시거나 하늘을 올려다보셨을지 모른다. 어쩌면 그분을 비난하는 자들의 영혼을 정면으로 꿰뚫어 보셨을지 모른다. 어떤 경우든 곧이어 "오직 내 아버지를 공경함이거늘 너희가 나를 무시하는도다"라고 말씀하셨을 때, 뚫어질 듯 그들을 바라보시는 예수님의 시선은 지구 핵을 뚫을 정도로 강렬했으리라 생각한다.

예수님은 그들과 대화를 조금 더 이어가셨다. 그들은 계속해서 예수님을 비난했다. 그분은 의도적으로 그들에 대한 반응을 자제하셨다. 하지만 결국 모든 것을 테이블에 올리시고야 말

앉다. 예수님을 에워싼 유대인들은 "네가 아직 오십 세도 못 되었는데 아브라함을 보았느냐"(요 8:57)라고 비웃으며 조롱했다. 그래도 예수님은 전혀 입장을 바꾸시지 않았다. 그 대답에 모든 것이 드러난다. 이 장면에서 도무지 이해할 마음이 없는 아이를 달래려 애쓰는 부모처럼 참을성 있게 부드러운 목소리로 말씀하시는 예수님의 모습이 보인다. "진실로 진실로 너희에게 이르노니 아브라함이 나기 전부터 내가 있느니라"(요 8:58).

예수님은 이 말씀을 하면 더 이상 대화가 이어지지 않고 파국에 이를 것이라는 사실을 아셨다. 그리고 실제로 그렇게 되었다. 유대인들은 대화를 중단하고 돌을 들어 예수님을 죽이려고 했다. 하지만 그분은 그들을 피해 숨으셨다. 사람들이 이런 말을 하는 사람을 돌로 쳐 죽이려는 이유는 무엇인가? "있느니라"(am)에 쓰인 단어가 현재 시제이기 때문이다. 예수님은 "아브라함이 나기 전에 내가 있었느니라"고 말씀하시지 않았다. 오히려 아브라함이 나기 전부터 자기가 있는 것이라고 말씀하셨다. 예수님은 영원한 현재 시제로 존재하시며, 스스로 하나님이라고 주장하실 수 있는 유일한 분이다.

예수님의 이 말을 들은 유대인들은 격분했다. 그들에게 그 말은 신성을 모독하는 엄청난 발언이었다. 예수님이 자기 이름을 에고 에이미로 밝히셨을 때, 그분의 말을 듣고 있던 유대인들은 출애굽기 3장을 곧장 떠올렸다. 당시 유대 문화에서는 성경을 상세하게 아는 것이 당연했기 때문에, 그들은 예수님이 무슨 말씀을 하시는지 정확히 알았다.

7장. 에고 에이미

"모세가 하나님께 아뢰되 내가 이스라엘 자손에게 가서 이르기를 너희의 조상의 하나님이 나를 너희에게 보내셨다 하면 그들이 내게 묻기를 그의 이름이 무엇이냐 하리니 내가 무엇이라고 그들에게 말하리이까 하나님이 모세에게 이르시되 나는 스스로 있는 자(I AM WHO I AM)이니라 또 이르시되 너는 이스라엘 자손에게 이같이 이르기를 스스로 있는 자가 나를 너희에게 보내셨다 하라"(13-14절).

예수님이 자신에 대해 "내가 있느니라"(I Am)고 선언하셨을 때 유대인들이 돌로 치려고 한 이유는, 예수님이 자신을 하나님이라고 대놓고 선언하신 것이었기 때문이다. 예수님은 삼위 하나님의 공식 지정 대변자로서(하나님의 말씀), 자신이 옛날 떨기나무에서 모세에게 말씀하셨던 바로 그 하나님이라고 말씀하고 계신 것이었다.

에고 에이미라는 이름은 테트라그라마톤(tetragrammaton)이라고 불린다. 이 단어는 신학 용어로서 단순히 '네 글자'라는 뜻이다. 에고 에이미는 히브리어로 4개의 자음으로 구성되어 있다. 원래 히브리어는 자음으로만 표기되었다(상징적 표기의 한 형태). 다시 말해 모음이 없었다. 이 하나님의 이름은 모음이 없었기 때문에 표기된 그대로 정확히 발음할 수 없었다. 4개의 자음을 하나의 단어로 발음할 수는 없기 때문이다. 하나님을 발음하기 위해서는 YHWH에 모음을 삽입해야 했다. 이 하나님의 이름은 Yahweh(야훼)라는 형태로 표기되었다.* 영어로는 Jehovah라고 표기한다. 성경에서 이 이름은 종종 대문자로 작게 LORD로 표기한다. 이 이름은 '언약을 지키시는 관계의 하나님'이라는 뜻을 지닌다.

이름들에 관한 설명들, 이름의 번역이나 발음이나 표현과 표기에 관한 이 모든 내용이 어렵고 다소 혼란스러울 수 있다. 하지만 정체성과 속성은 이름들, 특별히 하나님의 이름과 직결되어 있으므로 이 내용을 제대로 이해하는 과정을 꼭 거쳐야 한다. 성경에는 하나님의 다양한 이름이 등장한다. 각 이름은 하나님의 속성과 사역의 여러 측면을 드러내준다. 예를 들어, 만물의 창조와 형성과 관련되어 사용된 하나님의 이름은 엘로힘(*Elohim*)이다. 아도나이(*Adonai*)라는 이름은 '통치자'이자 '주'로서 하나님을 가리킨다. 하나님이 더 개인적이고 직접적으로 인간과 교제하기로 선택하셨을 때는 YHWH(야훼 혹은 여호와)라는 이름을 주셨다. 인류와의 관계에서 자신의 속성을 설명하실 때 이 이름을 사용하셨다(예수님이 자신의 이름으로 소개하신 이름과 동일한 이름, 즉 I Am, YHWH). 그러므로 예수님이 이때 주변 유대인들에게 자신의 정체를 드러내실 때 이 관계적 이름을 사용하셨다고 놀랄 이유가 없다. 지상의 우리와 관계를 맺으실 목적으로 천상을 떠나 우리에게 오셨기 때문에, 이 상황에서 그분

---

* 어떤 유대인들은 회당에서 '야훼'라는 이름을 실제로 발음하기에는 너무 거룩해서 '아도나이'(*Adonai*)로 바꾸어 불렀다. 이런 습관은 오늘날까지도 많은 사람 사이에서 그대로 이어지고 있다.

7장. 에고 에이미

은 자신을 가장 잘 드러내는 이름을 사용하셨던 것이다.

에고 에이미(I Am)라는 이름을 구체적으로 분석해보면 하나님의 마음을 더 자세히 알 수 있다. 이 이름은 성실하게 언약을 지키시는 하나님의 속성을 드러낸다. 이 이름의 첫 단어는 I(에고)인데 이것은 인칭 대명사다. 이 이름은 이렇게 말씀하시는 이가 하나님 본인이시고, 이 이름으로 자신을 계시하심으로 우리와 인격적인 관계를 누리고 싶으시다는 것을 알린다. 하나님은 지극히 높으신 지존자로서 자신을 드러내는 데만 관심을 쏟으시지 않는다. 그분은 여기 우리가 사는 낮은 곳으로 오셔서 우리와 대화하기를 원하신다. 다시 말해서, 우리는 하나님과 인격적으로 소통할 수 있다.

이 이름은 인칭 대명사이며 또한 현재 시제로 표기되어 있다. Am(에이미)은 과거 시제(was)가 아니며 미래 시제도 아니다(will be). 이 이름은 하나님이 과거도 없고 미래도 없는 분임을 설명해준다. 그분께는 어제도 없고 내일도 없다. 하나님의 모든 것은 지금, 즉 현재만 있다. 하나님은 그냥 지금 계시는 분이다.

우리는 단선적 시간 개념을 갖고 사는 존재이기 때문에 이런 개념을 이해하거나 적용하기가 어렵다. 우리에게는 1에서 10으로 순차적으로 사건이 진행된다. 시간과 공간의 제약을 받으며 살기 때문에 그렇게 살 수밖에 없다. 그러나 하나님은 시간과 공간을 초월해 계시는 분이다. 그분은 계신다. 그분은 언제나 현재를 사시며, 앞으로도 영원히 현재를 사실 것이다. 이것이 인간의 이해를 넘어서는 일임을 안다. 하지만 하나님은 우리에게 세상을 이해하고 살아가도록 주신 이성적 판단 너머에 존재하시는 분이다. 그러나 이 이름을 최대한 이해하고자 노력하면 몇 가지 사실을 확인할 수 있다.

첫째, 하나님이 미래에 대해 무엇을 예언하셨든지 우리는 기다려야 하지만 하나님은 그러실 필요가 없다. 그분은 언제나 현재를 사신다. 하나님이 무엇을 말씀하시든지 믿을 수 있는 이유가 여기에 있다. 하나님이 이루어지리라 선언하시는 일은 그분의 세계에서는 이미 일어난 일이기 때문이다. 그분은 어떤 일이 이루어지기를 고대하고 기다리실 필요가 없다. 이미 이루어졌음을 알고 계신다.

둘째, 이 이름은 하나님의 전체성(totality)을 알 수 있는 통찰을 제공한다. 하나님은 모세에게 자신이 누구인지를 선언하실 때 "나는 스스로 있는 자"(출 3:14)라고 선언하셨다. 본질적으로 자신을 자신에 근거해 규정하신 것이다. 자신을 규정하는 일에 다른 누군가가 필요하시지 않았고, 지금도 그 사실은 변함이 없다. 하나님은 우리가 바라는 대로 규정되는 분이 아니라는 점에서 오늘날 우리에게도 시사점이 있다. 그분은 우리가 요구하는 대로 규정되는 분이 아니다. 하나님은 스스로 자신을 규정하시는 분이고 스스로 계시는 분이다. 하나님이 어떤 분이셔야 하는지에 대한 우리의 시각은 전혀 중요하지 않다. 인간이 자의적으로 하나님을 규정하려고 할 때 하나님에 대한 수많은 오류를 낳는다.

셋째, 스스로 계시는 분(I Am)은 본성이 불변하시는 영원하신 분이다. 히브리서 13장 8절은 이것을 이렇게 표현한다. "예수 그리스도는 어제나 오늘이나 영원토록 동일하시니라." 우리 자신에 대해서는 이런 말을 할 수 없다. 심지어 흉내도 낼 수 없다. 옛날에 찍은 자신의 사진을 보고 대체 왜 이렇게 달라졌는지 놀랐던 적은 없는가? 아니면 고등학교 동창회에 갔다가 오래전에 친하게 지냈던 친구들을 못 알아봤던 적은 없는가? 왜 그런가? 사람은 변하기 때문이다. 우리는 모두 변한다. 심지어 하루만 지나도 어제와 달라지는 부분이 생긴다. 그러나 예수님은 그러시지 않는다. 예수님은 영원히 계시며 영원히 동일하신 분이다. 하나님의 본성에 그분의 정체성이 내재되어 있으며, 그것은 절대 변하지 않는다. 본성상 물은 늘 축축하고, 해는 뜨거우며, 하늘은 푸른 빛을 띠듯이 예수님의 본성과 본질은 영원히 변하지 않는다.

야고보서 1장 17절을 보면 "온갖 좋은 은사와 온전한 선물이 다 위로부터 빛들의 아버지께로부터 내려오나니 그는 변함도 없으시고 회전하는 그림자도 없으시니라"고 나온다. 하나님은 변하시지 않는다. 물론 성경에는 그분이 마음을 바꾸시거나 접근 방식을 달리하셨다는 식의 내용이 나온다. 그러나 그분의 본질은 전혀 변함이 없다. 동일한 인격체로 늘 그 상태를 유지하시고, 심지어 방법을 바꾸실 때도 그분의 인격은 그대로다. 그리고 그분이 방법을 바꾸시는 이유는 대부분 우리 때문이다. 우리가 달라지고 하나님의 뜻에 부응하려고 할 때, 하나님이 우리를 대하시는 방법이 종종 달라지기도 한다. 그런데 이것은 우리가 이제 하나님의 본성의 또 다른 측면과 연결되었기 때문이다.

이렇게 설명하면 이해하기 쉬울 수도 있겠다. 태양은 변하지 않는다. 태양을 도는 것은 지구다. 지구의 절반이 항상 어두운 이유는 태양이 변해서가 아니라, 지구와 태양의 관계가 달라지기 때문이다. 계절이 변하고 날씨의 양상이 변한다. 그러나 그중 어느 것도 태양이 달라져서 생기는 변화는 아니다. 지구의 움직임과 태양과의 위치 변화에 따라 이런 일들이 일어난다. 적응하고 변하는 것은 해가 아니라 지구다.

마찬가지로, 하나님께 우리를 맞추거나 우리와 하나님 사이의 거리가 변할 때, 그분과 우리가 맺은 관계의 결과가 변함으로 그분이 달라지신 것처럼 보일 수 있다. 하지만 하나님은 전혀 변하신 부분이 없다. 단순히 우리가 달라졌기에 이전에 만난 하나님의 다른 속성과 잇닿게 될 뿐이다. 하나님을 경험하는 일에 회개가 반드시 필요한 이유가 바로 여기에 있다. 회개는 하나님과 우리 사이의 거리가 멀어지게 한 원인에서 돌이켜 하나님을 기쁘시게 하려고 방향을 전환하는 것이다. 회개할 때 하나님께 더 가까이 다가가고, 우리는 여러 면에서 하나님 속성의 다양한 측면을 경험할 수 있다.

예수님이 "내가 있느니라"(I Am)고 말씀하신 것은 주변 사람들에게 자신이 인격적이고, 현존하며, 전능하고, 무오하며, 자기 충족적인 하나님임을 알리신 것이었다.

그러자 바로 돌이 날아들었다.

그러니 예수님은 멈추시지 않았다. 실제로 요한복음에서

예수님이 자신을 에고 에이미로 선포하신 경우가 일곱 번이나 나온다. 예수님은 각각의 경우에서 자신의 속성 그리고 우리와 관계를 맺는 방식에 대한 여러 측면을 부각하셨다.

- "나는 생명의 떡이니 내게 오는 자는 결코 주리지 아니할 터이요 나를 믿는 자는 영원히 목마르지 아니하리라"(요 6:35).
- "나는 세상의 빛이니 나를 따르는 자는 어둠에 다니지 아니하고 생명의 빛을 얻으리라"(8:12).
- "내가 진실로 진실로 너희에게 말하노니 나는 양의 문이라"(10:7).
- "나는 선한 목자라 선한 목자는 양들을 위하여 목숨을 버리거니와…나는 선한 목자라 나는 내 양을 알고 양도 나를 아는 것이"(10:11, 14).
- "나는 부활이요 생명이니 나를 믿는 자는 죽어도 살겠고"(11:25).
- "내가 곧 길이요 진리요 생명이니 나로 말미암지 않고는 아버지께로 올 자가 없느니라"(14:6).
- "나는 참 포도나무요 내 아버지는 농부라…나는 포도나무요 너희는 가지라 그가 내 안에, 내가 그 안에 거하면 사람이 열매를 많이 맺나니 나를 떠나서는 너희가 아무것도 할 수 없음이라"(15:1, 5).

이 선언들을 차례로 살펴보고, 우리 삶에 예수님의 권능이 어떤 영향을 미치는지 알아보자.

나는 생명의 떡이니

이 이름은 이스라엘 백성이 광야에서 유랑 생활을 하던 구약에 뿌리를 둔다. 이 이야기를 잘 알고 있다면, 하나님이 그들의 굶주림을 진정시키기 위해 하늘에서 떡을 내려보내신 내용도 알 것이다. 하늘에서 내려온 '콘플레이크'(cornflakes), 말 그대로 하늘에서 눈처럼 내려온 작은 와플을 만나라고 한다. 이스라엘 백성은 6일 동안 배부를 정도로 만나를 먹을 수 있었다. 6일째에는 안식일인 제7일에 먹을 양까지 충분한 양을 수확했다(출 16장 참고).

예수님은 자신을 생명의 떡이라고 선언하시며 우리의 굶주림과 갈증을 채워주실 수 있다고 말씀하셨다. 이 말씀은 예수님 자신이 우리의 영혼에 필요한 모든 것의 성취임을 알려주신 것이었다. 육신이 허기를 느끼듯이 우리 영혼도 허기를 느낀다. 예수님을 인격적으로 알고 그 안에 온전히 거하면 우리 영혼은 결핍을 경험하지 않는다.

허기질 때 오븐에서 뜨거운 김이 모락모락 나는 빵을 꺼내서 버터를 바르고 잼을 바를 때 어떤 기분이 드는가? 아마 한 입을 베어 먹기도 전에 입 안에 군침이 가득 고일 것이다. 이 빵은 우리에게 큰 만족을 안긴다. 예수님의 이 이름을 알아갈 때 우리는 만족을 누릴 수 있다. 예수님은 우리 영혼의 양식이 되시며 우리 기쁨이 되신다. 그러나 그분을 우리의 생명으로 삼고, 우리가 그분 안에 온전히 잠길 때만 이런 경험을 할 수 있다.

오늘날 우리가 겪는 문제는 대부분 우리 육신은 배부른데 영혼은 굶주림으로 고통당하기 때문에 발생한다. 은행 잔고는 가득 차 있는데 우리 영혼의 잔고는 바닥을 보인다. 수많은 좌절과 중독과 관계의 위기는 영혼의 공허함으로 생긴 것이다. 너무나 많은 사람이 너무나 오랫동안 비참한 상태에서 벗어나지 못하는 이유가 바로 영혼의 굶주림 때문이다. 오직 예수님만이 참된 만족을 주셔서 우리의 허기와 갈증을 해결해주실 수 있다. 오직 그분만이 채워주실 수 있는 공허는 우리가 어떤 곳을 찾아가든지, 어디로 휴가를 가든지, 누구와 대화를 나누든지 결코 해결할 수 없다. 우리에게 문제가 생기는 이유는 예수님이 아닌 다른 모든 것에 굶주리고 갈증을 느끼기 때문이다. 마태복음 5장 6절은 갈증과 허기를 해결할 유일한 길이 있음을 알려준다. "의에 주리고 목마른 자는 복이 있나니 그들이 배부를 것임이요."

나는 세상의 빛이니

예수님은 우리를 먹이실 뿐만 아니라 우리의 빛이 되신다. 예수님이 자신을 세상의 빛이라고 말씀하신 것은, 그분을 따를 때 우리가 어디로 향하는 중인지 알 수 있다는 사실을 알려주시기 위해서다. 많은 그리스도인이 예수님의 이 이름을 알지 못하거나, 삶에서 그 능력을 누리지 못하고 살아간다. 그 증거는 우리가 어디로 가는지 모른다는 데서 찾을 수 있다. 우리는 계속 잘못된 길로 들어서고, 잘못된 결정을 내린다. 그러나 예수님은 주님을 친밀하게 지속적으로 알아갈 때 우리의 길을 밝혀주겠다고 말씀하셨다. 우리의 발걸음에 빛을 비추어주시는 것이다. 우리가 결정을 내리도록 지혜를 주시는 것이다.

그러나 예수님을 따라가지 않으면 우리는 어둠 속을 걸어갈 수밖에 없다. 영적으로 눈먼 상태로 살아가게 된다. 실제로 눈이 멀면 심각한 어려움을 겪는다. 영적으로 눈먼 상태는 이와 비교할 수 없을 정도로 삶을 파괴한다. 영적으로 눈이 멀면 혼란에 시달리고 모든 것이 불명확해진다. 하지만 우리가 가는 길에 예수님이 빛을 비춰주시면 어디로 가고 있는지 확실히 알 수 있고, 그분의 능력을 체험하며, 그분과 관계를 누릴 수 있다. 예수님의 빛으로 나아갈 때 어디로 가든지 우리가 가야 할 방향을 확실히 알 수 있다.

나는 양의 문이라

에고 에이미는 출입할 곳을 알려준다. 모든 목자는 양들이 드나들 수 있는 문을 가지고 있다. 요한복음 10장 9절은 "내가 문이니 누구든지 나로 말미암아 들어가면 구원을 받고 또는 들어가며 나오며 꼴을 얻으리라"고 말한다. 이 문은 우리가 천국에 들어갈 문이 되어준다. 그러나 이 문을 통해 천국 외에도 많은 곳으로 들어갈 수 있다. 이 절에는 우리가 들어가고 나갈 수 있다는 내용이 나온다. 그러므로 예수님을 통해 우리는 이 땅에서 자유를 누릴 수 있고 좋은 풀밭을 찾을 수 있다. 그러나 이런 일은 우리가 문이신 예수님께 나아갈 때만 경험할 수 있다. 예수님을 통하지 않으면 좋은 풀밭을 만날 수 없다. 자유를 누리고 싶다면 예수님을 건너뛰어서는 안 된다. 풍성한 만족을 누릴 길로 가고 싶다면 예수님이라는 문을 통과해야만 한다. 그분은 생명의 풍성함을 주시는 에고 에이미시다.

10절은 여기서 한 걸음 더 나아간다. "도둑이 오는 것은 도둑질하고 죽이고 멸망시키려는 것뿐이요 내가 온 것은 양으로 생명을 얻게 하고 더 풍성히 얻게 하려는 것이라." 예수님이 인간의 몸을 입고 오셔서 죽으시고 부활하신 것은, 우리가 생명을 누리게 할 뿐만 아니라 그 생명을 더욱 풍성히 누리게 하기 위해서였다. 예수님은 우리가 풍성한 생명을 누리기를 원하신다.

형제여, 우리는 생명을 풍성하게 누려야 한다. 그리고 이 생명을 누리는 방법은 예수님의 이름 안에 거하는 것이다. 우리는 예수님이 생명의 길을 밝히 보여주실 뿐만 아니라, 문으로서 그 길에 이르도록 해주신다는 사실을 깨달아야 한다. 이때 우리는 예수님이 우리의 전부이고, 만유를 다스리시는 분임을 알게 된다. 그분은 모든 참되고 영구적인 만족의 핵심이시다.

나는 선한 목자라

목자는 양들이 들어갈 문을 열어주고, 선한 목자로서 자기 양을 돌보며 지켜준다. 양들을 책임진다. 양에게 무슨 일이 일어나면 양이 아니라 목자가 비난을 받아야 한다. 양은 전적으로 목자에게 의존한다. 양이 가야 할 곳이 어디이고, 어디로 가야 안전한지 안내할 책임은 오로지 목자에게 있다.

양은 창조된 짐승 중에 가장 어리석은 짐승이라고 한다. 계속 같은 자리를 빙빙 돌 뿐인데도 계속 서로를 따라갈 정도로 어리석다. 절대 영민한 짐승은 아니다. 이사야 53장 6절에서 우리를 양에 비유하는 이유가 여기에 있다. "우리는 다 양 같아서 그릇 행하여 각기 제 길로 갔거늘 여호와께서는 우리 모두의 죄악을 그에게 담당시키셨도다."

예수님은 우리 목자가 되시므로 우리가 가야 하는 길로 인도해주실 수 있다. 시편 23편은 이 사실을 보여주는 또 다른 그림이다.

"여호와는 나의 목자시니 내게 부족함이 없으리로다 그가 나를 푸른 풀밭에 누이시며 쉴 만한 물가로 인도하시는도다 내 영혼을 소생시키시고 자기 이름을 위하여 의의 길로 인도하시는도다 내가 사망의 음침한 골짜기로 다닐지라도 해를 두려워하지 않을 것은 주께서 나와 함께하심이라 주의 지팡이와 막대기가 나를 안위하시나이다 주께서 내 원수의 목전에서 내게

상을 차려 주시고 기름을 내 머리에 부으셨으니 내 잔이 넘치나이다 내 평생에 선하심과 인자하심이 반드시 나를 따르리니 내가 여호와의 집에 영원히 살리로다."

시편 23편에서 "여호와"로 번역된 이름이 우리가 이 장에서 살펴보고 있는 바로 그 이름, YHWH다. 예수님은 영원히 계시며 삶의 모든 영역에서 우리를 돌봐주시는 관계적인 존재다. 우리에게 필요한 것들을 공급해주시고, 우리를 의의 길로 인도해주신다. 우리의 영적 안녕을 돌봐주시고, 푸른 풀밭에 누워주신다. 우리의 정서적 필요들을 채워주시고, 음침한 골짜기를 통과할 때 해를 입을 것을 두려워하지 않게 도와주신다. 또한 우리의 물리적 필요를 채워주시고, 우리 머리에 기름을 발라주시며, 우리 잔이 넘칠 정도로 풍성하게 해주신다. 그리고 무엇보다 특별히 우리의 영원한 필요를 채워주시고, 우리가 살아 있는 동안 선하심과 자비가 따르게 해주시며, 여호와의 집에서 영원히 거하게 해주신다.

위대한 에고 에이미로서 예수님은 직접적으로, 영적으로, 심리적이고 물리적으로 그리고 영원토록 우리를 돌봐주시고 우리와 함께해주신다. 우리에게 무엇이 필요한지 그리고 언제 그것이 필요한지 정확히 알고 계신다.

나는 부활이요 생명이니

예수님은 오빠의 죽음 앞에서 비통해하는 친구에게 이 말씀을 하셨다. 나사로가 방금 죽었다. 마르다는 희망이 사라졌다. 그녀는 어떻게 믿음을 지켜가야 할지 잊어버리고 말았다. 큰 슬픔을 당하면 우리도 이렇게 반응할 수 있다. 도무지 앞이 보이지 않을 정도로 짙은 구름에 덮여 자신이 어디에 있는지 알 수가 없다. 그러나 예수님은 고통에 빠진 마르다를 위로하셨다. 그분이 부활이요 생명이라는 궁극적인 진리를 깨우쳐주셨다(요 11:17-27 참고).

예수님은 마르다와 우리 모두에게 재난이나 죽음과 관련해 이론적인 신학 이상이 필요함을 알려주셨다. 우리는 예수님이 필요하다. 우리가 병으로 앓아누웠을 때처럼 의학 지식이나 인터넷의 검색 자료가 필요한 것이 아니다. 실제로 우리를 진찰하고 약을 처방해줄 의사가 필요하다. 문제가 생겼을 때는 법전이 아니라 변호사가 필요하다. 법전을 가지고 대신 싸워줄 사람이 필요하다.

예수님은 생명을 주려고 오셨고, 또한 생명 자체로 오셨다. 그분은 부활의 능력이며 생명이시다. 인생의 어려움과 시련 속에서 주님께 나아가면, 혼란한 와중에 고요한 평안을 누리게 하는 주님의 능력을 깨닫게 된다. 또한 (추호도 의심할 수 없을 정도로 명백히) 이미 사망 선고를 받았다고 생각한 인생의 많은 부분을 되살리는 수님의 능력을 체험할 수 있다.

나는 길이요 진리요 생명이니

우리는 대부분 자신이 어디를 향해 걸음을 내딛고 있는지 알기를 바라며 인생을 살아간다. 인생에서 맞닥뜨리는 미로를 능숙하게 헤쳐 나가도록 도와줄 길 찾기 앱을 사는 데 돈을 쓴다. 그러나 도로를 한창 건설 중인 곳이나 외국을 방문하면 더이상 앱에만 의존할 수가 없다. 목적지로 가는 길을 정확히 안다는 것이 얼마나 중요한지 바로 실감한다. 그러나 이것은 물리적인 목적지에만 적용되지 않는다. 우리의 경력이나 가족, 꿈과 운명처럼 인생의 방향에도 똑같이 적용된다.

요한복음 14장 6절에서 예수님은 단순히 자신이 그 길을 알고 있다고 말씀하시지 않았다. 자신이 바로 그 길이라고 말씀하셨다. 우리는 더 이상 추측에 의존할 필요가 없다. 예수님이 우리의 GPS가 되시고, 그분이 바로 우리가 가야 할 목적지가 되신다. 그분 안에 거하며 그분께 우리의 모든 것을 맞추면, 우리가 가야 할 곳으로 우리를 이끌어주신다. 노크할 힘조차 없는 우리를 위해 문들을 열어주신다. 우리를 넘어뜨리려 호시탐탐 기회를 노리던 사람들을 사라지게 해주신다. 우리 앞길을 가로막는 심리적인 장애물을 극복하게 해주신다. 우리 힘으로는 도무지 처리할 수 없는 어려움들을 해결해주신다. 예수님은 우리 길이 되어주신다.

또한 예수님은 진리가 되신다. 대충 읽고 지나치지 말고 집중해서 읽어보라. 나는 예수님이 여러 진리 중 하나의 진리라고 말하지 않았다. 예수님 역시 자신이 여러 진리 중 하나의 진리라고 말씀하시지 않았다. 그분은 유일한 진리시다. 모든 진리는 오직 예수님 안에 뿌리를 둔다. 우리의 진리나 친구의 진리나 대중매체의 진리가 예수님의 진리와 일치하지 않으면 결코 진리라고 할 수 없다. 많은 사람이 거짓말에 속아 넘어가는 이유는, 유일한 진리이신 예수 그리스도 밖에 있는 다른 '진리'를 따르기 때문이다.

원한다고 해서 1 더하기 1이 11이라고 결정할 수 있는 사람은 아무도 없다. 아무리 많은 사람이 원해도 절대 11이 되지 않는다. 진리는 진리다. 객관적이다. 그리고 진리의 근거는 오직 그리스도에게서만 확인할 수 있다. 예수님의 진리가 아닌 다른 것을 기준으로 삶을 살아가기로 한다면, 그에 따르는 결과를 감당해야 할 것이다.

모든 것을 판단하기 위한 절대적 기준이 있다. 인생의 시작에 관한 정의의 절대적 기준이 있다. 결혼을 정의하기 위한 절대적 기준이 있다. 인종 문제도 마찬가지다. 가난한 사람들을 돕는 일도 마찬가지다. 예수님이 기준이시다. 그분이 그렇게 말씀하셨다. 예수님의 길과 진리대로 살지 않으면 생명을 얻지 못할 것이다. 여기 이 땅에서 죽으심으로 우리에게 주고자 하셨던 생명, 그 풍성한 생명을 누릴 유일한 길은 그분의 진리대로 그분의 길을 쫓아가는 것이다.

나는 참 포도나무라

예수님은 불순물이 조금도 섞이시지 않은 진품이시다. 그분 외에는 어떤 것이든 모두 값싼 대체품일 뿐이다. 예수님의 능력을 실제로 경험하기 위해서는 그분 안에 머물러야 한다. 그분은 열매에 생명을 공급하는 포도나무시기 때문에 우리가 할 일은 그분 안에 거하는 것이다. 우리가 예수님 안에 거할 때 그분은 우리 안에서 우리를 통해 일하실 수 있다.

현대인들은 자기 본위적 삶이 너무나 당연한 것처럼 살아간다. 무슨 일이든 자기 위주로 생각하고 일한다. 열매를 맺는 나무에 빗대어 말하면 열매가 상한 셈이다. 상한 열매는 스스로 썩어들어간다. 예수님은 우리가 그분 안에, 참 포도나무에 거함으로 다른 사람들을 이롭게 할 열매를 맺기를 원하신다. 열매가 항상 그 근원이 되는 나무를 닮듯이 우리가 예수님을 닮아갈 때, 주변 사람들에게 그리스도의 생명을 전달하는 통로가 될 수 있다. 그러나 이런 일은 오직 우리가 그분 안에 거할 때만 일어날 수 있다. 자기 자신의 노력과 목표와 힘을 내려놓고 참된 포도나무 안에 거할 때만 이루어질 수 있다. 예수님 안에 거하면 소명에 충실한 삶을 살아가는 데 필요한 모든 것을 공급받을 수 있다.

예수님은 우리에게 필요한 모든 것

형제여, 에고 에이미로 선포된 예수님의 호칭 일곱 개를 알고 그분을 의지할 때, 당신 안에서 그리고 당신을 통해서 그분의 능력과 임재를 충만하게 경험할 수 있다. 하나님은 불타는 떨기나무에서 모세에게 이 이름을 계시하시면서 그의 소명도 계시하셨다. 모세에게 삶의 소명을 주셨다. 바로에게 가서 그분의 백성을 놓아달라고 말하라고 지시하신 것도 바로 이때였다. 하나님은 모세에게 삶의 이유를 주셨고, 이 이유는 자력으로 감당했던 어떤 이유보다 더 거대했다(출 3:10-22 참고).

이 위대한 이름 앞에서 겸허하게 예수님의 임재 앞에 나아갈 때, 그분이 우리를 위해 준비하신 계획을 알게 될 것이다. 우리 머리로는 이해할 수조차 없는 계획이다. 그뿐만 아니라 그 계획들을 실행할 수 있도록 그분이 예비하신 능력을 발견할 것이다. 모세가 지팡이를 던졌다가 다시 집어 들었을 때 발견했던 바로 그 능력이다(출 4:1-5).

시편 9편 10절에 "여호와여 주의 이름을 아는 자는 주를 의지하오리니 이는 주를 찾는 자들을 버리지 아니하심이니이다"라는 고백이 나온다. 예수님의 이름을 알게 될 때 진리의 기초가 누구신지를 깨닫는다. 온 마음과 뜻을 다해 그분을 찾을 때 그분은 절대 우리를 버리시지 않는다. 예수님의 이름은 능력이 있다. 요한복음 18장 4-6절은 보기 드물게 이 힘을 극적으로 설명한다.

"예수께서 그 당할 일을 다 아시고 나아가 이르시되 너희가 누구를 찾느냐 대답하되 나사렛 예수라 하거늘 이르시되 내가 그니라 하시니라 그를 파는 유다도 그들과 함께 섰더라 예수께서 그들에게 내가 그니라 하실 때에 그들이 물러가서 땅에 엎드러지는지라."

예수님이 "내가 그니라"고 말씀하시자 그분을 잡으러 온 군사들은 말 그대로 뒤로 밀려나 땅에 엎드러지고 말았다.

지금 당신이 어떤 위협을 받고 있는지 혹은 무엇에 쫓기고 있는지 나는 모른다. 지금 어떤 어려움과 싸우고 있는지도 모른다. 그러나 이 한 가지는 확실히 안다. 위대한 에고 에이미를 알 때, 그 모든 어려움은 뒤로 물러가게 될 것이다. 예수님의 이름은 능력이 있다.

어느 날 어린 소녀의 아버지가 그동안 모아둔 용돈으로 은행 계좌를 개설하라고 딸을 설득했다. 소녀는 아버지의 제안을 받아들이고 계좌를 개설했다. 그런 다음 소녀는 계좌에 연결된 카드로 온라인에서 물건을 살 수 있다는 허락을 받았다.

어느 날 소녀는 울면서 아빠를 찾았다. 무슨 일이냐고 묻자 소녀는 이렇게 대답했다. "아빠, 아빠, 은행이 망했어요. 아빠가 나쁜 은행을 골라주었어요."

아버지는 딸이 무슨 말을 하는 건지 잠시 고민하다가 이렇게 물었다. "은행이 왜 망했다고 생각하니?"

소녀는 "온라인으로 게임을 사려고 하는데 '오류, 잔고 부족'이라고 나왔어요"라고 대답했다.

이 말을 듣고 아버지는 빙그레 웃으며 은행이 파산할 일은 절대 없을 것이라고 딸을 안심시켰다. 은행은 소녀가 사고 싶었던 물건의 값을 지불하고도 남을 정도로 많은 돈을 비축해두고 있었다. 다만 계좌에 그 물건 값을 충당할 만큼의 돈이 없다는 것이 문제였다.

형제여, 당신의 인생 계좌에 '기쁨 부족', '평안 부족', '능력 부족', '질서 부족' 등이라는 경고 메시지가 뜬다면 그것은 하늘 은행에 돈이 없어서가 아니다. 우리를 위해 하나님이 준비하신 모든 것을 누리는 데 필요한 것, 즉 주님을 향한 예배와 영광과 헌신을 예금하지 않았기 때문이다. 무엇보다 예수님의 이름은 에고 에이미다. 그리고 에고 에이미는 그분이 우리가 필요한 전부라는 뜻이다. 그분은 우리에게 결핍된 것은 무엇이든 주신다. 우리에게 필요한 전부가 되시는 분이다. 그러나 예수님을 더 친밀히 알고, 더 열정적으로 그분을 찾으며, 그분께 더 의도적으로 스스로를 맞추어야 그분의 이름에서 흘러나오는 혜택을 누릴 수 있다.

8장

주

네가 만일 네 입으로 예수를 주로 시인하며 또 하나님께서 그를
죽은 자 가운데서 살리신 것을 네 마음에 믿으면 구원을 받으리라.
―로마서 10:9

하늘에 있는 자들과 땅에 있는 자들과 땅 아래에 있는 자들로 모든 무릎을
예수의 이름에 꿇게 하시고 모든 입으로 예수 그리스도를
주라 시인하여 하나님 아버지께 영광을 돌리게 하셨느니라.
―빌립보서 2:10-11

텔레비전을 보다가 화면이 어두워지고, "신호 수신 중"이라는 글귀가 뜨는 것을 본 적이 있는가? 앞으로 살펴볼 예수님의 이름을 모르는 많은 신자가 바로 그와 같은 일을 겪는다.

  사람들은 종종 '주'라는 이름을 기도에 사용하면 더 신앙적인 사람처럼 보일 것으로 생각한다. 혹은 거룩하다는 인상을 주기 위해 대화에서 자주 이 이름을 거론한다. 그러나 이 이름은 단순히 의미를 강조하는 것 이상의 뜻을 함축한다. 이 이름에는 권위가 있다.

  지금 나는 신자들이 예수님의 희생으로 얻은 모든 권위에 접근을 차단당해왔다고 말하려는 게 아니다. 그러나 이 땅에 살면서 이 이름을 모르거나 이 이름을 적절하게 적용하는 법을 모르는 사람들은 마치 텔레비전 신호가 차단되는 것과 같은 경험을 하게 된다. 우리의 대적은 예수님과 우리의 대화를 방해하고, 그 뜻에 부합한 삶을 살지 못하게 막을 수 있다. 가장 비싸고 화질이 좋은 텔레비전을 샀더라도 연결이 끊겨 텔레비전을 못 보는 것과 같다.

  우리가 '주'라는 이름에 담긴 유익을 누리기 위해서는 두 용어의 차이를 먼저 이해해야 한다. 두 가지 용어를 혼동하여, 결국 영적 전투에서 패배할 때가 수없이 많다.

하나님은 역사에 일어날 일에 대한 최종 권위를 그분의 아들에게 주셨다. 하나님은 모든 만물이 예수님께 복종하게 하셨다. 에베소서에서 말씀하신 대로다. "또 만물을 그의 발아래에 복종하게 하시고 그를 만물 위에 교회의 머리로 삼으셨느니라 교회는 그의 몸이니 만물 안에서 만물을 충만하게 하시는 이의 충만함이니라"(1:22-23).

우리가 종종 이 진리에 비추어 살지 못하는 한 가지 이유를 꼽는다면, 능력과 권세라는 두 용어를 혼동하기 때문이다. 사탄은 능력이 있다. 그는 우리가 사는 세상을 지배하고 있으며, 수많은 방법으로 사람들의 삶에 영향을 미친다. 예전과 마찬가지로 지금도 큰 힘을 행사한다. 그가 구사하는 많은 전략과 파괴적 행위는 실제적인 동시에 치명적이다. 그러나 그에게는 최종적인 권세가 없다. 권세는 우리가 가진 힘을 사용할 권리다.

예를 들어, 축구 선수는 보통 심판보다 체구가 더 크고 강하다. 다시 말해 더 힘이 세다. 심판들은 종종 선수보다 더 나이가 많고, 체구가 작으며, 건강 상태도 좋지 않다. 선수들은 주먹 한 방으로 심판을 때려눕힐 수도 있다. 이를 힘이 강하다고 말한다. 그러나 심판은 경기에서 선수를 퇴장시킬 수 있다. 이를 권위가 있다고 말한다.

이처럼 사탄은 힘이 있다. 하지만 우리에게 그 힘을 마음껏 사용할 수 있는 유일한 순간은, 우리가 예수님을 주로 모시고 온전히 그분의 뜻대로 행하지 못할 때다. 우리가 주의 언약

예수, 그 이름의 능력

의 보호 아래서 행할 때 사탄은 자기 힘을 사용할 권세를 발휘할 수 없다.

바로 여기에 사탄이 예수 그리스도의 주권적 통치에서 우리를 벗어나게 하려고 온갖 힘을 쓰는 이유가 있다. 우리를 그분의 보호하심에서 벗어나게만 할 수 있다면, 마음껏 우리를 기만하고 속이며 해칠 수 있기 때문이다. 우리는 그리스도의 주권적 통치라는 보호막 아래 있을 때 안전하다.

두 왕국

골로새서 1장 13절은 하나님이 "우리를 흑암의 권세에서 건져내사 그의 사랑의 아들의 나라로 옮기셨으니"라고 말한다. 하나님은 흑암의 권세에서 그리고 악한 왕국에서 우리를 건져내셨다. 우리를 건져내시고, 새로운 왕 주 예수 그리스도의 통치 아래 살도록 우리를 옮겨주셨다. 신자 된 우리는 주님을 만나기 전 사탄의 왕국에서 그의 통치 아래 살았지만, 이제 예수 그리스도가 왕으로 다스리시는 새 왕국의 백성이 되었다. 사탄은 왕국 백성의 인생과 사회 제도를 수중에 넣기 위해, 우리로 주의 왕국 통치를 거부하고 그의 왕국으로 회귀하게 하려고 혈안이 되어 있다.

이렇게 사탄의 왕국으로 돌아가는 일은 많은 부분, 성과 속을 이분법적으로 구분하기 때문에 발생한다. 사람들이 하나님이 다스리시는 왕국에 속하여 교회에 출석한 다음, 월요일부터 토요일까지 교회 밖 세상으로 나가서 또 다른 왕국의 영향력 아래 살 때 이런 일이 벌어진다. 우리는 이 왕국에서는 성경을 배우고, 저 왕국에서는 불의한 친구들의 영향을 받으며 그들과 교류한다. 그런데 우리는 이렇게 이 왕국에서 저 왕국으로 오가는 극단적 선택을 하면서 왜 더는 승리하는 삶을 살지 못하는지 의아하게 여긴다.

    답은 단순하다. 우리가 사탄의 권력에 복종하여 그가 우리 삶을 지배하기 때문이다. 그에게 합법적인 권위가 있어서가 아니라 우리 생각과 결정을 주님께 복종시키지 못하기 때문에 사탄의 지배를 받는 것이다. 우리는 주님이신 그리스도의 통치를 받으며 그분과 연합하도록 창조되었지만, 그 연합을 포기할 때 그분의 권세는 우리와 무관해진다. 우리 가정과 교회와 세계에서 주께 합당한 위치를, 그분이 마땅히 받으셔야 하는 자리를 내어드리지 못할 때 우리는 그분의 보호하심을 받지 못하게 된다. 왕국 백성은 매순간 예수 그리스도의 주재권을 인정하는 삶을 살아가야 마땅하다.

> "그는 보이지 아니하는 하나님의 형상이시요 모든 피조물보다 먼저 나신 이시니 만물이 그에게서 창조되되 하늘과 땅에서 보이는 것들과 보이지 않는 것들과 혹은 왕권들이나 주권들이나 통치자들이나 권세들이나 만물이 다 그로 말미암고 그를 위하여 창조되었고 또한 그가 만물보다 먼저 계시고 만물

이 그 안에 함께 섰느니라 그는 몸인 교회의 머리시라 그가 근본이시요 죽은 자들 가운데서 먼저 나신 이시니 이는 친히 만물의 으뜸이 되려 하심이요"(골 1:15-18).

예수 그리스도는 부활하시고 승귀하심으로 모든 통치자와 권세를 다스리는 왕이 되셨다. 즉, 예수 그리스도께 전권이 있다. 그래서 어떤 사람이 예수님을 자기 죄를 대신 지신 분으로 받아들이면 국적에 변화가 일어난다. 이렇게 왕국 소속이 달라지면 예수님이 그의 삶을 실질적으로 지배하시게 된다. 그분이 만물의 으뜸이 되시는 것이다. 그리스도의 주 되심을 인정하고 복종할 때만 하나님 왕국의 권세와 능력이 역사 속에서 가시화될 수 있다. 하나님은 모든 역사가 예수 그리스도의 통치를 받는 것을 그분의 뜻이라고 명확하게 선언하셨다(엡 1:9-10).

소속 왕국의 변화는 미혼 여성이 결혼할 때 생기는 변화로 가장 잘 설명할 수 있다. 미혼 여성이 결혼하면 부모의 왕국에서 남편의 왕국으로 이전하게 된다. 그때부터 아버지가 아닌 남편이 가장이 되는 것이다. 가정에서 갈등을 일으키는 가장 확실한 방법이 있다. 결혼한 여성이 인생의 중요한 결정을 내릴 때 남편을 무시하고 친정아버지에게 의존하는 것이다.

하나님의 자녀로서 우리는 어둠의 나라에서 예수 그리스도의 나라로 소속이 달라졌다. 그런데도 우리가 옛 왕 사탄의 말에 귀 기울이기 시작하면 문제가 생긴다. 그는 어둠의 나라를 소유하고 지배한다. 이렇게 그의 말에 귀 기울일 때 우리는 하나님의 나라와 완전히 대척점에 서게 된다.

골로새서 2장은 우리가 그리스도의 왕국 통치에 온전히 복종할 때 그분과 우리가 연합하여 일으키는 강력한 폭발력에 대한 통찰을 제공한다.

> "누가 철학과 헛된 속임수로 너희를 사로잡을까 주의하라 이것은 사람의 전통과 세상의 초등학문을 따름이요 그리스도를 따름이 아니니라 그 안에는 신성의 모든 충만이 육체로 거하시고 너희도 그 안에서 충만하여졌으니 **그는 모든 통치자와 권세의 머리시라** 또 그 안에서 너희가 손으로 하지 아니한 할례를 받았으니 곧 육의 몸을 벗는 것이요 그리스도의 할례니라 너희가 세례로 그리스도와 함께 장사되고 또 죽은 자들 가운데서 그를 일으키신 하나님의 역사를 믿음으로 말미암아 그 안에서 함께 일으키심을 받았느니라"(골 2:8-12).

마찬가지로 에베소서에도 유사한 내용이 기록되어 있다. "허물로 죽은 우리를 그리스도와 함께 살리셨고 (너희는 은혜로 구원을 받은 것이라) 또 함께 일으키사 그리스도 예수 안에서 함께 하늘에 앉히시니"(엡 2:5-6).

예수 그리스도를 믿는 신자는 그리스도가 죽으셨을 때 함께 죽었고, 그리스도가 부활하셨을 때 함께 부활했다. 그리고 그리스도가 아버지의 우편에 앉으셨을 때, 우리도 그분과 함께 그 우편에 앉았다. 다시 말해, 우리는 예수님과 함께 일하고 함게 다스린다.

만물을 다스리시는 예수님의 주권적 권세를 정당하게 누리기 위해서는, 우리와 우리 세계가 주님이신 그분의 왕권의 통치를 받아야 한다. 여기에는 우리의 생각, 선택, 말, 시각이 모두 포함된다. 지상에서 그분의 나라를 확장하고, 그분의 권세가 우리 삶에 구체화되기 위해서는 그분과 그분의 말씀에 우리 자신을 복종시켜야 한다.

우리가 원하는 예배를 드릴 수 있는 교회는 어느 곳이든 갈 수 있고, 원하는 신앙 서적이라면 무엇이든 읽을 수 있으며, 원하는 것은 무엇이든 '말하고 주장할' 수 있다. 하지만 예수 그리스도의 주권 아래 자신을 내어드림으로 우리 삶의 모든 영역에서 하나님의 절대적 통치를 받지 않으면, 하나님이 우리를 위해 작정하신 통치와 권세를 온전히 실현하거나 극대화하지 못할 것이다.

하나님은 역사를 통치할 대리자를 세우셨다. 바로 만물 위에 존귀하게 되신 예수님이다. 하나님을 믿는다고 그리스도를 통해 누릴 수 있는 권세를 저절로 누리게 되지는 않는다. 그분의 이름을 부르는 것으로도 충분하지 않다. 역사에서 일어나는 일을 결정하는 것은 그리스도의 이름과 우리가 맺는 관계다. 그분은 모든 통치와 권세의 머리가 되셨고, 그 속성상 우리는 그분을 최우선 순위에 두어야 하기 때문이다.

예수님이 하나님의 우편(권력자의 옆자리)에 앉으셨으므로, 그분을 따르는 백성도 그분과 함께 그 자리에 앉아 있다(엡 2:6).

누군가는 내게 이렇게 물을지 모른다. "하지만 목사님, 한 사람이 동시에 어떻게 두 군데에 있을 수 있나요?" 간단하다. 우리는 과학 기술로 늘 이런 경험을 하고 있다. 내 몸은 댈러스에 있지만, 화상 회의로 시카고에 있을 수 있다. 혹은 집에 앉아서 애틀랜타에서 열리는 이사회에 참석할 수도 있다. 이처럼 인간이 개발한 과학 기술 덕분에 우리는 동시에 두 곳에 있을 수 있다.

인간인 우리도 과학 기술로 동시에 두 곳에 있을 수 있는데, 하물며 우주를 창조하신 분께 이런 일은 아무것도 아니라는 생각이 들지 않는가? 그러므로 우리는 몸은 지상에 있지만, 항상 천국의 관점에서 생각하며 살아가야 마땅하다. 우리는 천국에서 그리스도와 함께 앉아 있다. 그러나 원수는 계속 땅의 관점으로 생각하고 행동하도록 우리를 몰아갈 것이다.

사탄이 천상의 예수 그리스도의 권세가 아니라 자기 통치 아래 묶여 있다는 잘못된 생각을 우리에게 심어줄 수 있다면, 그는 우리를 영원한 패배자로 무너진 세상에 살게 할 수 있다. 최종 권위를 행사하는 유일한 권세는 바로 주 예수 그리스도의 권세다. 이 말은 우리가 인간의 관점이 아니라 주님의 관점으로 생각하고 행동해야 한다는 뜻이다.*

---

* 8장 일부는 Tony Evans, *The Kingdom Agenda: Life Under God* (Chicago: Moody Publishers, 2016)에서 허락받고 발췌했다.

주의 권세를 누리기

그렇다면 주님과 누리는 관계로 구체화되는 이 권세를 우리는 어떻게 실제로 활용할 수 있는가? 바울이 이 이름과 우리의 올바른 관계를 알리고 우리 삶에서 그 권세를 활용하는 법을 보여주고자 기록한 구절을 살펴보자.

성경은 종종 이 이름을 공식적으로 표현할 때 주 예수 그리스도라고 표기한다. 예수는 인간으로서의 이름이고 그리스도는 그분의 직책이다. 그리고 주는 그분의 호칭이다. 로마서 10장 8-13절은 그분의 명칭에 초점을 맞춘 구절로, 많은 사람에게 큰 혼동을 안겨준 구절이다.

"말씀이 네게 가까워 네 입에 있으며 네 마음에 있다 하였으니 곧 우리가 전파하는 믿음의 말씀이라 네가 만일 네 입으로 예수를 주로 시인하며 또 하나님께서 그를 죽은 자 가운데서 살리신 것을 네 마음에 믿으면 구원을 받으리라 사람이 마음으로 믿어 의에 이르고 입으로 시인하여 구원에 이르느니라 성경에 이르되 누구든지 그를 믿는 자는 부끄러움을 당하지 아니하리라 하니 유대인이나 헬라인이나 차별이 없음이라 한 분이신 주께서 모든 사람의 주가 되사 그를 부르는 모든 사람에게 부요하시도다 누구든지 주의 이름을 부르는 자는 구원을 받으리라."

우선 이 구절에 한 개인이 구원받기 위해 꼭 해야 할 두 가지가 제시되어 있다는 사실을 인정하는 데서 시작하자. 구원받기 위해서는 개인이 입으로 고백하고, 또한 마음으로 믿어야 한다. 그러므로 이 구절에 따르면, 구원받기 위한 이중적인 요건이 꼭 필요한 것으로 보인다.

그런데 구원의 이중적 필요 요건은 구원받기 위한 조건으로 오직 한 가지만 제시하는 성경의 다른 구절들과 정면으로 배치된다. 예를 들어보자.

- 요한복음 3:16 "하나님이 세상을 이처럼 사랑하사 독생자를 주셨으니 이는 그를 믿는 자마다 멸망하지 않고 영생을 얻게 하려 하심이라."
- 사도행전 16:31 "주 예수를 믿으라 그리하면 너와 네 집이 구원을 받으리라."

여기서 두 가지 예만 들었지만, 성경에는 구원받기 위해 죄를 용서하고 영생을 선물로 주시는 그리스도를 믿어야 한다고 강조하는 구절이 반복해서 등장한다.

그러나 로마서의 이 구절에서는 두 가지 요건이 소개되었다. 즉, 믿고 고백해야 한다는 것이다. 이러면 당연히 매우 중요한 질문이 대두된다. 어느 것이 옳은가? 사람이 구원받기 위한 조건은 한 가지인가? 아니면 두 가지인가? 그리스도를 믿고 난 뒤 주를 공개적으로 고백하기 전에 심장 발작을 일으키면 어떻게 되는가? 그 사람은 구원받을 수 있는가?

이 질문에 대한 답은 로마서 이 구절의 원어를 살펴보면 분명해진다. 혼란이 생기는 이유는 '구원받다'라는 표현 때문이다. '구원받다'라는 말은 세 가지 시제로 되어 있다.

- 과거에 지은 죄의 형벌에서 받은 구원
- 미래에 지을 죄에서 받을 구원
- 현재에 짓고 있는 죄의 권세에서 받는 구원

한 사람의 일생에 이 세 구원이 어떻게 적용되는지에 따라 세 시제에 큰 변화가 생기지만, 이 용어를 헬라어에서 영어로 번역하면 단순히 'saved'로 번역된다. 한 단어가 세 가지 시제와 의미를 지닐 수 있다는 사실을 모르는 사람이 많다. 그러나 성경의 구절을 정확히 이해하기 위해서는 세밀한 분석이 필요하다. 그러므로 로마서 10장 8-13절을 살펴볼 때 먼저 '구원 얻다'라는 단어가 어떤 시제로 표현되었는지 확인해야 한다. 바울은 예수님을 개인의 대속물로 영접하여 죄의 정죄에서 구원받는 것에 대해 쓴 것인가? 혹은 죄가 더는 자리 잡지 못할 하늘의 구원에 대해 말하는 것인가? 아니면 육신과 마귀가 우리 인생을 지배하고 더 악화시키려는 현실에서의 구원을 말하는 것인가?

이 구절을 제대로 이해하기 위해서는 바울이 어떤 구원을 염두에 두고 있는지 먼저 이해해야 한다. 실제로 바울은 10절에서 "사람이 마음으로 믿어 의에 이르고 입으로 시인하여 구원에

8장. 주

이르느니라"고 말하여 우리의 이해를 돕는다. 이 절을 보면 개인은 오직 믿음으로 의로워진다.

그러므로 이 구절에서 바울이 구원받는다고 말한 것은 천국에 간다는 의미의 구원을 말하는 게 아니다. 실제로 이 편지를 받을 청중은 이미 신자로서 그리스도를 따르는 사람들이었다. 오히려 이 구절에서 바울은 천국이 우리에게 임하는 구원에 대해 말하고 있다. 그는 신자로서 우리가 세상과 육신과 마귀에 대해 받아야 하는 매일의 구원을 어떻게 누릴 수 있을지에 관해 말하고 있다.

이런 의미상의 차이를 설명하기 위해 야구를 예로 들어보겠다. 야구에서 투수가 3점 이하 격차로 리드한 상태에서 출전하여 1회 이상을 던져 리드를 지켰을 때 '세이브'가 주어진다. 세이브를 얻기 위해 충족해야 할 조건과 방법은 그 밖에도 더 있지만, 이것이 가장 일반적이다.

한편 주자가 '세이프' 할 수 있는 경우는 공을 가진 상대편 선수에게 터치를 당하기 전에 베이스를 밟을 경우, 각 베이스를 차지하는 주자가 몇 명인지와도 상관있겠지만, 공보다 주자가 먼저 베이스에 닿을 경우다.

야구 경기에서 세이브와 세이프를 적용할 수 있는 경우는 여러 가지다. 그러나 영어나 영어권 문화에 익숙하지 않은 사람이 이 규칙을 이해하려고 한다면, 혼란스러울 수도 있고 엉뚱한 상황에서 다양한 의미를 적용하려고 할 수도 있다.

성경을 표면적으로 해석하려고 할 때 우리가 부딪히는 문제 중 하나가 바로 이런 것이다. 로마서 10장 8-13절을 피상적으로 읽으면, 한 개인이 천국에 가는 문제를 두고 혼란스러워질 수 있다. 그러나 여기서 바울은 천국에 가는 문제를 이야기하는 것이 아니며, 그것은 아무 상관이 없다. 바울이 원 글의 문맥에서 사용한 용어는 앞에서 설명한 세 번째 정의(현재의 구원)에 더 가깝다. 즉, 어떻게 속박에서 벗어날지, 어떻게 지금 겪고 있는 상황에서 나와 구원받을지에 관한 것이다. 미래에 천국에 가는 문제를 말하는 것이 아니다.

이 구절에서 바울은 과거에 지은 죄의 형벌에 대한 구원, 혹은 미래에 지을 죄에 대한 구원에 관해서도 말하지 않는다. 그가 말하는 것은 죄의 권세와 그로 인한 현재의 환경에서 구원받는 문제다.

그러므로 일상의 삶에서 구원과 건짐을 경험하고 이기는 자가 되는 법을 알고 싶다면, 단순히 그리스도를 믿는 것 이상의 행동이 필요하다. 성경은 주라는 이름을 알고 고백하라고 요구한다(공개적으로 인정하고 증언하며 확증하는 것).

주라는 단어는 칠십인역에서 알 수 있듯 쿠리오스(kurios)에서 파생했다. 칠십인역은 구약의 헬라어 역본이다. 히브리어 원어로 쿠리오스는 곧 야훼(Yahweh)다. 그러므로 예수님께 이 용어를 사용하면, 이 호칭은 그분의 신성을 가리킨다. 그래서 예수님을 주님이라고 부른다면, 그분을 최고 통치자로 인정한다는 뜻이다.

도마는 예수님의 부활을 의심했지만 육신을 입고 부활하

8장. 주

신 예수님의 가시적 증거를 받았을 때 "나의 주님이시요 나의 하나님이시니이다"(요 20:28)라고 외쳤다. 주는 우리의 모든 일상에 영향을 미쳐야 하는 이름이다. 골로새서 3장 17절 말씀대로다. "또 무엇을 하든지 말에나 일에나 다 주 예수의 이름으로 하고 그를 힘입어 하나님 아버지께 감사하라." 형제여, 삶으로 그리고 입술로 주 예수의 통치 아래 있음을 선언해야 한다. 그분은 모든 만물의 통치자시다. 세례는 믿음을 공개적으로 선언하는 역할을 한다. 세례를 받을 때 예수님을 주님으로 고백하는 삶이 시작된다.

결혼은 했는데, 결혼반지를 끼지 않으려는 사람을 본 적이 있는가? 법적으로는 결혼했지만, 누구에게도 그 사실을 알리고 싶지 않다는 것이다. 이렇게 처신하는 사람이 있다면 그 사람의 결혼 생활이 어떨지가 눈에 뻔히 보인다. 자기 배우자를 이렇게 대하는 사람을 보면 부끄럽기 짝이 없지만, 예수님을 주님이라고 고백하면서도 그분과 맞춘 결혼반지를 끼지 않는 사람이 적지 않다. 물론 그들은 개인적으로, 특히 기도하면서는 주님이라고 고백하지만 공개적으로 인정하는 것은 좀처럼 하지 않는다.

사람들이 공개적으로 예수님을 주님이라고 고백하기를 꺼리는 이유는 많이 있다. 요한복음 12장 42-43절은 그중 한 가지 이유를 소개한다.

"그러나 관리 중에도 그를 믿는 자가 많되 바리새인들 때문에 드러나게 말하지 못하니 이는 출교를 당할까 두려워함이라 그들은 사람의 영광을 하나님의 영광보다 더 사랑하였더라."

이들은 예수를 주로 믿었지만, 공개적으로 밝힐 때 치를 대가를 두려워했다. 이 구절은 치러야 할 두 가지 대가를 언급했다. 첫째, 성경을 배우고 예배하는 곳에서 쫓겨나는 직접적인 대가다. 둘째, 다른 사람들에게 인정받지 못한다는 무형의 대가다. 오늘날 우리 문화에서 예수님을 주님이라고 고백한다고 직접적인 대가를 치르는 것은 아니다. 예수님을 주님이라고 정기적으로 고백하지 않는 대다수는 이 구절에 언급된 두 번째 대가, 즉 사람들의 비난이 두려워서 그렇게 하지 못하는 것이다. 하지만 공개적으로 예수님을 주님으로 고백하지 못하면, 매일 일상의 상황에서 구원받을 수 없다. 주 예수를 무시하고 하나님의 관심을 받을 수는 없기 때문이다. 요한복음 5장 23절은 "아들을 공경하지 아니하는 자는 그를 보내신 아버지도 공경하지 아니하느니라"고 했다.

하나님에 대한 공경과 고백의 문제는 주 예수 그리스도를 공개적으로 인정하고 우리 자신의 신원을 확인하는 것과 관련 있다. 당신이 예수님을 따르는 사람이라는 혐의를 받는다면, 당신의 고백은 법적 효력이 있는 증거가 되고 결국 당신은 처벌받게 될 것이다. 모든 혐의에 무죄를 선고받을 수는 없을 것이다.

그리스도인 대부분은 이것이 하나님 앞에서 자신들의 삶에 얼마나 심각한 영향을 미치는지 잘 모른다. 알았더라면 훨씬 더 많은 사람이 공개적으로 예수님을 주님으로 고백하는 모습을 봤을 것이다. 그러나 마태복음 10장 33절에 아주 분명히 서술되어 있다. "누구든지 사람 앞에서 나를 부인하면 나도 하늘에 계신 내 아버지 앞에서 그를 부인하리라." 매우 직접적이다. 예수님을 공개적으로 부인하면, 하늘에 계신 하나님께 기도로 도움을 구할 때 하나님도 우리를 똑같이 대하실 것이다. 그런데 33절 바로 앞에 은혜와 도우심의 물줄기가 흐르게 할 방법이 나온다. "누구든지 사람 앞에서 나를 시인하면 나도 하늘에 계신 내 아버지 앞에서 그를 시인할 것이요"(32절).

이 두 절은 그리스도인으로서 승리하는 삶을 살 수 있는 비결을 이해하는 데 매우 중요하므로, 판에 적어서 목에 걸고 늘 기억해야 현명하다. 바로 이것이 핵심이다. 요한계시록 12장 11절은 "또 우리 형제들이 어린양의 피와 자기들이 증언하는 말씀으로써 그[고소자]를 이겼으니"라고 했다. 그들의 증언은 어린양의 보혈로 확보한 권능을 누릴 수 있게 해주었다.

공개적으로 예수님을 주님으로 고백하기를 부끄러워하고 있다면, 소명대로 살 수 있는 영적인 대로를 스스로 파괴하는 셈임을 알아야 한다. 오늘날 신자들의 조직적인 의견 표명이 거의 없는 이유는 공개적으로 예수님을 주님이라고 고백하고 그분의 권세에 복종하는 사람이 거의 없기 때문이다. 누군가를 주로 부른다는 것은 그의 권세에 복종한다는 의미다. 우리 목이나 집안의 벽이나 교회에 걸려 있는 십자가는 많다. 하지만 우리 인생의 주로서 예수님은 그 이상을 의미한다. 그분이 통치하시고 선택하신다는 것을 의미한다. 그분의 시선으로 본다는 뜻이다. 그분이 말씀하고 행하신 대로 우리도 전적으로 말하고 행동한다는 뜻이다. 우리 인생에 예수님이 말씀하실 수 없고, 말씀하셔서는 안 되는 영역은 단 한 부분도 없다. 우리의 재정이나 인간관계, 태도나 일, 그 외 어떤 문제도 그분이 권한을 행사하실 수 없는 영역은 없다.

예수님은 장식품이 아니다. 로고나 아이콘도 아니다. 브랜드가 아니다. 그분은 주님이시며 통치자시고 왕이시며 주인이시다. 만물을 다스리는 권세자시다(엡 1:22). 우리가 이 주재권의 문제를 공개적으로 확증하지 않으면 하늘의 도움도 요원할 것이다. 이 고백의 영역에 순응하지 않으면, 그분의 신적 임재, 개입, 변화, 구원, 치유, 인도하심은 우리와 무관할 것이다.

너무 많은 그리스도인이 예수님을 뛰어난 위인으로만 본다. 전혀 초월적인 존재가 아니다. 사람들의 사랑을 받는 인기 있는 분이지만 절대적으로 중요한 분은 아니다. 그들은 교회에 가고 식전 기도를 드리거나 아침에 성경을 읽거나 벽에 장식품을 걸 때 잠시 예수님을 떠올린다. 하지만 예수님과 인생에서 좋아하는 대상(개인적, 심리적, 물리적인 부분, 즉 친구, 미디어 등) 사이에서 선택해야 하는 상황이 오면, 보통 예수님이 열외가 된다.

그러나 결국 열외가 되는 사람은 당신이다.

우리가 기량을 최대한 발휘하고 능력을 펼치며 살아가는 데 필요한 것을 모두 주실 수 있는 분은 예수님이기에, 결국 우리가 패배자가 된다.

주를 부르다

이 책에서 함께 살펴본 여러 구절에서 계속해서 확인했듯이, 우리 주 되신 예수님과 무관한 일은 아무것도 없다. 골로새서 1장 15-18절을 읽어보자.

> "그는 보이지 아니하는 하나님의 형상이시요 모든 피조물보다 먼저 나신 이시니 만물이 그에게서 창조되되 하늘과 땅에서 보이는 것들과 보이지 않는 것들과 혹은 왕권들이나 주권들이나 통치자들이나 권세들이나 만물이 다 그로 말미암고 그를 위하여 창조되었고 또한 그가 만물보다 먼저 계시고 만물이 그 안에 함께 섰느니라 그는 몸인 교회의 머리시라 그가 근본이시요 죽은 자들 가운데서 먼저 나신 이시니 이는 친히 만물의 으뜸이 되려 하심이요."

어떤 주제나 교육이나 사업이나 성취나 사역이나 가정이나 그리스도인이 하는 모든 일에서 예수님을 배제해도 되는 영역은 존재하지 않는다. 그분은 우리의 전부가 되신다. 그러나 만사가 형통할 때 우리는 그 사실을 잊어버리고 우리 자신을 과신하기가 쉽다. 다시 말해, 상황이 어그러질 때까지 이런 모습을 이어간다. 순탄하던 사업, 관계, 건강 혹은 가정에 문제가 생기기 시작하면, 언제 그랬냐는 듯이 급하게 주님을 찾는다. 당신은 그렇지 않은가?

예수님은 어려울 때 주님을 부르는 우리가 형통할 때도 그분을 공개적으로 고백할 수 있는지 알기를 원하신다. 그분의 통치 아래에 있으므로, 우리의 고백은 우리가 하는 말이나 내리는 결정, 그 결정을 내린 이유, 우리가 하는 생각이나 추구하는 대상 등으로 표현된다. 그 모든 것을 우리 주 예수님 아래 내어드리고 그분의 다스림을 받아야 한다. 그리스도인으로서 삶의 이 부분을 완벽하게 수행하기란 불가능하겠지만(무엇보다 우리는 인간이고 변덕스러운 이기심에 휘둘리기 쉬운 존재이기에), 점점 더 성장할 수 있도록 이 본분을 감당하고자 최선을 다해야 한다. 예수 그리스도의 주 되심을 더욱 깊이 알아가고자 힘써야 한다. 삶의 매 순간 예수님의 주 되심을 인정하며 살아야 한다(롬 14:8-9).

빌립보서 2장은 우리가 모두 예수님을 주님으로 고백하는 날이 오리라고 말한다. 지금 이런 고백을 할지 말지는 각자의 선택에 달려 있지만, 그날에는 모든 사람이 예수를 주로 고백하게 될 것이다.

> "이러므로 하나님이 그를 지극히 높여 모든 이름 위에 뛰어난 이름을 주사 하늘에 있는 자들과 땅에 있는 자들과 땅 아래에 있는 자들로 모든 무릎을 예수의 이름에 꿇게 하시고 모든 입으로 예수 그리스도를 주라 시인하여 하나님 아버지께 영광을 돌리게 하셨느니라"(9-11절).

하나님은 우리가 예수님을 시인하는 데서 만족하기를 원하시지 않는다. 예수 그리스도를 고백하는 데서 그치기를 바라시지 않는다. 하나님은 우리가 예수님을 주님으로 고백하기를 원하신다. 그 이유는 무엇인가? 예수님을 주님으로 고백할 때 하나님이 영광을 받으시기 때문이다. 우리가 예수 그리스도의 주 되심을 인정할 때, 그분이 만물 위에 계심을 인정할 때 하나님이 영광을 받으신다. 그러나 우리가 예수님의 주 되심과 통치권과 소유권을 부정하면, 하나님께 영광을 올려드릴 수가 없다. 이 땅에서 하나님이 개입하고, 구출해주며, 구원해주시기를 구하는 우리 기도가 이루어지지 못하도록 우리 스스로 방어벽을 치는 것이다. 예수 그리스도의 주 되심을 공개적으로 인정하고 복종하는 신자는, 신적인 도우심과 구원을 구하며 주의 이름을 부를 합법적 권리를 얻는다(즉, 구원받을 권리, 롬 5:9-10; 10:9, 13). 또 주의 이름을 부르는 것은 그리스도인으로서 특권이자 마땅히 할 일이다(고전 1:2; 딤후 2:22; 행 7:59).

예수님은 만물을 다스리신다. 우리를 다스리신다. 주님을 떠나 죽어가는 세상에 이 진리를 얼마나 알리느냐에 따라, 우리는 일상에서 그분의 권능이 온전히 나타나는 것을 경험하게 된다.

사자의 공격을 받은 위험천만한 상황을 만난 한 원주민 소년에 대한 이야기를 들은 적이 있다. 사자는 소년을 향해 돌진하여 사나운 발톱으로 그를 할퀴려고 했다. 그러나 그 지역에는 사자를 물리치는 법을 잘 알고 있던 사람이 있었다. 그는 재빨리 철사를 들고 사자의 등에 올라탔다. 그가 사자의 목을 철사로 감자 사자의 관심은 소년에게서 자신을 괴롭히는 고통으로 이동했다. 그 남자가 사자와 싸우는 동안 소년은 재빨리 도망할 수 있었고, 그 남자도 사자의 손아귀에서 벗어난 틈을 타 몸을 피했다.

몇 주 후에 소년의 목숨을 구해준 그 남자는 대문 밖에서 왁자지껄하게 떠드는 소리를 들었다. 밖을 내다보자 그 소년이 문 안으로 들어오는 모습이 보였다. 소년은 무거운 짐을 지고 있었다. 소년의 뒤에는 다른 많은 사람이 소년을 도우려고 그의 짐을 지고 따르고 있었다. 그 남자는 소년에게 무슨 일이냐고 물어보았다. 그러자 소년은 차분하게 "당신이 내 목숨을 구해주었잖아요. 우리 부족에서는 누군가가 목숨을 구해주면, 그 사람의 종이 되는 풍습이 있어요. 저는 남은 평생 당신의 종으로 살겠습니다"라고 대답했다.

물론 이것은 허구의 이야기이지만, 우리가 공감할 수 있는 그림을 보여준다. 예수님이 모든 통치와 권세에 대해 주님으로서 권한을 행사하시지 않았다면, 우리는 사망에서 영원한 생명으로 옮겨질 기회조차 얻지 못했을 것이다. 당신이 거듭난 신자라면 예수님이 당신의 생명을 구해주신 것이다. 그런데 그분은 영원히 우리 생명을 구해주셨을 뿐 아니라, 우리가 매일 매 순간 그분의 이름을 부르며 그분의 주 되심을 공개적으로 인정할 때마다 우리 생명을 구해주겠다고 약속하셨다.

이 모든 것이 사실임을 안다면, 이 땅에서 남은 평생 기꺼이 우리 인생을 드리고 심기는 데 아무런 주저함이 없어야 한다.

8장. 주

예수님을 주님으로 공개적으로 고백하는 일이 불편하거나 어렵게 느껴지는가? 영원한 죽음의 형벌에서 우리를 구원하고자 죽으신 분이 주님 외에 아무도 없었다는 사실을 기억하라. 누구도 우리를 천국으로 데려가주지 않았다. 주 예수 그리스도만이 그 일을 해주셨다. 그리고 그 능력으로 바로 지금, 우리 삶은 천상의 개입을 받을 수 있다. 그러니 이 순간부터 생각하고 행동하며 말하고 결정하는 모든 일에서 예수님을 나의 주님으로 공개적으로 고백하겠다고 결단하라. 그리고 하늘이 우리에게 그칠 줄 모르는 능력을 부어주시는 것을 확인하라.

예수님을 주님이라고 고백하면서도
그분과 맞춘 결혼반지를 끼지 않는 사람이 적지 않다.
하지만 공개적으로 예수님을 주님으로
고백하지 못하면, 매일 일상에서 구원받을 수 없다.

9장

예수

아들을 낳으리니 이름을 예수라 하라

이는 그가 자기 백성을 그들의 죄에서 구원할 자이심이라 하니라.

—마태복음 1:21

주 예수 그리스도의 이름과 우리 하나님의 성령 안에서

씻음과 거룩함과 의롭다 하심을 받았느니라.

—고린도전서 6:11

존, 제임스, 로버트, 마이클…. 이런 이름은 미국에서 가장 흔히 사용하는 남자아이의 이름이다. 아마 이런 이름들로 불리는 사람을 한 명쯤은 만나봤을 것이다. 이유는 모르겠지만 아들에게 이런 이름을 지어주는 부모가 적지 않다. 이 이름들에 담긴 의미 때문일 수도 있고, 친척이나 조상의 이름과 관련 있어서일 수도 있다. 어떤 경우든, 다른 이름들에 비해 이런 이름을 자손에게 물려주는 사람이 많다.

예수라는 이름도 바로 이런 경우였다.

오늘날 자녀에게 이 이름을 지어주는 사람은 드물다. 그러나 2천 년 전에 예수님이 탄생하셨을 당시, 예수는 흔한 이름이었다. 현대적 맥락에서는 많은 사람이 아기 이름을 예수라고 짓는 것을 상상조차 못 할 것이다. 이 이름에 담긴 정체성의 의미가 너무 깊기 때문이다. 그런데 예수님이 태어날 당시, 이 이름은 별다른 의미나 특성을 떠올리게 하는 이름이 아니었다. 중요한 의미를 내포하고는 있었겠지만, 이 이름을 지어주는 사람들이 거의 떠올리지 않는 의미였을 가능성이 크다. 그러나 우리의 그리스도이신 예수님의 경우는 예외였다.

예수님의 이름은 부모가 지어준 이름이 아니었다. 정확히 말해 인간 부모가 지은 이름이 아니었다. 예수님의 탄생에 관한 성경의 이야기를 보면, 하늘에서 천사를 통해 요셉에게 메시지를 전하고 아기의 이름을 무엇이라고 부를지 지시한다. 예수님은 요셉의 생물학적 아들이 아니었지만, 요셉이 그분을 양육하고 키울 것이다. 그래서 그분의 이름을 무엇이라고 지을지 천상의 친아버지가 지상 아버지에게 말씀하신 것이다. 하나님은 요셉에게 아기의 이름을 "예수"라고 하라고 지시하셨다(마 1:18-25 참고).

이 흔한 이름은 결국 가장 유명한 이름이 될 것이다. 예수라는 이름에는 '구원할 자, 구세주'라는 의미가 있다. 구약 시대에 예수에 해당하는 이름은 '여호수아'였다.

구약의 여호수아는 이스라엘 백성을 약속의 땅으로 인도한 사람이다. 그는 하나님을 굳게 신뢰하는 용맹한 사람이었다. 이스라엘 백성이 가나안 땅의 적들과 싸워 승리하도록 리더로서 탁월한 역량을 발휘했다. 여호수아라는 이름(그리고 거기에 해당하는 헬라어 이름, 예수)은 축복의 땅으로 인도하는 사람, 사람들을 적에게서 건져주는 사람을 가리킨다.

이처럼 하나님은 독생자에게 '구원자'라는 의미가 담긴 이름을 붙여주셨다. 예수라는 이름은 꼭 승리해야 하는 어떤 일에서 사람들을 구원하러 온 자라는 가장 중요한 정체성을 반영한다. 이처럼 예수님은 우리 각 사람을 구원하러 오셨다. 마태복음 1장 21절은 이 점을 분명히 드러낸다. "아들을 낳으리니 이름을 예수라 하라 이는 그가 자기 백성을 그들의 죄에서 구원할 자이심이라 하니라." 구하다(save)라는 단어는 또한 구조하다(rescue)로도 번역할 수 있다.

예수님의 주요 사명

무엇보다 예수님은 우리를 우리 죄에서 건져주러 오셨다. 수상 안전 강사와 구조원으로 일할 때 내가 가장 집중했던 일은 사람들이 물에 빠지지 않게 구조해주는 것이었다. 물론 사람들에게 수영하는 방법을 가르치고, 수영 실력을 향상하는 법을 알려주며, 수영장을 방문한 사람들을 지원하는 일도 했었다. 하지만 그 모든 역할은 익사할 위험에 처한 사람의 목숨을 구하는 본업에 비하면, 부차적인 일이었다. 가장 중요한 이 목적을 감당할 수 없다면, 나는 구조원으로 일할 수 없었을 것이다. 생명을 구하는 일이 나의 가장 중요한 핵심 직무였다.

가장 중요한 역할이라는 개념을 강조하는 이유는, 사람들이 종종 예수님을 그분의 가장 중요한 역할이 아닌 다른 용도로 이용하려고 들기 때문이다. 그들은 질병, 채무, 관계의 문제, 정신적 문제에서 벗어나게 해달라고 구한다. 물론 예수님은 이 모든 문제에서 넉넉히 우리를 도와주실 수 있다 (이미 다른 장에서 살펴보았듯이). 하지만 먼저 우리 죄에서 우리를 건져주실 분으로 그분을 바라보지 않으면, 이 모든 것의 기초를 무시하는 셈이 된다.

9장. 예수

예수님의 가장 중요한 사명은 우리를 우리 죄에서 건져주시는 것이다. 요한복음 3장 36절에서는 이렇게 말한다. "아들을 믿는 자에게는 영생이 있고 아들에게 순종하지 아니하는 자는 영생을 보지 못하고 도리어 하나님의 진노가 그 위에 머물러 있느니라."

예수님은 우리를 구원하고 영생을 주러 오셨다. 또 한편으로는 지금 우리가 그 생명을 풍성히 누릴 수 있게 하러 오신 것이기도 하다(요 10:10). 이런 경험은 예수님이 대속의 죽음으로 우리를 위해 하나님의 진노를 무효로 하실 때만 가능하다.

삶의 다른 영역에서 예수님이 우리 요구대로 응해주시지 않는 한 가지 이유는, 우리가 종종 죄 문제를 해결하지 않고 요구 사항에 매달리기 때문이다. 우리는 그분이 오신 가장 중요한 목적을 인정하는 과정을 생략하고, 자판기처럼 그분을 이용하려고 한다. 그러나 무엇보다 먼저, 예수님은 우리 죄를 해결하러 오셨다. 속죄를 통해 우리를 영원히 구원하셨고, 지속적인 중보 기도를 통해 이 땅에서 우리를 구원하셨으며, 유혹과 죄의 지속적인 결과에 저항하고 극복할 힘을 공급해주셨다(히 7:25).

예수님께 핵심적인 근본 문제가 아니라 부차적인 문제에서 우리를 건져달라고 구하는 데만 열중하면, 부차적인 문제가 중요하더라도 다른 모든 문제에서 우리를 건져줄 그분의 방법과 전략을 모두 놓치게 된다. 우리 인생의 핵심적인 문제(죄)를 해결하시도록 맡기지 않을 때, 다른 모든 문제에서 우리를 구원해주시기를 바랄 수 없다. 우리가 싸우는 모든 문제의 근본 원인은 사실 죄이기 때문이다.

    인생의 모든 부정적인 문제는 직간접적으로 죄와 관련이 있다. 우리는 우리 자신이나 다른 누군가가 지은 죄의 대가를 치르고 있다. 혹은 악하고 죄로 오염한 환경이, 우리가 몸담고 살거나 일하며 노는 환경이 우리 문제의 원인일 수 있다. 후자는 악이 이 세상에 침투하여 영적, 정신적, 환경적, 관계적, 사회적으로 우리에게 영향을 미치기 때문에 발생한 문제를 포함한다. 우리가 생활하며 호흡하는 공기로 독감 바이러스가 전파되는 것처럼, 죄는 오염한 환경에서 살아가는 우리를 에워싸고 있다.

    그러나 누가 죄에 관해 이야기하고 싶겠는가? 오늘날 은사주의 설교자나 부흥회 강사를 제외한 목회자 대부분은 죄 문제 거론을 금기시한다. 성경 공부만 하더라도 죄 문제를 집중적으로 다루는 경우는 거의 없다. 설교도 마찬가지다. 묵상 시간은 죄를 인정하고 용서받으려고 하기보다, 예수님의 임재와 뜻으로 감정을 고양하여 용기를 얻는 방향으로 진행할 때가 더 많다. 실제로 죄의 실상을 있는 그대로 드러내기보다 축소하고 무시하는 식의 표현을 사용할 때가 적지 않다. 죄를 '실수'라고 표현하거나 "그건 내 개성이야"라고 말한다. 때로 죄를 '문제'라는 식으로 표현하기도 한다.

    자아실현을 최고의 목적으로 우상시하는 현대 문화에서 죄는 우리 대화에 자리할 공간이 없다.

    그러나 예수님이 우리 인생의 이 중요한 문제를 해결해주시지 않으면, 우리가 겪는 모든 문제는 결국 환경이라는 둑을 넘어

홍수처럼 우리를 덮칠 때까지 계속 축적될 것이다.

하나님의 본성을 더 자세히 살펴보면 우리 구주로서 예수님의 인격을 더 잘 이해할 수 있다. 무엇보다 먼저 하나님은 완전한 분이시다. 그분에 관한 모든 것이 완벽하다. 그분은 아무런 흠이 없으시다. 그분은 어떤 문제도 없으시고, 실수도 하시지 않는다. 하나님은 죄를 죄로 보신다. 그분은 성결하시므로 모든 죄는 그분의 반응을 일으킨다. 예를 들어, 손이 더러운 상태로 수술실에 들어가서 환자를 만지면, 그 환자는 감염될 수 있다. 그런데 수술실에서 사용하는 메스에 아주 작은 박테리아가 묻어 있다면, 그 박테리아가 눈에 보이지 않더라도 환자는 감염될 수 있다.

그래서 수술실에서 사용하는 모든 것을 살균 처리해야 한다. 의사와 간호사가 깨끗이 손을 씻고 청결 기준을 지켜야 지극히 사소한 감염에서까지 환자를 보호할 수 있다. 아주 사소한 오염이라도 치명적인 결과를 초래하기 때문이다.

하나님은 '살균 소독된 상태'시다. 그분의 모든 것은 완벽하고, 그분의 임재 앞으로 나아가기 위해서는 아무리 사소한 오염이라도 용납되거나 허용되지 못한다. 이처럼 죄의 문제는 심각한 사안이다. 하나님은 아들이신 예수님을 통해 그 문제를 처리할 절차를 정해두셨다. 죄를 처리해야 비로소 우리 삶에서 우리가 할 수 있는 일을 할 수 있다. 하나님이 규정하신 대로 이 문제를 처리하지 않으면, 그분의 임재와 능력을 누릴 가능성이 원천적으로 차단된다. 그것은 마치 의사가 승인되지 않은 약으로 암을 치료하려는 것이나 마찬가지다. 그렇게 해서는 아무 효과가 없다. 예수님은 우리 문제의 근원을 해결할 방도를 주려고 오셨다. 그리고 그분이 근본 문제를 해결해주시지 않으면, 죄의 증상을 치료하려는 우리 노력은 미봉책에 지나지 않을 것이다. 잠시 증상이나 발병을 늦출 수는 있다. 하지만 그런 미봉책의 효과가 떨어지거나 어떤 프로그램의 약발이 사라지면, 죄가 초래한 인생의 깊은 상처는 그대로 남아, 그것을 완전히 치유할 기회를 놓치게 될 것이다.

마가복음 2장을 보면, 중풍에 걸린 남자를 그의 친구들이 예수님께 데려오는 내용이 기록되어 있다. 그런데 예수님은 그의 육체적 문제를 고쳐주시는 일부터 하시지 않았다. 오히려 그의 죄가 용서받았다고 먼저 선언하셨다(5절). 그 남자와 친구들은 몸의 병을 낫게 하려고 했지만, 예수님은 영적인 치유가 훨씬 더 중요하다는 사실을 아셨다. 예수님은 바로 이 점을 강조하신 것이었다. 육체의 문제를 해결하시기 전에 그 사람이 먼저 하나님과의 영적 관계를 회복하기를 원하셨다.

아이가 자전거에서 넘어져 무릎에 생채기가 생기는 것과 비슷하다. 부모는 상처를 빨리 아물게 하겠다고 상처 부위에 무조건 약부터 바르지 않는다. 먼저 상처를 물로 씻어내고 박힌 돌이 있으면 그 돌을 빼낸다. 아무리 작고 사소한 흙이나 돌멩이라도 이런 이물질이 상처 부위에 묻어 있다면, 문제가 더 심각해질 것이다. 연고가 제대로 스며들어 상처가 아물려면, 먼저 상처를 깨끗하게 하는 일이 선행되어야 한다.

예수님은 하나님의 형상으로, 우리 죄의 더러운 오물을 처리하셔야 한다. 우리를 해하려는 것을 모두 해결할 방법은 정결하게 하는 보혈의 능력에서 찾을 수 있다. 알다시피 마귀는 목표가 있다. 죄는 숙주를 기다리며 떠다니는 독립적인 세균 덩어리가 아니다. 사탄은 명확한 목표를 가지고 우리가 죄를 저지르도록 유혹한다. 바로 우리를 멸망시키기 위해서다(요 10:10). 사탄은 훔치고 죽이러 왔고, 죄의 대가가 사망이라는 사실을 너무 잘 알고 있다(롬 6:23). 그 죽음은 물리적 죽음일 수도 있고, 관계상의 단절이나 심리적 죽음일 수도 있지만, 그 점은 그에게 중요하지 않다.

앞에서 언급한 대로 죽음은 여러 부분에 적용될 수 있다. 그러나 궁극적으로 이전에 좋았던 것에서 탈락되거나 분리되는 것을 가리킨다. 성경의 죽음은 무엇보다 중단이 아니라 분리를 말한다. 예를 들어, 누군가가 죽으면 천국으로 가든, 지옥으로 가든지 삶은 중단되지는 않는다. 단순히 영과 영혼이 육신을 떠나서 육신이 더는 기능할 수 없게 될 뿐이다. 그러므로 죄의 목표는 분열을 일으키는 데 있다. 늘 그렇다. 하나님과 우리의 교제가 무너짐으로, 우리는 하나님으로부터 분열될 수 있다. 아니면 사람 사이에 분열이 있을 수도 있다. 인종 간 위기든지, 사회적 위기든지, 광범위한 죄는 하나님이 원하시는 인간의 하나 됨을 무너뜨리고 우리를 분열시킨다.

우리는 삶의 물리적인 측면과 가시적인 실체에 집중하느라 죄를 처리하는 데 소홀할 때가 너무 많다. 예를 들어, 인종 차별의 경우 결국 죄가 아니라 피부색의 문제로 화제가 집중된다. 문제의 근본 원인을 처리하는 일에 실패해서 미국은 수백 년 동안 혼란을 겪었다. 타인을 우리보다 열등한 존재로 볼 때 우리는 죄를 짓게 된다. 그리고 대화가 영적인 문제가 아니라 사회적, 정치적, 관계적, 심지어 개인적 문제에 집중되는 한, 문제의 근본 원인을 해결하기보다 증상을 해결하는 데 치중하게 된다. 우리는 잡초의 뿌리를 제거하지 못할 때 어떤 일이 생기는지 잘 안다. 잡초를 베고 나면 다시 무성하게 자라는데, 이전보다 더 맹렬한 기세로 자라난다.

그러므로 인생의 문제, 가정이나 직장이나 공동체의 문제를 다룰 때 죄 문제부터 다룬다면, 많은 시간을 절약할 수 있다. 근본 뿌리를 다루면 나머지는 저절로 해결되기 때문이다. 예수님은 단순히 증상을 고치러 오시지 않았다. 원인을 해결하려고 오셨고, 원인이 해결되면 결과적으로 증상도 해결된다. 우리가 직접 겪는 문제의 근본 원인을 해결하지 않으면, 미봉책에 불과한 방법을 동원하느라 영원히 허우적거릴 것이다. 잠시 상황이 호전될지는 몰라도 문제는 다시 불거질 것이다.

죄의 종류

세상에 다양한 박테리아가 존재하듯이, 죄도 일률적으로 같은 상자에 깔끔하게 포장되어 있지 않다. 우리는 모두 죄를 지었다. 그러나 이런 죄들은 폭풍 속의 눈송이처럼 다양하다. 사람이 의도적으로 지은 죄든, 해야 할 것을 하지 않은 죄든(약 4:17), 모든 죄는 사망을 낳는다.

사람들이 죄를 짓는 방법은 헤아릴 수 없을 정도로 많지만, 모든 죄는 세 가지 범주에 포함된다. 그것은 바로 전가된 죄, 물려받은 죄, 개인적인 죄다.

전가된 죄

'전가된'(imputed)이란 단어에는 '누군가의 계좌로 입금되다'라는 뜻이 있다. 만약 고용주가 급여를 매달 자동 이체하는 방식으로 준다면, 현금이나 수표로 월급을 받지 않는다. 항상 입금되는 방식으로 월급을 받는다. 실제로 내 손에 현금이 떨어지지 않아도, 입금된 그 돈을 언제든지 사용할 권리가 생긴다.

로마서 5장 12절에서 전가된 죄와 관련한 구절을 볼 수 있다. "그러므로 한 사람으로 말미암아 죄가 세상에 들어오고 죄로 말미암아 사망이 들어왔나니 이와 같이 모든 사람이 죄를 지었으므로 사망이 모든 사람에게 이르렀느니라." 인류는 아담의 죄로 사망이라는 채무를 물려받았다. 아담이 저지른 죄가 우리 모두에게 전가되었다. 그의 잘못으로 우리는 죄성과 그의 죄의 대가인 죽음을 물려받았다.

이것이 전혀 공정하지 않다는 생각이 들 수도 있다. 내가 좋아하는 경기인 미식축구를 예로 들어 이 점을 설명해보겠다. 미식축구에서 라인맨이 경기 전에 오프사이드 반칙을 하면 그

한 선수만 벌칙을 받지 않는다. 팀으로 경기하고, 팀으로 득점하고, 팀으로 방어하기 때문에 라인맨이 받는 패널티는 팀의 패널티가 된다. 다른 선수 누구도 오프사이드 반칙을 하지 않았지만, 본질적으로 라인맨의 잘못이 그가 소속한 팀의 나머지 선수들에게 전가된다. 그 이유는 무엇인가? 그들은 팀으로 모두 연결되어 있기 때문이다.

성경은 모든 인간이 아담을 통해 인류로 연결되어 있다고 선언한다. 그러므로 아담이 범죄하였기에 전 인류가 그 죄의 대가를 전가받았고, 사망이라는 형벌을 치르게 되었다. 그러나 그리스도의 대속적 죽음으로 말미암아 전가된 죄 문제가 해결되었다. 죄를 이해할 정신적 능력이 없는 사람이나 유아들까지 구원받을 수 있는 이유가 여기에 있다 (롬 5:17-19).

물려받은 죄

물려받은 죄는 우리 각자 부모와 조상에게서 물려받은 죄를 말한다. 또한 우리가 우리 자녀에게 물려주는 죄이기도 하다. 우리는 이것을 '죄성'이라고 부른다. 아담으로 죄가 세상에 들어오고, 우리의 DNA에 죄성이 자리 잡게 되었다. 그래서 자녀를 낳으면, 우리의 아름다운 외모뿐만 아니라 죄의 성향까지 물려주게 된다. 이는 부모가 자녀에게 이기적으로 사는 법, 거짓말하거나 속이는 법을 절대 가르치지 말아야 할 이유다. 부모가 자녀에게 가르쳐야 할 것은 서로 나누고 사랑하며 오래 참는 법이다.

죄는 되물림된다. 우리는 모두 죄와 싸운다. 죄와 대면한다. 모든 사람이 죄를 이기고자 힘써야 한다. 우리 중에 일부는 다른 이들보다 죄성을 관리하는 데 더 능숙하지만, 이는 누구나 예외 없이 싸워야 할 속성이다. 명백한 말이나 행동으로 외부로 표출되든, 하나님만 아실 수 있는 이기적이고 오만한 태도로 은폐되든지, 죄성은 죄를 낳고 죄는 사망을 낳는다(롬 6:23).

개인적인 죄

잠시 아담은 제쳐두도록 하자. 부모와 조상들에 대해서도 잠시 잊기로 하자. 오직 우리 자신이나 주변 사람만 살펴보자. 개인적인 죄는 지어서는 안 되지만 결국 짓고 마는 죄를 말한다. 혹은 당연히 해야 할 옳은 일임에도 냉담함이나 이기심으로 실천하지 않는 경우를 말한다.

이런 식으로 우리는 모두 죄를 짓는다. 우리 중에는 옆 사람보다 죄에 더 민감한 사람이 있을지 모르지만, 하나님은 우리가 보는 것처럼 인류를 보시지 않는다. 그분은 마음을 보신다(삼상 16:7). 우리보다 우리 마음을 훨씬 더 잘 보신다. 무엇보다 우리 마음은 때로 우리가 깨닫는 것보다 훨씬 더 기만적이다(렘 17:9). '우리 마음대로 하는 것'은 대개 현명한 일이 아니다. 우리 마음이 죄의 영향으로 오염해 있기 때문이다.

노골적으로 드러내놓고 죄를 짓든, 아니면 은밀한 베일 아래 죄를 숨기든, 하나님은 그 죄를 알고 계신다. 죄는 절대 숨길 수 없다. 단지 용서받을 수 있을 뿐이다. 진심으로 용서를 구하며 회개하지 않을 때 우리는 사망에 이른다. 죄가 하는 일이 바로 이런 일이다. 죄의 삯은 항상 사망이다. 우리 삶에서 죄로 인해 생긴 문제를 피해 도망갈 곳은 없다. 죄의 대가를 피해 달아날 수 있다고 생각할지 모르겠지만 실제로 그것은 불가능하다. 정신적인 죽음이든 관계상의 죽음이든 재정적인 죽음이든 영원한 죽음이든, 어떻게 하든지 우리는 그 대가를 치러야 한다. 또 죄는 분리를 낳는다. 가족 간, 인종 간, 교회 간에 그리고 우리 생각과 생활 속에 불안감을 조성해서 서로 멀어지게 한다. 결국 이것은 우리 삶에 혼란, 공허, 상실, 위축을 낳는다.

예수님의 이름으로

그러나 이 '나쁜 뉴스'에 할애한 이 장에서도 좋은 소식은 있다. 예수님이 오셔서 우리가 절대 죽을 필요가 없게 되었다는 소식이다. 우리가 경험하는 모든 범주의 죽음에서 우리 죄를 용서해주실 그리스도, 그분만을 믿을 때 그분이 생명을 회복시켜주신다. 요한복음 11장 26절에서 말씀하는 대로다. "무릇 살아서 나를 믿는 자는 영원히 죽지 아니하리니."

고린도후서 5장 8절에서도 이렇게 말한다. "우리가 담대하여 원하는 바는 차라리 몸을 떠나 주와 함께 있는 그것이라." 육신의 죽음은 단지 육신의 부재를 말할 뿐이다. 예수 그리스도로 구원받을 때 영적 죽음이나 하나님과의 분리를 면할 수 있다. 실제로 육신이 죽을 때 우리는 스스로 죽었다는 것을 알지 못할 정도로 그 순간은 아주 찰나에 지나지 않을 것이다. 즉각 천상의 영역으로 주의 임재 앞에 이르게 될 것이다(눅 23:43 참고).

우리는 죽음을 절대 두려워할 필요가 없다. 왜냐하면 예수님이 신자에게 육신의 죽음이 단순히 순간적인 이동에 불과하도록 죄의 형벌 문제를 완전히 해결하셨기 때문이다. 예수님은 죄의 권세에서 우리를 건져주셨다.

우리가 예수님을 믿고, 영생에 대한 그분의 약속을 믿을 때 그분의 구원하심으로 우리의 영원한 운명이 확보된다. 동시에 죄의 권세와 여기 이 땅에서 우리 인생을 무너뜨릴 힘에서도 구원을 받는다. 그분은 이 두 가지 일을 모두 해주신다. 우리 중에는 감정이나 재정 상태나 관계와 관련된 일과 우리 죄 때문에 생기는 여러 문제가 해결되기를 간절히 바라는 사람이 참 많다. 하지만 잘못된 시각으로 하나님께 나아가면 필요한 도움을 받을 수 없다. 예를 들어, 어떤 사람은 신용 카드 빚을 감당할 수 없어서 하나님께 나아가 "하나님, 카드 값을 갚게 도와주세요"라고 구한다. 그러나 하나님은 항상 먼저 근본 원인을 다루신다. 다시 말해, 빚을 지게 만든 죄를 다루시는 것이다. 하나님은 "돈과 관련해 네가 지은 죄가 있다"라고 말씀하실지도 모른다. 그리고 그들이 그 죄를 다루기를 원하지 않는다면, 다시 말해 회개하지 않는다면(자기 잘못을 인정하고, 그 잘못에서 돌이키지 않는다면), 그 죄를 방치하시고 빚을 갚게 해주지 않는다.

예수님은 생명과 구원을 주시지만 그분의 방식대로 그 일을 하신다. 그분은 우리 죄를 위해 죽으셨다. 죄가 미래와 현재에 끼치는 영향을 위해서도 죽으셨다. 그러나 구원 얻기를 바라더라도 우리가 절대 생략할 수 없는 과정이 있다. 고린도후서 5장 21절은 "하나님이 죄를 알지도 못하신 이를 우리를 대신하여 죄로 삼으신 것은 우리로 하여금 그 안에서 하나님의 의가 되게 하려 하심이라"고 말한다.

"되게 하려 하심"(so that). 이 구절은 영어로 짧은 단음절 단어 두 개로 되어 있지만, 예수님 안에서 승리할 수 있는 비결을 담고 있다. 예수님이 우리를 대신해 죄가 되신 것은 우리가 하나님의 의가 되게 하려 하심이었다. 우리 죄를 회개함으로 그분의 용서와 대속을 구할 때만 그분이 주시는 의를 경험할 수 있다. 오직 예수님만이 우리가 싸우고 있는 문제에서 승리하게 해주시지만, 그분의 용서하심으로 우리가 변화되어야 그 승리의 능력을 활용할 수 있다. 로마서 5장 10절은 "곧 우리가 원수되었을 때에 그의 아들의 죽으심으로 말미암아 하나님과 화목하게 되었은즉 화목하게 된 자로서는 더욱 그의 살아나심으로 말미암아 구원을 받을 것이니라"고 한다. 예수님이 살아나심으로 우리는 죄의 결과에서 구원받게 되었다. 그분이 이 땅에 오신 이유가 이 때문이다.

강력한 영향력을 지닌 고린도전서의 말씀은 종종 육신의 죽음에만 적용되지만 실제로는 그 이상의 의미가 있다.

"보라 내가 너희에게 비밀을 말하노니 우리가 다 잠잘 것이 아니요 마지막 나팔에 순식간에 홀연히 다 변화되리니 나팔 소리가 나매 죽은 자들이 썩지 아니할 것으로 다시 살아나고 우리도 변화되리라 이 썩을 것이 반드시 썩지 아니할 것을 입겠고 이 죽을 것이 죽지 아니함을 입으리로다 이 썩을 것이 썩지 아니함을 입고 이 죽을 것이 죽지 아니함을 입을 때에는 사망을 삼키고 이기리라고 기록된 말씀이 이루어지리라 사망아 너의 승리가 어디 있느냐 사망아 네가 쏘는 것이 어디 있느냐 사망이 쏘는 것은 죄요 죄의 권능은 율법이라 우리 주 예수 그리스도로 말미암아 우리에게 승리를 주시는 하나님께 감사하노니"(고전 15:51-57).

수많은 영혼이 피난처로 삼고 위안을 얻는 이 감동적인 단락에서 바울은 예수님이 죽음을 이기셨음을 선언한다. 하지만 예수님이 싸워서 승리를 거두신 것은 단순히 육신의 죽음만이 아니었다. 예수님은 우리가 맞서는 모든 치명적인 공격에서도 승리하시는 분이다. 그분이 살아 계시므로 죄 때문에 어떤 상황에 처하더라도 우리는 이길 수 있다. 그분의 이름으로 그분의 생명을 누릴 수 있다. 그러나 많은 그리스도인이 승리가 단순히 그분의 이름을 되뇌거나 호소한다고 주어지는 것이 아니라는 사실을 제대로 이해하지 못한다. 우리가 그분의 이름과 맺는 관계에 따라 승리 여부가 결정된다.

'예수님'의 이름을 부른다고 하늘이 우리가 처한 상황에 자동으로 개입하지는 않는다. 비록 설교자들이 이런 설교를 하고, 회중이 그분의 이름을 큰 소리로 반복해서 부르며 효력이 나타나기를 바라더라도 말이다. 우리는 대부분 기도를 "예수님의 이름으로 기도합니다"라는 말로 마무리한다. 오랫동안 그렇게 기도하도록 배웠다. 그렇게 기도하는 것이 중요하기는 하지만, 죄를 용서받고 예수님과 활발한 소통이 이루어지지 않으면, 그분의 이름을 정당하고 합법적으로 사용할 수 없다.

예를 들어 설명하자면 이렇다. 어떤 사람이 위임장을 받았다면, 누군가가 그에게 자신을 대리하여 자기 이름을 사용하도록 허용했다는 의미다. 그는 그 사람을 대리하도록 합법적으로 허용받았다. 위임장을 사용하도록 공식적인 지정을 받지 않았다면, 그 사람의 재산이나 자산을 대신 처분하거나 처리할 수 없다. 이는 사법 체계로 체계화한 공식 절차이기 때문에 우리는 모두 이 개념을 충분히 이해할 수 있다. 그러나 예수의 이름과 관련해서는, 용서받고 그 안에 거하는 과정을 거쳐 정당한 허가를 받지 못하면, 그분의 이름을 합법적으로 사용할 '위임장'을 받지 못한다는 사실을 대부분 제대로 이해하지 못한다.

모두 잘 알겠지만 예수님의 이름은 '호카스 포카스'처럼 주문을 욀 때 필요한 이름이 아니다. 슈퍼히어로의 초인적 능력을 발휘할 수 있게 해주지도 않는다. 그 대신 예수님의 이름으로 우리는 어떤 마법이나 슈퍼히어로의 초인적 능력보다 더 놀라운 능력을 발휘할 수 있다. 다만 우리가 그분과 올바른 관계로 연결되어 있어야 이 능력을 사용할 수 있다.

사도행전 19장에서 이에 대한 완벽한 예를 볼 수 있다. 바울은 여러 도시를 다니며 예수님의 이름으로 귀신을 쫓아냈기 때문에 이것을 일종의 영리 행위로 오해하는 사람들이 생기게 되었다. 그들은 예수님의 이름을 그 비결이라고 생각하여 자신들도 그분의 이름을 이용해 귀신을 쫓아내려고 했다. 그러나 귀신은 바울도 알고 예수님도 알지만 그들은 모른다고 했다. 그러고서 그 귀신 들린 사람은 그들에게 덤벼들어, 그들을 제압하고 옷을 벗기고 때려서 상처를 입혔다(11-16절).

이 사람들은 귀신들을 쫓아내기를 원했다. 그래서 눈으로 직접 효과를 내는 방식을 목격하고 그대로 활용했다. 그러나 귀신들을 쫓아내려 했을 때 오히려 귀신들이 그들을 공격하고 그들을 쫓아냈다.

다시 말해, 예수라는 이름을 알고 그 이름을 사용한다고 해서 그 이름에 담긴 권세를 발휘할 합법적 권한이 있다는 뜻은 아니다. 이 사실은 우리에게도 적용된다. 요한일서 5장 14-15절에서 이렇게 말한 이유가 그 때문이다. "그를 향하여 우리가 가진 바 담대함이 이것이니 그의 뜻대로 무엇을 구하면 들으심이라 우리가 무엇이든지 구하는 바를 들으시는 줄을 안즉 우리가 그에게 구한 그것을 얻은 줄을 또한 아느니라." 이 구절에서 주의해서 봐야 할 문구는 "그의 뜻대로"다. 우리가 그분의 뜻을 행하는 일에 동일하게 관심을 기울이지 않는다면, 하나님은 우리가 예수님의 이름을 불러도 응답해주시지 않을 것이다. 그분은 만물을 다스리며 통치하시는 분이므로, 그분의 뜻에서 벗어나는 행동은 모두 불순종에 해당한다. 그분 뜻의 가장 기본적인 원리 중 하나는 먼저 죄를 다루어야 한다는 것이다. 순종으로 새로운 관계 회복이 이루어지도록 예수님의 대속을 통한 용서를 받아야 한다는 것이다. 예수님의 인증 없이 그분의 이름을 사용하면, 그분이 우리에게 반응하실 의무가 전혀 없다.

그러므로 형제여, "예수님의 이름으로" 기도를 끝내고자 한다면, 회개하고 하나님의 용서를 받고자 먼저 그분 앞에서 죄 문제를 해결하라. 죄 용서를 받으면 하나님은 거리낌 없이 우리가 기도로 구한 문제를 해결하시고, 우리를 구원해주실 수 있다. 그분의 뜻을 무시하고 간과한다면, 우리 기도는 단순히 시간 낭비만 되고 말 것이다.

요한복음 15장 7절은 "너희가 내 안에 거하고 내 말이 너희 안에 거하면 무엇이든지 원하는 대로 구하라 그리하면 이루리라"고 한다. 요한복음 14장 13-15절에서도 이 사실이 강조된다. "너희가 내 이름으로 무엇을 구하든지 내가 행하리니 이는 아버지로 하여금 아들로 말미암아 영광을 받으시게 하려 함이라 내 이름으로 무엇이든지 내게 구하면 내가 행하리라 너희가 나를 사랑하면 나의 계명을 지키리라."

예수님을 사랑하면 그분의 계명을 지킨다. 예수님 안에 거한다는 것은 그분 말씀의 진리를 누린다는 의미다. 어떤 결정을 내리든지 그분의 시각으로 결정하고 그 시각의 지배를 받는다는 뜻이다. 이 두 가지 일이 이루어지면, 그분께 구원을 받을 수 있다. 또 우리는 무엇을 구하든지 받을 수 있다. 이 두 가지를 이행할 때 우리는 그분의 뜻 안에 있게 되고, 우리가 무엇을 구하든지 그분도 그것을 원하시게 된다.

9장. 예수

예수님의 이름에는 우리를 영원토록 자유롭게 할 능력이 있다. 또한 그 이름에는 지금 우리가 겪는 모든 상황에서 승리할 수 있게 하는 권세가 있다.

예수라는 이름은 그분이 태어나신 문화적 상황에서 흔한 이름이었을지도 모른다. 그러나 이후 그분이 행하신 일과 그 속성 때문에 이 이름의 의미는 영원히 달라졌다. 앞으로도 이 이름은 특별할 것이다. 실제로 장차 모든 사람이 이 이름 앞에 무릎 꿇고, 모든 입술이 이 이름을 고백할 것이다. 하늘이나 땅에서 큰 능력이나 영향력이 있는 사람도 마찬가지다(빌 2:9-11).

나는 당신 인생에 든든한 배경이 되어줄 '권력자'가 누구인지 모른다. 망설임 없이 유력한 사람들의 이름을 들먹일 때 구체적으로 어떤 이름이 나올지 모르겠다. 당신이 유명 인사의 이름을 거론할 수도 있다. 유명한 의사나 운동선수의 이름을 말할 수도 있다. 그러나 당신이 거론하는 그 사람이 아무리 영향력이 크고 당신과 친분이 있어서 많은 기회가 열린다고 해도, 예수님처럼 강하고 큰 힘이 담긴 이름을 가진 사람은 없다. 우리가 예수님 안에 거하고, 그분의 말씀이 우리 안에 거하게 하며, 최선을 다해 그분께 순종하고 그분의 용서를 구할 때 예수라는 이름은 누구도 열어줄 수 없었던 문을 열어줄 것이다. 또한 그 이름은 사탄이 당신을 해치려고 하는 문이나, 당신이 주님의 소명과 뜻대로 사는 것을 방해하는 문을 꽉 닫아줄 것이다.

당신이 이 이름을 올바로 이해하고, 예수님 앞에 온전히 당신의 삶을 내어드릴 때 하늘이 땅으로 내려와 죄를 해결하고 환경을 바꾸어주시는 기적을 볼 것이다. 기억하라. 하나님은 예수님을 보내셔서 죄를 해결해주셨다. 우리가 편안하게 죄를 짓게 하려고 그렇게 하신 것이 아니다.

10장
그리스도

그리스도가 이런 고난을 받고 자기의 영광에 들어가야 할 것이 아니냐 하시고 이에 모세와 모든 선지자의 글로 시작하여 모든 성경에 쓴바 자기에 관한 것을 자세히 설명하시니라.

―누가복음 24:26-27

또한 모든 것을 해로 여김은 내 주 그리스도 예수를 아는 지식이 가장 고상하기 때문이라 내가 그를 위하여 모든 것을 잃어버리고 배설물로 여김은 그리스도를 얻고.

―빌립보서 3:8

나의 정식 이름은 앤서니 타이론 에반스(Anthony Tyrone Evans)다. 이 이름은 내가 태어났을 때 부모님이 지어주신 이름이다. 하지만 대부분 사람은 내 이름을 토니 에반스로 알고 있다. 이 이름은 내 정체성을 알려주는 것으로, 이 이름을 들을 때마다 뒤돌아보고 반응하게 된다. 집에서 가족과 함께 있을 때 나는 손자에게는 할아버지, 자녀에게는 아빠, 아내에게는 토니 혹은 박사 양반으로 불린다. 가족과 함께 모였을 때 누군가가 '앤서니'라고 부른다면, 나는 하던 일을 멈추지 않고 뒤도 돌아보지 않는다. 이 이름은 내 아들의 이름이기도 하기 때문이다.

전국 단위의 사역팀과 함께 일할 때나 길거리 설교를 할 때, 사람들은 내게 신학 박사 학위가 있다는 이유로 내 이름에 박사라는 호칭을 추가한다. 그래서 집회가 열렸을 때나 강사로 초빙돼 강연할 때 '에반스 박사'라는 호칭으로 자주 불린다.

담임목사로 섬기는 교회 안에서 나를 앤서니, 토니, 토니 에반스, 심지어 에반스 박사라고 부르는 교인은 거의 없다. 교회서는 한결같이 목사님으로 불린다. 누군가가 교회에서 '목사님'이라고 부르면 그 사람이 나를 지칭할 가능성이 매우 커서 나는 뒤돌아서서 그 사람을 보게 된다. 우리 교회에서 교인이나 직원이 다른 사역자를 지칭할 때는 일반적으로 이름에 목사님을 붙여, 깁슨 목사라고 부르거나 G 목사처럼 애칭에 목사라는 직분을 합쳐 부른다. 그래서 이렇게 '목사님'이라고만 하면 누구를 부르는 것인지 누구나 쉽게 알아챈다.

내가 출연한 방송을 본 시청자들은 이메일이나 편지를 보낼 때 토니 에반스 박사, 토니 에반스 목사님처럼 이름에 직분을 조합한 호칭을 사용한다. 기본적으로, 그들은 내 개인적 이름과 직책을 함께 놓아, 표현의 한 형식으로 내 역할을 추가한다.

이처럼 어떤 사람을 지칭하는 방법은 다양하다. 토니, 박사 혹은 목사처럼 구분해서 사용할 수 있다. 혹은 관계와 상황에 따라 토니 에반스 박사처럼 이름들을 조합할 수도 있다. 이름이 여러 가지로 조합되어 사용되든지, 아니면 용도에 따라 분리돼서 사용되든지, 많은 이름 중 어떤 것이 사용되든지 여전히 사람들은 나를 부르는 것이다.

예수님의 이름에 이런 사실을 적용해보자. 성경을 보면 예수님은 여러 다양한 이름으로 불린다. 만왕의 왕과 만유의 주라는 이름을 하나로 조합할 경우 그분은 주 예수 그리스도로 불린다. 때로 예수라는 이름으로만 표기되기도 하고, 때로 단순히 주나 그리스도로 소개되기도 한다. 그분을 언급한 모든 저자가 같은 사람에 관해 말하고 있지만, 그분의 이름들에는 각기 고유한 뉘앙스가 있다.

현재 상황과 비교하여, 예수님의 다양한 이름이 의도 없이 사용되지 않았음을 깨닫기를 바란다. 예수님의 이름에는 모두 의도가 있고 의미가 있다. 예를 들어, 토니 에반스는 나의 개인적 정체성을 나타내는 이름이다. 박사는 호칭이고, 목사는 내가 맡은 역할이나 책무와 관련 있다. 할아버지는 손자들과 나와의 관계를 나타낸다. 마찬가지로 예수는 우리 주님의 개인적 정체성을 나타낸다. 예수라는 이름은 바로 앞의 장에서 보았듯이, '구주'와 '구원자'라는 뜻이다. 예수라는 이 사적인 이름은 우리를 (무엇보다 죄에서) 구원하고 건져낼 그분의 의지와 능력을 강조하는데, 특히 그분은 귀신 들린 사람, 절름발이, 눈먼 사람, 굶주리는 사람과 같은 힘든 상황에 빠진 사람들을 건져내시며 3년간의 공생애 기간을 보내셨다. 예수님은 그 이름에 걸맞게 사람들을 구하는 일을 수행하셨다.

　　예수라는 이름 외에 우리는 또한 그리스도라는 이름을 알고 있다. 그리스도는 예수님의 성(姓)이 아니다. 그것은 예수님의 역할이나 직위를 나타낸다. 그리스도라는 단어는 히브리어 메시아를 헬라어로 번역한 것이다. 요한복음 1장 41절에서 "그가 먼저 자기의 형제 시몬을 찾아 말하되 우리가 메시야를 만났다 하고 메시야는 번역하면 그리스도라"고 기록한 이유가 그 때문이다. 그러므로 우리는 그리스도라는 단어를 볼 때(신약에서 500회 이상 사용된 이름) 구약에서 메시아라고 표현한 단어를 읽는 것이다.

　　그렇다면 그리스도를 이해하기 위해 먼저 메시아를 이해해야 한다. 메시아라는 단어는 문자적으로 '기름부음 받은 자'라는 의미가 있다. 선택을 받은 자, 특정한 목적으로 부르심을 받고 하나님께 그 목적을 수행할 능력을 직접 부여받은 자를 가리킨다. 그리스도라는 이름은 기름부음을 받은 특별한 목적을 위해 하나님이 선택하시고 힘을 주신 역할을 가리키는 이름이다.

요한복음 1장 41절에서 안드레가 메시아를 만났다는 말은 그가 그동안 기다리고 고대해왔던 사람을 만났다는 뜻이다. 안드레가 '만났다'(found)는 단어를 사용한 데서 이 사실을 알 수 있다. 누군가가 무언가를 찾았다고 말한다면, 그 말속에는 무언가를 기다리고 고대했다는 의미가 함축되어 있다. 사실 기름부음 받은 자를 찾고 있었던 이는 안드레만이 아니었다. 모든 이스라엘이 그분을 대망하고 있었다. 구약 전체가 메시아의 역할을 성취하러 올 자를 고대하는 가운데 쓰였다. 이것을 메시아적 소망이라고 한다. 이런 메시아에 대한 대망을 이해하지 못하면 구약을 온전히 이해할 수 없다. 세대를 이어 이스라엘은 자신들을 위해 오셨을 뿐 아니라 또한 지상에 하나님나라를 세우심으로 온 세상을 구원하러 올 약속의 사람을 기다리고 고대했다. 그들이 찾던 사람은 메시아로, 헬라어(신약 성경의 언어)로 표현하면 그리스도였다.

누가복음 24장 25-27절은 엠마오를 향해 한참 걸어가고 있던 이들이 경험한 가장 중요한 사건을 보여준다. 예수님은 죽으시고 부활하신 뒤 실의의 빠진 제자 두 사람과 동행하셨다(비록 그들은 한눈에 그분을 알아보지 못했지만). 이 단락을 보면 예수님이 자신이 누구인지 설명하려고 구약을 다시 해석하시는 장면이 나온다. 제자들은 예수님이 이스라엘을 로마의 압제에서 건져주기를 기대했지만(21절), 그분이 죽으셨기 때문에 낙심해 있었다. 예수님이 부활하시리라고는 예상조차 못 했을 것이다. 그래서 예수님은 그들과 함께 걸으시면서, 구약 성경으로 돌아가 자신이 누구인지 설명해주셨다. 그때 그분은 그리스도를 언급하셨다.

> "이르시되 미련하고 선지자들이 말한 모든 것을 마음에 더디 믿는 자들이여 그리스도가 이런 고난을 받고 자기의 영광에 들어가야 할 것이 아니냐 하시고 이에 모세와 모든 선지자의 글로 시작하여 모든 성경에 쓴바 자기에 관한 것을 자세히 설명하시니라"(눅 24:25-27).

예수님의 이름을 거론하지는 않았지만, 구약 전체에서 메시아(혹은 그리스도)로 오실 예수님을 고대한다. 예를 들어, 창세기 3장 15절에서는 여자가 한 '씨'를 낳을 것이고, 그 씨를 통해 메시아가 올 것이라고 말한다. 우리는 아기와 관련한 씨를 말하면 항상 남자의 정자를 떠올린다. 그러나 이 본문의 경우에는 여자의 씨를 말한다. 처녀에게서 아기가 태어날 것이므로, 남자는 이 탄생에 아무런 상관이 없을 것이기 때문이다. 메시아는 여자의 씨를 통해 올 것이고 하나님의 성령과 직접 연결될 것이다.

창세기 3장 15절은 기름부음 받은 자의 역할을 성취하러 올 자를 소개한다. 구약을 계속 읽다 보면, 하나님이 장차 오실 메시아를 예고하시며 전체 제사 제도를 구축해가시는 과정을 볼 수 있다. 메시아의 오심을 고대하며 전체 절기를 정비해가신다. 심지어 메시아의 통치로 성취될 특정한 약속을 이스라엘에게 해주셨고, 또한 이스라엘을 통해 온 세상에 약속하셨다.

우리는 성경에서 메시아가 오실 것을 고대하는 수많은 기도를 본다. 또 메시아가 오심으로 그분의 공의가 어떻게 실현될지 강조하는 설교도 읽는다. 이처럼 구약 성경의 핵심 메시지는 이 땅에 오셔서 메시아적 소망을 실현할 자에 대한 기대로 요약할 수 있다.

그러므로 메시아와 그 역할을 이스라엘 백성이 어떻게 생각했는지를 고려할 때, 안드레가 "메시야를 만났다"(요 1:41)라고 한 것은 구약에서 시종일관 예언하고 말씀했던 분을 만났다는 뜻이다. 예수님은 하나님의 기름부음 받은 자 그리스도로, 하나님이 세상을 위해 주신 약속을 성취하시는 분이다.

그리스도의 족보

이전 장에서 예수님의 족보를 간략히 살펴보았지만, 그리스도라는 특별한 이름과의 연관성 때문에 다시 한번 이것을 살펴볼 필요가 있다. 성경은 그리스도, 기름부음 받은 자가 다윗의 혈통을 통해 오실 것이라고 말한다.

성경에 기록된 족보, 곧 이름이 죽 적힌 명단을 보는 일은 누구라도 쉽지 않을 것이다. 나도 마찬가지다. 누가 누구를 낳고 또 누가 누구를 낳았다는 구절을 보면 상당히 지루하게 느껴진다. 그러나 지금 살펴볼 성경의 이 부분은 지루하다고 느껴져도 반드시 읽어야 할 중요한 단락이다. 이 구절이 중요하다고 말하는 이유는 이것이 예언과 관련 있기 때문이다.

주후 70년 유대인들이 그리스도를 거부한 후 로마 장군 티투스는 예루살렘 성뿐 아니라 유대 성전을 완전히 파괴했다. 이 대대적인 약탈과 파괴 행위로 유대인의 족보 기록이 유실되었다. 이 기록의 중요성을 현대적 맥락에서 이해하자면, 역사적 정보를 찾기 위해 기록물 보관소를 방문하거나 소프트웨어 프로그램을 열람하는 것과 유사하다. 오만한 권력자가 저지른 한 번의 악행으로 모든 유대 기록이 파괴되었다. 단 하나를 제외하고 모든 기록이 사라졌다.

예수님의 족보에 대한 기록은 마태와 누가의 저작물로 보존될 수 있었다. 이 역사적 기록물이 보존되어, 하나님이 마리아와 요셉을 부부로 맺어주심으로 다윗의 두 후손을 연결해주셨음을 알게 된다.

마태복음 1장을 보면 예수님이 다윗의 합법적 계보를 통해 탄생하셨음을 알 수 있다. 누가복음 3장 역시 그분이 다윗의 생물학적 계보에 속하며, 다윗의 후손으로 오셨음을 보여준다. 이렇게 메시아가 다윗의 혈통으로 나실 것이라는 구약의 예언이 성취되었다. 또 하나님이 그분 왕국의 뜻을 이루고자 두 사람을 맺어주셨음을 확인할 수 있다.

안드레가 기름부음 받은 자를 만났다(요 1:41)고 말한 것은 다윗의 계보에서 나신 기름부음 받은 자를 만났다는 뜻이다. 성경에서 기름부음을 받았다는 것은 어떤 직위에 선출되어 그 직위를 수행할 전권을 부여받는다는 의미다. 오늘날의 문화로 따진다면 후보들이 공직에 출마하여 선거로 당선되는 것과 흡사하다. 누군가가 공직에 선출되면 구약 문화에서는 '기름부음을 받았다'고 이해했을 것이다.

성경 시대에는 '선출될' 수 있는 직책이 세 가지가 있었다. 구약에서 기름부음 받은 부류의 하나는 선지자였다. 선지자는 하나님이 그분의 말씀을 대언하도록 선택하신 사람이었다. 선지자가 "나 여호와가 말하노라"는 말로(혹은 유사한 내용으로) 전할 말을 시작해야 했던 이유가 바로 이 때문이었다. 선지자는 하나님의 말씀을 대언했을 뿐만 아니라 미래를 예언했다. 그들이 하는 말은 종종 본질적으로 예언의 성격을 띠고 있었다. 하나님이 하신 말씀을 전달했고, 그 말씀은 아직 일어나지 않은 사건들에 대한 선포가 포함되는 경우가 적지 않았기 때문이다.

구약에서 기름부음 받은 두 번째 부류는 제사장이었다. 이 직책에 대해서는 5장에서 이미 상세하게 살펴보았다. 하지만 이 직책이 중요한 만큼 여기서 잠시 복기할 필요가 있다.

유대 문화에서는 제사장직을 전문적으로 수행하는 가문이 있었다. 이 계보의 제사장들은 하나님과 인간의 중재자로 섬긴다는 명확한 목적을 위해 기름부음을 받았다. 인간은 죄를 지은 죄인이기 때문에 하나님의 존전에 직접 나아갈 수 없었다. 이 단절을 이어주기 위해 하나님은 제사장으로 불리는 중재자를 세우셨다. 이 사람은 죄를 용서받기 위한 제사를 드려, 하나님과 사람 사이를 중재할 것이다.

하나님은 이런 희생 제사를 받으시고, 이 백성과 교제하시고, 그들에게 축복을 내려주셨다. 그러나 제사장은 자기 역할을 수행할 구체적인 계획을 이행해야 했다. 제사장이 이 과정에서 하나님의 명령에 위배되는 행동을 하면(예를 들어, 함부로 언약궤를 만지거나, 하나님의 존전에 들어가기 위한 명령을 하나라도 어길 경우) 죽임을 당했다. 죄와 성결에 관한 한 하나님은 조금의 예외도 허용하지 않으셨다. 정해진 규례대로 중재할 중보자를 세우신 이유가 바로 그 때문이었다.

제사장 중에서 특별히 대제사장으로 섬기는 사람이 있었다. 이 대제사장은 일 년에 한 번 지성소라는 곳으로 들어가 온 이스라엘 민족을 위해 제사드려야 했다. 엄격한 절차를 따라 이 일을 집행하고, 대제사장 외에 누구도 그 성전 구역에 들어갈 수 없었으며, 들어가는 자는 죽임당했다. 예상하다시피 제사장직은 누구도 대체할 수 없는, 기름부음을 받은 자들이 감당하는 역할이었다.

기름부음 받은 세 번째 부류는 왕이었다. 하나님은 국가를 통치하고 백성을 돌보도록 기름을 부어 왕을 세우셨다. 왕을 세울 때는 공식적으로 기름부음 받는 의식을 치렀고, 이것을 통해 그는 하나님의 택함을 받고 나라를 다스릴 통치자로 등극할 수 있었다. 왕은 하나님의 축복과 기름부음을 받았는데, 그 역할을 제대로 수행하지 못하는 죄를 저지르면, 그 대가를 치러야 했다.

이러한 세 가지 범주의 기름부음을 받은 직위, 즉 선지자, 제사장, 왕은 훗날 메시아를 통해 한 역할로 모두 성취될 것이다. 이 독특한 메시아적 역할로 이 세 직책은 하나로 통합될 것이다. 마태복음 3장 16절에 기록된 대로, 그리스도가 세례를 받으시자 하늘 문이 열리고 성령의 기름부음이 임한 이유가 이 때문이었다. 이 기름부음으로 예수님은 선지자, 제사장, 왕의 삼중직의 직무를 시작하시게 되었다.

그리스도의 이름에 대한 이런 배경을 알면 성경을 읽고 배울 때 도움이 된다. 이유는 무엇인가? 그리스도라는 이름을 듣거나 읽을 때마다 메시아라는 이름을 떠올리게 되기 때문이다. 또 메시아라는 이름을 듣거나 읽을 때마다 그리스도라는 이름을 생각하게 되기 때문이다. 이 두 이름에 관해 기름부음 받은 자라는 용어를 상기하고, 세 개의 선출직 혹은 역할(선지자, 제사장, 왕)과의 연관성을 떠올리게 될 것이다.

그리스도는 이렇게 기름부음 받는 세 직분을 한 인격으로 모두 감당하신 분이다. 따라서 우리는 그리스도를 단순히 예수라는 이름에 붙은 성으로 생각하는 데서 나아가, 그분의 삼중직을 가리키는 호칭으로 생각해야 한다. 그분의 역할을 이해하기 위해서는 이 직분이 각기 어떤 역할을 하는지 더 상세하게 살펴볼 필요가 있다.

선지자이신 그리스도

예수님은 선지자의 역할을 감당하심으로 미래를 예언하고 하나님을 대언하셨다. 이 일이 중요한 이유는 무엇인가? 무엇보다 예수님이 말씀을 전하신 방식 때문이다. 예수님 이전의 선지자들은 "여호와께서 말씀하시기를"이라는 구절로 메시지를 시작했다. 그러나 예수님이 하나님 말씀을 전하실 때는 단순히 "내가 너희에게 이르노니"라는 말로 시작하셨다.

이전 선지자는 모두 하나님이 이스라엘 백성에게 전하도록 지시하신 말씀을 전달했을 뿐이다. 그러나 예수님이 말씀하실 때는 하나님의 권위로 말씀하셨다. 무엇보다 본인이 하나님이셨으므로, 이렇게 하시는 것이 너무 당연했다. 요한복음 1장 1절을 보면 "태초에 말씀이 계시니라 이 말씀이 하나님과 함께 계셨으니 이 말씀은 곧 하나님이시니라"고 기록되어 있다. 이 구절은 예수님의 말씀에 권위가 있었던 이유가 실제로 그 말씀을 하시는 이가 하나님이셨기 때문임을 알려준다.

히브리서 1장 1-2절 역시 유사한 내용을 전한다. "옛적에 선지자들을 통하여 여러 부분과 여러 모양으로 우리 조상들에게 말씀하신 하나님이 이 모든 날 마지막에는 아들을 통하여 우리에게 말씀하셨으니 이 아들을 만유의 상속자로 세우시고 또 그로 말미암아 모든 세계를 지으셨느니라." 그러므로 예수 그리스도는 선지자적 역할을 통해 모든 사안에 대한 최종적 결정권을 행사하신다. 모든 일에 대한 최종 권한은 예수님께 있다. 우리가 어떤 의견을 제시하든지 예수님이 최종으로 결정을 내리시는 것이다.

오늘날 우리 삶에 많은 문제가 생기는 이유가 무엇인지 아는가? 최종 권한을 갖도록 선택되고 기름부음을 받으신 그리스도께 모든 사안의 최종 결정권자 역할을 내어드리지 못하기 때문이다. 우리는 우리 생각과 일치할 때만 그분의 말씀을 받아들인다. 그분이 말씀하시는 것이 우리 생각과 다르면, 대부분 자기 생각에 의존한다. 그러나 어떤 문제에 관해 예수님이 무엇이라고 말씀하시든, 그것은 진리다. 그분은 결혼 생활의 의미에 관해 최종 발언권을 행사하신다. 그분께 인생의 출발 시기에 관한 결정권이 있으며, 정부가 지향해야 할 방향과 정부의 의미에 관한 결정권도 있다. 그뿐만 아니라 그분은 정의와 의로움과 성(性)의 의미를 규정하신다. 문제가 무엇이든지 예수님의 말씀이 진리다. 그리스도는 하나님 자신의 예언적 선언이다.

이는 우리가 그리스도의 말씀을 다른 말과 섞으면, 사실상 그 진리의 말씀을 무효하게 하는 악을 저지른다는 뜻이기도 하다. 4장에서 말한 죄에 관한 예화를 다시 사용하자면, 그것은 죽 냄비에 비소 한 숟가락을 타는 것이나 마찬가지다. 비소를 얼마큼 탔든지, 그것이 조금이라도 들어갔다면 전부 못쓰게 된다. 비진리는 진리 전체를 비진리가 되게 할 정도로 진리를 망가뜨린다. 그리스도는 모든 진리의 시작이자 마지막이시다. 심지어 그분은 시초부터 종말까지 모두 아신다. 그분은 지혜로 만유를 다스리시며, 우리의 완전한 지식의 보고가 되시고, 우리에게 절대적인 영향을 미치신다. 우리가 한 가지 단순한 질문, '예수님이라면 어떻게 말씀하셨을까?'로 모든 문제를 대하는 법을 배운다면, 우리 삶을 많은 좌절에서 건질 수 있을 것이다.

예수님이 하신 말씀을 토론이 필요한 쟁점 사안으로 보고 그것을 받아들일지 말지를 결정해서는 안 된다. 그분은 하나님을 대언하는 우리의 선지자로 기름부음을 받으셨으므로, 그분의 말씀을 하나님의 음성으로 인정해야 한다.

제사장이신 그리스도

예수님은 선지자로서 기름부음을 받으셨을 뿐 아니라 제사장으로서도 기름부음을 받으셨다. 그래서 그분은 중보자의 역할을 감당하시며 우리가 하나님께 나아가게 해주신다. 5장에서 우리는 그분이 위대한 대제사장으로서 맡으신 역할에 관해 배웠다. 그러나 여기서 그 배경을 다시 살펴보도록 하자. 성경 많은 곳에서 예수님의 제사장 역할을 소개하고 있다.

- 요한복음 14:6 "예수께서 이르시되 내가 곧 길이요 진리요 생명이니 나로 말미암지 않고는 아버지께로 올 자가 없느니라."
- 디모데전서 2:5 "하나님은 한 분이시요 또 하나님과 사람 사이에 중보자도 한 분이시니 곧 사람이신 그리스도 예수라."
- 히브리서 2:17-18 "그러므로 그가 범사에 형제들과 같이 되

심이 마땅하도다 이는 하나님의 일에 자비하고 신실한 대제사장이 되어 백성의 죄를 속량하려 하심이라 그가 시험을 받아 고난을 당하셨은즉 시험 받는 자들을 능히 도우실 수 있느니라."

- 히브리서 4:14-16 "그러므로 우리에게 큰 대제사장이 계시니 승천하신 이 곧 하나님의 아들 예수시라 우리가 믿는 도리를 굳게 잡을지어다 우리에게 있는 대제사장은 우리의 연약함을 동정하지 못하실 이가 아니요 모든 일에 우리와 똑같이 시험을 받으신 이로되 죄는 없으시니라 그러므로 우리는 긍휼하심을 받고 때를 따라 돕는 은혜를 얻기 위하여 은혜의 보좌 앞에 담대히 나아갈 것이니라."

- 히브리서 5:10 "하나님께 멜기세덱의 반차를 따른 대제사장이라 칭하심을 받으셨느니라."

많은 사람이 하나님이라는 이름은 사용하고 예수나 그리스도라는 이름을 배제하려 한다. 그러나 문제는 예수님이 하나님께 나아가게 하는 제사장의 역할을 감당하신다는 데 있다. 예수님을 무시한다면 스스로 하나님께 나아갈 길을 망가뜨리는 셈이다. 그분은 거룩하신 하나님께 죄 많은 인간이 나아갈 수 있는 통로가 되신다. 우리 죄를 대신 지고 희생하신 그 제물만이 하나님과 인간이 화해하게 할 수 있다.

그리스도는 또한 우리 마음을 이해하실 수 있는 대제사장이시다. 그분은 우리의 연약함을 체휼하실 수 있다. 성부 하나님은 모든 것을 아시지만, 모든 것을 체휼하시지는 않는다. 다시 말해, 그분은 경험한 적이 없는 일도 아실 뿐이다.

그러나 성부 하나님은 모든 것을 경험하기를 원하셨기 때문에 자기 아들을 사람의 몸으로 세상에 보내셨다. 그래서 예수님은 외로움이 무엇인지 아신다. 고통이 어떤 것인지도 알고 계신다. 거절당할 때 어떤 감정이 드는지도 아신다. 심지어 죽음까지 경험하셨다. 사랑하는 사람의 죽음뿐 아니라 자신도 죽음을 경험하셨다. 사실 기름부음을 받은 제사장이신 그분이 경험해 보지 않은 인생의 범주는 하나도 존재하지 않는다. 그분이 우리에게 자비를 베푸시고, 우리를 긍휼히 여기실 수 있는 이유가 여기에 있다.

성부 하나님은 우리의 고통을 이해하시지만, 성자 하나님은 직접 고통을 겪으셨으므로 우리의 고통에 공감하실 수 있다. 이는 남성 의사가 아기의 출산을 돕는 것과 출산 경험이 있는 산파가 출산을 돕는 것에 비교할 수 있다. 전자는 이해하지만, 후자는 이해하고 공감한다. 산파는 도움이 필요할 때 도와주고 인도해줄 뿐 아니라 위로도 해준다. 예수님은 우리 각 사람을 위해 바로 이런 일을 해주신다. 우리에게 그분이 절실히 필요할 때 그분은 측은히 여기며 도움을 주신다(히 4:15-16).

왕이신 그리스도

그리스도가 기름부음을 받은 세 번째 직분은 왕의 직분이다. 예를 들어, 다윗은 이스라엘의 왕으로 기름부음을 받았다. 그는 정부 그 자체였다. 모든 통치의 머리였다(삼하 2:4; 5:3 참고). 그러나 그리스도로 오신 예수님은 만물을 다스리는 왕이자 통치자시다. 요한계시록 11장 15절에 이런 말씀이 나온다. "일곱째 천사가 나팔을 불매 하늘에 큰 음성들이 나서 이르되 세상 나라가 우리 주와 그의 그리스도의 나라가 되어 그가 세세토록 왕 노릇 하시리로다 하니."

에베소서 1장 9-10절에는 "그리스도 안에서 때가 찬 경륜을 위하여 예정하신 것이니 하늘에 있는 것이나 땅에 있는 것이 다 그리스도 안에서 통일되게 하려 하심이라"고 나온다. 또 요한복음 18장 36-37절에는 이런 말씀이 나온다.

> "예수께서 대답하시되 내 나라는 이 세상에 속한 것이 아니니라 만일 내 나라가 이 세상에 속한 것이었더라면 내 종들이 싸워 나로 유대인들에게 넘겨지지 않게 하였으리라 이제 내 나라는 여기에 속한 것이 아니니라 빌라도가 이르되 그러면 네가 왕이 아니냐 예수께서 대답하시되 네 말과 같이 내가 왕이니라 내가 이를 위하여 태어났으며 이를 위하여 세상에 왔나니 곧 진리에 대하여 증언하려 함이로라 무릇 진리에 속한 자는 내 음성을 듣느니라 하신대."

그리스도는 만물의 통치자로서 공식적으로 기름부음 받은 직분을 갖고 계신다.

하지만 불행하게도 많은 그리스도인이 미국 시민이 일반적으로 대통령직을 대하는 것과 유사하게 그리스도와 관계를 맺는다. 어떤 사람은 종종 "그 사람이 대통령일지 모르겠지만 내 대통령은 아니다"라고 말한다. 그들이 이런 식으로 말하는 이유는 자기가 투표한 후보가 아니고, 그 대통령의 정책이나 국정 방향에 동의하지 않기 때문이다. 본질적으로 그가 대통령직을 맡고는 있지만, 그들은 그 대통령이 자신들을 통치하는 것을 인정하지 않겠다고 공언하는 셈이다.

사람들이 그리스도에 대해 이렇게 대놓고 말하지 않더라도, 그들의 행동을 보면 어떤 생각을 하는지 짐작할 수 있다. 그들은 행동으로 '그분이 왕일지는 몰라도 나의 왕은 아니다. 그분이 보좌에 앉아 계시기는 하지만, 내게 무엇을 할지 구체적으로 지시하게 놔둘 수는 없다'라고 소리친다. 개인의 삶에 이런 생각이 자리하고 있다면, 그는 그리스도의 기름부음 받은 역할을 거부하며 살아가는 것이다. 그리스도는 기름부음 받으신 왕이지만, 우리가 의사 결정이나 사상, 직장, 재정, 관계와 같은 실제 삶의 현장에서 그분이 통치하도록 내어드리지 않는다면, 입으로는 그분의 직책을 인정해도 실제로 그리스도가 그 직분을 감당하시도록 허용하지 않는 것이다.

그리스도에 대한 내용을 2부에 배치하고 그분의 위격에 따른 권세를 살펴보는 이유가 바로 여기에 있다. 그리스도라는 이

10장. 그리스도

름에는 실제로 선지자, 제사장, 왕의 고유한 역할을 수행한다는 의미가 내포되어 있다. 그러나 우리 각 사람은 그분의 몸인 교회의 지체이므로(고전 12:27), 한 인격체로서 우리가 그분과 적절한 관계를 맺을 때만 예수님의 역할에 따른 혜택을 받을 수 있다. 성경에는 아주 익숙한 방식으로 그리스도에 관한 내용이 반복해서 등장한다.

- 로마서 15:7 "그러므로 그리스도께서 우리를 받아 하나님께 영광을 돌리심과 같이 너희도 서로 받으라."
- 갈라디아서 3:27 "누구든지 그리스도와 합하기 위하여 세례를 받은 자는 그리스도로 옷 입었느니라."
- 골로새서 1:26-27 "이 비밀은 만세와 만대로부터 감추어졌던 것인데 이제는 그의 성도들에게 나타났고 하나님이 그들로 하여금 이 비밀의 영광이 이방인 가운데 얼마나 풍성한지를 알게 하려 하심이라 이 비밀은 너희 안에 계신 그리스도시니 곧 영광의 소망이니라."
- 골로새서 3:3 "이는 너희가 죽었고 너희 생명이 그리스도와 함께 하나님 안에 감추어졌음이라."

성경에서 가장 익숙하면서도 감동적인 구절을 보면, 그리스도를 알고자 하는 바울의 깊고 간절한 갈망을 확인할 수 있다. 그가 그리스도를 알고자 했던 이유는 그리스도를 더 깊이 알면 그리스도를 얻을 수 있기 때문이다. 이 구절을 소개하면 다음과 같다.

> "그러나 무엇이든지 내게 유익하던 것을 내가 그리스도를 위하여 다 해로 여길뿐더러 또한 모든 것을 해로 여김은 내 주 그리스도 예수를 아는 지식이 가장 고상하기 때문이라 내가 그를 위하여 모든 것을 잃어버리고 배설물로 여김은 그리스도를 얻고"(빌 3:7-8).

우리의 소망은 그리스도 안에 뿌리내리고 있고, 우리는 그리스도 안에 감추어져 있으며, 그분의 용납하심을 받고, 그리스도로 옷 입고 있다. 그리스도를 인격적이고 관계적으로 안다면, 그분이 우리를 위해 해주신 모든 것을 누릴 수 있다.

반대로 그리스도를 거부하면 기름부음 받으신 그분의 세 직분에서 나오는 혜택과 축복을 스스로 거부하는 결과를 맞이하게 될 것이다. 그리스도가 이런 역할들을 통해 우리 삶을 온전히 통치하시도록 내어드릴 때 우리를 위해 예비된 모든 좋은 것을 누릴 수 있다. 그분의 인격 아래 자신을 내맡기고, 그분과 함께 거할 때 그 공급하심과 능력과 축복을 누린다.

기름부음 받음

내가 좋아하는 성경 구절은 그리스도의 선하심을 어떻게

누릴 수 있는지를 알려준다.

> "내가 그리스도와 함께 십자가에 못 박혔나니 그런즉 이제는 내가 사는 것이 아니요 오직 내 안에 그리스도께서 사시는 것이라 이제 내가 육체 가운데 사는 것은 나를 사랑하사 나를 위하여 자기 자신을 버리신 하나님의 아들을 믿는 믿음 안에서 사는 것이라"(갈 2:20).

이 구절을 암송하고 묵상하라. 모든 삶의 영역에서 승리할 수 있는 비결이 여기에 담겨 있다.

이 절을 자세히 살펴보면 우리가 이 기름부음 자체와 함께 십자가에 못 박혔음을 알 수 있다. 우리는 선지자, 제사장, 왕이라는 세 개의 기름부음 받은 직분으로 십자가에 못 박혔다. 여기에는 그 직분들이 상징하고 선사하는 것들도 포함된다. 마찬가지로, 그리스도가 우리 안에 사신다는 바울의 말 역시 그 기름부음 받음을 가리킨다. 선지자, 제사장, 왕이 우리 안에 살고 계신다.

그리스도를 우리 안에 모신다는 것은 또한 우리 안에 세 직분을 모두 갖게 된다는 말이다. 우리는 더 이상 우리 힘으로 살지 않는다. 이제 우리는 이 세 직분을 완벽하게 수행하는 인격에 따라 살고 있다.

이것을 커피를 예로 들어 설명해보겠다. 나는 아침에 커피를 마실 때 처음에는 블랙으로 시작한다. 하지만 곧 여기에 설탕과 크림을 추가한다. 이렇게 설탕과 크림을 추가해도 여전히 커피인 것은 변함없지만, 그래도 어느 정도 변화가 일어났다. 처음 잔에 부었을 때의 색과 맛은 더는 나지 않는다. 검은색은 더 옅어졌고, 쓴맛은 단맛이 되었다. 내가 마시는 것은 여전히 커피지만, 그것은 다른 물질들과 혼합된 것이다.

우리가 그리스도와 개인적, 관계적으로 연합을 이룰 때 원래 우리의 타락한 상태는 여전하지만, 이제 우리는 그리스도의 인격으로 변화되었다. 이제 우리를 변화시키는 임재하심이 우리와 함께하게 되었고, 우리는 그리스도와 연합하여 선지자, 제사장, 왕의 직분으로 얻을 수 있는 모든 것을 소유한다. 그러나 오직 그리스도가 우리 안에 사시며, 우리를 통해 그분의 임재가 드러나게 할 때만, 이 세 직분으로 우리에게 주시려는 모든 것을 실제로 누릴 수 있다.

우리는 우리를 통해 그리스도의 기름부음이 흘러내리도록 그분께 맡겨드려야 한다. 어떻게 이런 일이 일어나게 할 수 있는가? 하나님의 아들을 믿는 믿음을 통해서다. 그분의 진리를 받아들이고, 그분의 통치와 죄 사함과 기준과 말씀을 우리 삶의 모든 부분에 적용해야 한다. 우리 안에 위대한 대제사장의 중재하는 능력이 함께하기에 아무리 심각한 중죄라도 하나님의 존전에 나아가지 못하게 할 수 없음을 알고, 은혜의 보좌 앞에 담대히 나아가야 한다. 그분은 우리의 통치자시자 우리 인생의 환경과 역경을 다스리시는 분이다.

하나님의 아들을 믿는 믿음으로 살려면 육신으로 사는 삶

10장. 그리스도

을 버려야 한다. 더 이상 자기 자아나 생각이나 능력을 믿거나 과신하며 살아서는 안 된다. 하늘의 권능을 의지하고 우리 삶에 그 능력이 최대한 작동하게 하는 방법은 그리스도를 온전히 의지하고 그분께 철저히 순종하는 것이다. 그리스도와 함께 멍에를 같이 지라(마 11:29-30). 우리를 위해 일하셔야 하는 분도 바로 그분이다. 물론 우리에게는 재능이 있고 분별력도 있다. 또 노력할 의지도 있다. 그러나 이 모든 것을 다 동원하더라도, 그리스도의 온전한 통치와 능력과 개입이 없으면 지속적인 효과가 나타날 수 없다. 선지자로서 우리를 통해 말씀하셔야 하는 분은 바로 예수님이다. 아버지 하나님의 존전에 담대히 나아갈 때 자비를 베풀고 확신을 주실 분은 제사장이신 예수님이다. 왕으로서 우리를 통치하시는 분은 예수님이므로, 그분이 우리가 무엇을 해야 할지 가르쳐주셔야 한다. 우리가 얼마나 그리스도를 의지하고 그분과 연합을 이루는지에 따라 이생과 다음 생에서 그분이 주실 혜택과 보상을 누릴 정도가 결정된다.

무슨 일을 하든지 그리스도를 의지하고, 그리스도 안에서 안식하는 것이 우리가 동원할 인생 최대의 전략이다. 그분께 더 가까이 나아가고, 그분의 말씀을 더욱 우리 말씀으로 삼을수록 우리는 이 땅에 존재하는 삶의 목적이 실현되는 것을 더 생생히 경험할 것이다. 우리 인생에 그리스도의 기름부음이 흘러내려야 한다. 그 일은 예수님이 우리의 최종 결정권자가 되시고, 우리를 중재하는 제사장이 되시며, 통치자가 되시도록 내맡길 때 일어난다.

바울은 갈라디아서 2장 20절에서 구체적인 방법을 알려준다. "이제 내가 육체 가운데 사는 것은 나를 사랑하사 나를 위하여 자기 자신을 버리신 하나님의 아들을 믿는 믿음 안에서 사는 것이라." "믿음 안에서" 그 일을 할 수 있다. 우리가 하는 모든 일이 우리를 통해 그리스도가 하시는 일임을 깨달을 때 가능하다. 우리를 통해 일하시며, 또한 일하셔야 하는 이는 그리스도시다. 그분이 우리를 통해 말씀하셔야 한다. 우리 대신 일을 처리하셔야 한다. 또한 우리를 괴롭히는 상황을 이기도록 그분이 동행해주셔야 한다. 그리스도를 의지하고 그분의 인격이라는 우물에서 물을 길어 올려 사용할 때, 그분은 우리를 위해 이 일들을 해주실 수 있다.

올림픽 경기 종목 중에 높이뛰기가 있다. 높이뛰기 선수는 장대를 뛰어넘기 위해 다리 힘만으로 최대한 높이 점프한다. 뛰어난 높이뛰기 선수라면 2미터를 훌쩍 뛰어넘을 수도 있다. 보통 사람의 점프력을 생각하면 상당한 높이이다.

그러나 장대높이뛰기라는 또 다른 종목도 있다. 장대높이뛰기 선수는 손에 긴 장대를 가지고 달리다가 그것을 바닥에 고정한 뒤 지렛대 삼아서 더 높이 있는 장대는 넘는다. 이 선수들은 일반 높이뛰기 선수보다 두 배 이상 높이 뛸 수 있다. 5.8미터를 뛰어넘은 기록을 세운 선수도 있다.

높이뛰기 선수나 장대높이뛰기 선수나 같은 일을 하려고 시도한다. 가능한 한 더 높이 있는 장대를 뛰어넘으려는 것이다. 그런데 높이뛰기 선수는 자기 힘만으로 이 일을 시도한다. 반면

10장. 그리스도

장대높이뛰기 선수는 맨몸으로 할 때보다 훨씬 더 높이 점프하도록 도와줄 도구를 의지한다. 그리고 실제로 훨씬 더 높이 점프할 수 있다.

하나님을 의지하지 않고 그분과 멍에도 메지 않으며 혼자 힘으로 멀리 점프할 수 있을지도 모른다. 그러나 결국 한계에 부딪힐 것이다. 그리고 영원이라는 시간이 그 사실을 드러낼 것이다. 그러나 기름부음을 이용할 때, 즉 선지자, 제사장, 왕이라는 장대를 이용할 때, 꿈꾸었던 것보다 훨씬 놀라운 일을 할 수 있다. 도무지 좋아할 수 없었던 사람을 사랑할 수 있게 되고, 원래는 인색했을 상황에서 관용을 베풀 수 있게 된다. 성적 충동을 통제하고, 무엇을 말할지 조절할 수 있을 것이다. 평소라면 자제하지 못했을 감정을 관리할 수도 있을 것이다. 삶의 목적을 확인하고 소명을 좇을 수 있을 것이다.

우리 안에서 우리를 통해 역사하는 기름부음으로 추진력을 얻을 때, 인간의 힘으로 할 수 있으리라 생각했던 것 이상을 완전히 뛰어넘는 능력을 발휘하게 될 것이다. 어떻게 이 일이 가능한가? 예수님이 바로 그리스도시기 때문에 가능하다. 우리가 그분을 믿는 믿음을 가진다면, 그분은 우리가 꿈꾸었던 것보다 더 높이 뛰게 해주실 것이다.

Λ

예수님은 외로움이 무엇인지 아신다.
고통이 어떤 것인지도 알고 계신다.
거절당할 때 어떤 감정이 드는지도 아신다.
심지어 죽음까지 경험하셨다.
그분이 우리에게 자비를 베푸시고,
우리를 긍휼히 여기실 수 있는 이유가 여기에 있다.

11장

하나님의 아들, 사람의 아들

진실로 진실로 너희에게 이르노니 하늘이 열리고
하나님의 사자들이 인자 위에 오르락내리락하는 것을 보리라.
—요한복음 1:51

이는 진실로 하나님의 아들이었도다.
—마태복음 27:54

내가 사역자로 섬기는 교회에는 '사역의 아들들'이라고 부르는 이들이 있다. 이들은 물론 나의 생물학적 자녀는 아니다. 이들은 교회에서 파송을 받고 다른 곳에서 사역하도록 임명받은 사람들이다. 그리고 교회의 제자 훈련 프로그램을 통해 훈련받고 개인적 멘토링을 거친 뒤 사역자의 역할을 감당할 준비가 될 수준까지 성장했다고 인정받았다. 이 사역의 아들들이 나가서 주를 위해 섬기는 모습을 보면, 항상 감동한다. 이들 중 몇몇은 전국적인 영향을 미칠 정도로 놀랍게 성장한 사람도 있다.

바울 역시 자신이 훈련한 사람들이 스스로 사역할 정도로 성장한 모습을 보고 나처럼 뜨겁게 감동했을 것이다. 바울은 디모데를 믿음 안에서 참 아들이라고 불렀다(딤전 1:2, 18). 디모데는 바울의 친아들은 아니었다. 그의 사역의 아들이었다.

이제 예수님의 또 다른 이름을 함께 살펴보고자 한다. 특히 하나의 인격으로서 두 가지 별개의 역할을 수행하신 예수님의 모습을 살펴볼 것이다. 예수님은 하나님의 아들인 동시에 사람의 아들이셨다. 하나님과 인간의 본성을 모두 소유하셨을 뿐 아니라, 하나님과 우리를 대신해 특정한 역할을 감당하도록 기름부음을 받으셨다. 한 인격 안에 두 개 본성이 작동하시기에,

그분은 한 인격으로 두 역할을 감당하실 수 있었다.

예수님은 하나님의 마음과 목표와 성품과 속성과 열망을 우리에게 계시해주신다(요 14:7-11; 히 1:1-3). 그러나 그분은 또한 인간으로서 우리의 마음, 목표, 성품, 속성, 열망에 공감하실 수 있다. 이것이 가능한 이유는 그분 안에 신적인 본성과 인간적 본성이 구분된 채 존재하기 때문이다. 그분이 어느 순간 굶주리셨지만 바로 다음 순간 5천 명을 먹이실 수 있었던 이유가 여기에 있다. 그분은 한순간 갈증을 느끼셨지만, 다음 순간 물 위로 걸어가실 수 있었다. 한순간 그분은 숨을 거두셨지만, 또 어느 순간 죽은 자 가운데서 살아나실 수 있었다. 이것이 위대한 예수님의 신과 인간으로서 이중적 실존(dichotomy of Jesus' existence)이다. 그분은 하나님의 아들이시면서 사람의 아들이시다.

예수님께 신성이 있으시다는 것은 그분이 신적 속성들을 소유하신다는 말이다. 그러므로 하나님에 대한 모든 것이 예수님께도 적용된다. 하나님은 전능하시고, 무소부재하시며, 전지하시고, 은혜와 자비가 충만하시며, 공의를 베푸시고, 불의에 진노하시는 분이다. 이렇게 하나님의 본성을 규정하는 모든 특징이 예수님께도 나타난다.

그러나 예수님은 하나님의 아들이실 뿐 아니라 사람의 아들이시다. 예수님은 지상에서 사람의 아들로서 피곤함을 느끼셨고 배고픔을 경험하셨다. 즐겨 드시는 음식이 있었고 수면이 필요하셨다. 감정이 격동하면 눈물을 흘리며 우셨다. 심지어 마귀에게 시험을 받으셨다. 인간으로서 우리에게 나타나는 모든 것을 예수님도 인간으로서 다 겪으셨지만 죄는 없으셨다.

그런데 예수님은 어떻게 완전한 하나님으로서 신성의 모든 속성을 갖추시고, 동시에 온전한 사람으로 인간의 모든 특성을 갖추실 수 있는가? 이 의문에 대한 답은 동정녀 탄생에서 확인할 수 있다. 이 책 1장에서 동정녀 탄생에 대해 살펴보았으므로, 여기서 다시 세세하게 살펴보지는 않을 것이다. 그러나 동정녀 탄생과 관련해 더 자세히 살펴봐야 할 측면이 있다.

기억을 복기하는 차원에서 요약하자면 이렇다. 마리아의 인간성이 하나님의 신성과 결합하여 가장 특별한 사람이 창조되어 인간 역사에 등장하신 것이다. 마리아는 인간이었고, 그녀의 DNA에 인간의 죄성이 내재해 있었지만, 성령님은 그녀의 태를 이용하여 한 생명을 창조하시되 예수님의 인간 본성이 죄성을 물려받지는 못하도록 막으셨다(눅 1:35). 이에 따라 예수님은 완벽한 이중성을 지니실 수 있었고, 이런 이중성은 아담의 타락 이후 하나님이 세우신 특별한 예언자적 대속 계획을 실행하는 데 꼭 필요했다.

이 계획은 임신 자체를 비롯해 여러 면에서 특별했다. 무엇보다 여자의 '씨'가 사탄의 머리를 깨뜨릴 것이라는 예언이 있었다(창 3:15). 그 예언으로 하나님은 초창기에 죄로 생긴 틈을 메우기 위해 세운 계획이 여자의 씨에서 생긴 한 인간을 통해 실현되리라고 계시해주셨다.

지난 장에서 언급했듯이 이 예언은 그 자체로 생물학적 모순을 안고 있는 것으로 보인다. 무엇보다 여자는 남자의 씨로 임신하게 된다. 여자의 씨가 새로운 생명을 창조하지도 않는다.

다만 예수님만 예외다.

예수님의 경우, 하나님은 예언하신 이가 육신의 아버지 없이 태어나실 것을 미리 아셨다. 하나님은 마리아에게 씨를 제공하시고, 성령과 결합하여 마귀의 머리를 깨뜨릴 이를 낳게 하셨다. 하늘의 신성이 여자를 통해 하나님의 아들이자 사람의 아들을 창조하신 것이다. 예수님은 아담이 죄를 지었을 때 마귀가 인간에게서 훔쳐 간 것을 되찾으셨을 뿐 아니라, 그리스도와 언약을 맺은 사람에게서 마귀가 계속 훔쳐 가는 것을 되찾을 능력이 있으신 분이다(요 10:10).

예수님이 우리를 자유롭게 하시는 방법

내가 가장 사랑하는 성경 구절 중 하나는 이 놀랍고 특이한 조합의 목적을 밝힌다.

> "자녀들은 혈과 육에 속하였으매 그도 또한 같은 모양으로 혈과 육을 함께 지니심은 죽음을 통하여 죽음의 세력을 잡은 자 곧 마귀를 멸하시며 또 죽기를 무서워하므로 한평생 매여 종노릇하는 모든 자들을 놓아 주려 하심이니"(히 2:14-15).

예수님은 우리를 사로잡고 있는 속박에서, 즉 죽음의 경험뿐 아니라 죽음에 대한 두려움에서 우리를 해방하시려고 우리와 같은 혈과 육을 지닌 모습을 취하셨다. 인간이 되심으로 그 일을 행하신 것이다.

하나님이 사람의 육신을 입으신 이유는 오직 육신만이 죽을 수 있기 때문이다. 영은 죽지 않는다. 그분은 반드시 죽으셔야 했다. 마귀의 권세를 무너뜨리고 우리를 해방하심으로, 원래 우리를 창조하시고 지상에 두신 목적을 이루기 위해서였다.

예수님은 죽으심으로, 죄 사함을 받은 자들에 대해 사탄이 더는 합법적인 소유권을 주장하지 못하게 하셨다. 다시 말해, 사탄이 지금도 당신에 대해 소유권을 행사하는 것으로 보인다면, 둘 중 하나를 의미한다. 당신이 구원을 받지 않았든지, 아니면 그리스도의 대속으로 말미암은 구원의 능력을 날마다 누리며 살아가는 삶이 무엇인지 모르는 것이다. 예수님이 죽으시고 부활하신 이유는 우리의 속박을 풀어주시고, 인간을 볼모로 잡은 사탄에게서 열쇠를 빼앗으시기 위해서였다.

실제로, 사탄이 성도들을 여전히 자기 속박에서 벗어나지 못하게 하는 방법은 기만과 속임수밖에 없다. 우리가 자유롭지 못하다는 사탄의 속임수에 넘어가면, 우리는 제대로 기능할 수 없다. 이런 식으로 사탄은 헤아릴 수 없을 정도로 많은 사람을 인질로 잡고 있고, 이것이 바로 신자들이 말씀을 알고 적용하며 자라나지 못하도록 방해하는 요인이다. 왜냐하면 말씀에는 우리를 자유롭게 해줄 진리가 있기 때문이다(요 8:31-32). 말씀 안에서 우리는 예수님의 구원의 넓이와 범위를 발견할 수 있다.

우리는 대부분 예수님의 죽음을 너무 제한적으로 이해한다. 많은 사람이 하나님이 우리를 천국으로 데려가시려고 사람이 되셨다고 믿는다.

완전히 틀린 말은 아니다.

그러나 예수님은 이보다 더 많은 일을 하러 오셨고, 사셨으며, 호흡하셨고, 죽으셨으며, 다시 살아나셨다. 물론 우리가 천국으로 갈 길을 내려고 오신 것이기도 하지만, 하늘이 땅의 우리에게 내려오도록(하늘의 통치, 권세, 능력, 은혜, 담대함, 긍휼히 여김, 지혜 등) 죽으시고 부활하신 것이다. 예수님은 마귀의 권세를 멸하려고 오셨다. 이제 사탄이 할 수 있는 일은 우리를 기만하고 속이는 것뿐이다. 그는 이제 우리를 통치할 수 없다. 정말 좋은 소식이 아닌가!

그러나 예수님은 비단 우리만을 위해 승리를 확보해주시지 않았다. 우리가 이 땅에서 마귀의 권세에서 해방된 것은 우리에게 위임된 하나님의 나라 사명을 이행할 수 있도록 하기 위해서였다. 하나님은 우리에게 거룩한 소명을 주시고 실행하게 하셨다. 우리가 존재하는 이유가 있고, 그 이유는 매우 중요하다. 너무나 많은 신자가 그 소명대로 살아가지 못하는 이유는, 이 땅에서 받은 구원과 하나님이 이 땅에 우리를 두신 뜻의 연관성을 모르기 때문이다.

우리 인생은 절대 우리 자신만을 위한 것이 아니다.

이 땅에 하나님의 나라를 전략적으로 확장하여 그분께 영광 돌리고, 우리는 물론이고 이웃들이 유익을 누리도록 시간과 재능과 재물을 사용해야 한다. 예수님께 하나님의 아들과 사람의 아들이라는 이중적 목적이 있으셨듯이, 우리도 예수님을 따르는 제자가 된 순간, 이중적 사명을 품게 된다. 위의 것들을 생각하며(골 3:2, 영원한 보상을 받고자 준비하고 계획하며), 이 땅에서 하나님의 뜻을 실현해야 한다(마 6:10).

그뿐 아니라 우리가 예수님을 영접했을 때 그분을 통해 성령의 인격과 사역이 우리 안에 적용됨으로 죄를 이길 권세를 소유하게 되었다. 인자, 즉 사람의 아들은 죄를 알지도 못하셨으므로 창조 본연의 모습에 맞는 인격으로 우리가 성장하도록 가르치고 이끌어주실 수 있다. 그분은 죄를 이기시고 그 결과를 되돌리심으로, 그 안에서 풍성하고 자유롭고 성결하게 살 힘을 주셨다.

죄는 우리 모두를 망쳐버렸다. 죄는 그 존재만으로도 혼란을 유발한다. 그러나 예수님의 이중적 본성은, 그분 안에 있는 우리에게 죄의 유혹을 이기고 우리 삶에 대한 죄의 장악력을 해제할 힘을 제공한다.

또한 예수님의 이 이중적 본성으로 예수님처럼 성부 아버지를 더 친밀하게 알 수 있는 길이 열렸다. 하나님의 아들이자 사람의 아들로서 지상에서 예수님이 하나님과 누리신 관계는 앞으로 우리가 하나님과 어떤 관계를 누릴지 보여준다. 예수님은 우리 각 사람이 하나님과 어느 수준까지 친밀한 관계를 누릴 수 있을지를 직접 보여주셨다. 지상에 계실 때 예수님은 하나님을

"아버지"라고 부르실 정도로 하나님과 한결같이 친밀한 관계를 유지하셨다. 예수님은 가족 간 자연스러운 유대감을 상징하는 호칭으로 그분을 부르신 경우가 적지 않았다.

그러나 흥미롭게도 예수님이 성부 하나님을 "하나님"으로 부르신 유일한 때가 바로 십자가에 매달리셨을 때였다. 우리의 죄라는 실체가 그분의 육신에 고스란히 전가되었기 때문에, 거룩하신 하나님은 예수님과 늘 나누어오신 친밀한 교제를 거두어들이실 수밖에 없었다. 그래서 마태복음 27장 46절에서 예수님은 "나의 하나님, 나의 하나님, 어찌하여 나를 버리셨나이까?"라고 절규하신다.

예수님은 그 순간, 십자가에서 우리 죄를 위해 죽어가시던 그 순간에는 하나님을 아버지로 부르시지 않았다. 한때 그토록 친밀했던 관계를 그 순간에는 누릴 수 없었다. 늘 당연하게 누렸던 교제가 예수님이 지신 세상의 죄 때문에 완전히 중단되었다. 아빠라고 알고 있던 분이 갑자기 우리가 하나님으로 아는 두렵고 거대한 신적 존재가 되었다. 죄는 바로 이런 일을 한다. 죄는 친밀함을 누리지 못하도록 하나님과 우리 사이를 단절시킨다. 이사야 59장 2절에 이런 말씀이 나온다. "오직 너희 죄악이 너희와 너희 하나님 사이를 갈라놓았고 너희 죄가 그의 얼굴을 가리어서 너희에게서 듣지 않으시게 함이니라."

죄는 항상 단절되게 한다. 그러나 예수님(우리의 영원한 구원자이자 일시적인 이 땅에서 구원이 되신 분)께 가까이 나아갈수록 우리는 하나님께 더 가까이 나아갈 수 있다. 실제로 예수님께 더 가까이 나아갈수록 '아빠'라고 부르는 친밀한 수준까지 하나님을 알게 된다.

그러나 정반대로도 적용할 수 있다. 죄가 하나님의 임재에서 우리를 갈라놓기 때문에, 예수님에게서 멀어질수록 하나님에게서도 멀어지게 된다. 좋으신 아버지와 친밀한 관계를 누릴 수 있는 것은 죄 문제를 다루고 나서야 가능하다. 죄를 해결하고 버리지 않으면, 하나님은 먼 하늘에 계신 두렵고 위엄에 찬 신으로 계속 군림하시게 되고, 그분과 우리 사이는 좀처럼 좁혀지지 않는다. 그분이 우리에게 하늘과 땅의 창조주로만 다가올 뿐이다. 그러나 하나님의 아들과 사람의 아들이라는 이름을 알고 그 진리의 실재를 우리 삶에 적용하면, 죄가 없으신 구주의 대속하심으로만 가능한 방법으로 하나님께 가까이 갈 권한을 얻게 된다. 갈라디아서 4장 6절은 이렇게 말한다. "너희가 아들이므로 하나님이 그 아들의 영을 우리 마음 가운데 보내사 아빠 아버지라 부르게 하셨느니라." 하나님의 아들이자 사람의 아들이신 예수님을 통해 우리는 아버지이신 하나님을 경험할 수 있다.

많은 성도가 삶에서 하나님의 임재를 더 풍성히 누리지 못하는 이유는, 그분을 하나님으로만 알고 아직 아빠로 만나지 못했기 때문이다. 하나님이시자 인간이신 예수님의 사역을 통해 사랑하는 우리의 아버지 되신 하나님을 아직 잘 모르는 것이다.

갈라디아서 4장 6절의 앞 두 절을 살펴보면, 하나님을 우리 아버지로 부를 수 있는 배경이 무엇인지 확인할 수 있다. "때가 차매 하나님이 그 아들을 보내사 여자에게서 나게 하시고 율

11장. 하나님의 아들, 사람의 아들

법 아래에 나게 하신 것은 율법 아래에 있는 자들을 속량하시고 우리로 아들의 명분을 얻게 하려 하심이라"(갈 4:4-5). 예수님을 통해 우리는 하나님의 아들로 입양되었고 합법적으로 하나님을 아버지로 만나게 되었다. 하나님은 예수님이 독생자로 계시기를 원하지 않으셨다. 예수님은 하나님의 특별한 아들이다. 그렇다. 그분은 의심할 여지없이 유례가 없는 특별한 아들이다. 그러나 하나님의 유일한 아들은 아니다. 예수님께 가까이 나아가고, 우리 삶 속에서 그리고 우리 삶을 통해 그분이 역사하시도록 내어 드릴 때 우리는 예수님의 형상을 닮아가고, 하나님의 자녀로서 그분을 반영하게 된다(롬 8:28-29).

더 놀라운 일을 경험하다

예수님을 하나님의 아들로 인정하고, 하나님의 형상으로 그분을 믿을 때 이 땅을 살아가면서 필요한 모든 것에 대한 권세에 접근할 수 있다. 이 진술의 근거가 되는 신학은 예수님과 빌립과 나다나엘의 이야기에서 확인할 수 있다.

> "이튿날 예수께서 갈릴리로 나가려 하시다가 빌립을 만나 이르시되 나를 따르라 하시니 빌립은 안드레와 베드로와 한 동네 벳새다 사람이라 빌립이 나다나엘을 찾아 이르되 모세가 율법에 기록하였고 여러 선지자가 기록한 그이를 우리가 만났으니

요셉의 아들 나사렛 예수니라 나다나엘이 이르되 나사렛에서 무슨 선한 것이 날 수 있느냐 빌립이 이르되 와서 보라 하니라 예수께서 나다나엘이 자기에게 오는 것을 보시고 그를 가리켜 이르시되 보라 이는 참으로 이스라엘 사람이라 그 속에 간사한 것이 없도다 나다나엘이 이르되 어떻게 나를 아시나이까 예수께서 대답하여 이르시되 빌립이 너를 부르기 전에 네가 무화과나무 아래에 있을 때에 보았노라 나다나엘이 대답하되 랍비여 당신은 하나님의 아들이시요 당신은 이스라엘의 임금이로소이다 예수께서 대답하여 이르시되 내가 너를 무화과나무 아래에서 보았다 하므로 믿느냐 이보다 더 큰 일을 보리라 또 이르시되 진실로 진실로 너희에게 이르노니 하늘이 열리고 하나님의 사자들이 인자 위에 오르락내리락하는 것을 보리라 하시니라"(요 1:43-51).

이 이야기는 예수님이 빌립과 나다나엘을 만나신 내용을 담고 있다. 예수님은 먼저 빌립을 만나셨고, 빌립은 곧바로 나다나엘에게 다니엘 7장 13-14절에서 그들의 왕으로 오시리라고 예언된 분을 찾았다고 알린다.

"내가 또 밤 환상 중에 보니 인자 같은 이가 하늘 구름을 타고 와서 옛적부터 항상 계신 이에게 나아가 그 앞으로 인도되매 그에게 권세와 영광과 나라를 주고 모든 백성과 나라들과 다른 언어를 말하는 모든 자들이 그를 섬기게 하였으니 그의 권세는 소멸되지 아니하는 영원한 권세요 그의 나라는 멸망하지 아니할 것이니라."

나다나엘은 빌립의 말과 이 예언을 믿고 예수님을 직접 만나러 갔다. 그러나 예수님을 만나자 예수님은 이미 그를 알고 계시는 것처럼 말씀하셨다. 예수님의 이 말씀에 크게 놀란 나다나엘은 자신을 이미 알고 계시는지 예수님께 물었다. 예수님은 나다나엘의 질문에 빌립이 그를 찾아가기 전에 무화과나무 아래 있는 그를 보았다고 대답해주셨다. 또한 나다나엘이 간사함이 없는 사람이라고 말씀하셨다.

이 일이 스마트폰과 SNS가 생기기 전의 일임을 기억하라. 인스타나 페이스북으로 위치를 표시할 수 없는 시대에 일어난 일이다. 나다나엘은 하나님의 초자연적 개입이 아니라면, 그 무화과나무 아래 있는 자신을 예수님이 볼 방법이 없다는 사실을 알았다. 그래서 그 말씀을 듣고 예수님을 바로 믿었다. 예수님은 나다나엘의 믿음을 보시고, 그보다 더 큰 일을 볼 것이라고 알려주셨다.

이 개인적인 대화를 이해하는 데 무화과나무도 중요하지만, 예수님이 그를 간사함이 없는 사람이라고 말씀하신 사실이 훨씬 더 중요하다. 그 이유는 창세기 28장 10-17절에서 확인할 수 있다. 사다리가 하늘에서 내려오고 천사들이 이 사다리로 오르락내리락하는 꿈을 꾼 또 다른 사람이 여기에 등장한다. 그의 이름은 야곱이었다. 야곱은 매우 간사한 사람이었다(창

25:19-34; 27:1-36).

예수님은 나다나엘을 하늘과 천사의 세계에 특별히 가까이 접근한 경험이 있는 간사한 사람과 대척점에 있는 인물로 소개하셨다. 예수님은 그러한 나다나엘에게 특별한 약속을 주시며 그를 축복해주셨다. 나다나엘에게 "하늘이 열리고 하나님의 사자들이 인자 위에 오르락내리락하는 것을 보리라"(요 1:51)고 말씀해주신 것이다.

하나님의 아들에 대한 믿음으로 나다니엘은 사람의 아들을 경험할 기회가 열렸다. 나다나엘이 이 땅에서 예수님과 그분의 권세를 아는 힘을 약속받은 것은, 그가 예수님을 하나님으로 인정했기 때문이다.

그러나 우리 중 많은 사람이 이와 반대로 믿는다. 우리는 상처를 공감해주고 "형제보다 친밀[한]"(잠 18:24) 친구 같은 예수님을 원한다. 또 병을 고쳐주고 마음의 상처를 치유해주실 예수님을 바란다. 그러나 나다나엘이 인자의 권능과 함께하리라는 말씀을 들은 것은, 먼저 하나님의 아들로서 예수님의 권세와 신비를 인정한 뒤였다.

우리는 하늘 문이 열리기를 기다리는 것일지도 모른다. 말씀에서 읽고 노래하며 예언한 예수님의 권능을 경험하기를 학수고대할지도 모른다. 하나님을 직접 보고 싶을 수도 있다. 더는 멀리 천계에서 군림하시는 분으로만 그분을 알고 싶지 않다. 바로 여기 우리가 사는 실존의 영역에서 함께해주시는 분으로 그분을 경험하기를 원한다. 그리고 하나님은 우리에게 바로 이런 일을 해주실 것이다. 우리에게 그분의 천사들을 보내주실 것이다(히 1:14). 그러나 우리가 먼저 예수님을 하나님으로 높이고 인정할 때야 비로소 그렇게 해주실 것이다. 그분은 정확히 하나님의 형상이신, 하나님의 아들이시다.

하나님의 뜻 안에 계속 머무를 때 하늘이 열리고 상상할 수도 없었던 놀라운 일들을 보게 될 것이다. 그러나 매일의 일상에서 예수님과 교제하지 않고 하나님의 아들로 그분을 높이고 인정하지 않는다면, 사람의 아들로서 그분이 주시는 선물을 절대 누릴 수 없다.

이 약속은 비단 나다나엘에게만 해당하지 않는다. 실제로, 이 단락의 히브리어 원문을 보면 예수님이 "하늘이 열리고 하나님의 사자들이 인자 위에 오르락내리락하는 것을 보리라"(요 1:51)고 말씀하실 때 '너희'라는 복수 표현을 사용하셨다. 그러므로 그분은 단순히 나다나엘에게만 이 말씀을 주신 것이 아니었다. 그분을 하나님의 참 아들로 인정하는 모든 이에게 이 약속의 말씀을 주신 것이다.

이런 사실을 알면 우리는 기쁨으로 미소 지어야 한다. 용기와 힘을 얻어야 한다. 기뻐서 껑충껑충 뛰며 소리쳐야 마땅하다. 왜인가? 이 진리는 하나님의 아들을 인정하는 사람에게 하나님의 뜻대로 온전히 살아가는 데 필요한 것을 공급해주신다는 약속이기 때문이다. 또 우리 인생을 살아가는 데 필요한 지혜뿐 아니라 하나님의 나라에서 그 용도와 실현과 의미를 극대화하기 위해 필요한 모든 것을 어떻게 얻을지 통찰을 제공하기 때문이다.

예수님은 나다나엘과 우리 모두에게 이 '더 큰 일'에 관해 말씀하시고 계속해서 바로 다음 장에서 한 가지 예를 직접 보여 주셨다. 요한복음 2장을 보면 혼인 잔치에서 예수님이 물을 포도주로 바꾸는 기적을 일으키시는 장면이 나온다. 성경 시대에 혼인 잔치는 수일 동안 계속되었고, 잔치의 기쁨과 흥을 돋우는 데 포도주가 꼭 필요했다. 주인은 대부분 최상품 포도주를 먼저 내놓았다. 그래서 모든 사람이 제대로 포도주 맛을 볼 때가 이때다. 잔치의 흥이 달아오르면 더 싼 포도주가 나오기 때문이다.

그러나 이 특별한 혼인 잔치에서는 잔치가 끝나기 전에 포도주가 동이 나버렸다. 마리아는 예수님께 그 상황을 해결해주시고, 그곳에 있는 모든 사람에게 그분의 능력을 보여달라고 요청했다. 분명히 그녀는 자신이 알고 있는 아들의 힘을 즐기고 싶었을 것이다. 처음에 예수님은 그녀의 요청을 거부했지만, 결국에는 받아들이셨다. 종들에게 비어 있는 항아리를 가져와서 물을 가득 채우라고 말씀하신 후 물을 포도주로 바꾸어주셨다.

연회장은 신랑에게 어떤 혼인 잔치든지 최상의 포도주를 가장 먼저 내오는데, 최고의 포도주를 마지막에 내왔다고 치켜세운다. 예수님은 최고가 아니면 아무것도 하시지 않는 분이다.

그러나 예수님을 하나님의 아들로 온전히 인정하지 않는다면, 그분 능력의 실제적이고 가시적이며 현실적인 차원을 제대로 경험할 수 없다. 우리가 예수님께 이런 지시를 받았다면, 우리는 항아리에 물을 채우는 대신 포도주가 떨어졌다는 사실로 다투고 투덜거렸을 것이다. 그분의 지시를 터무니없고 따를 가치조차 없다고 생각했을 것이다. 그래서 결국 그 말씀대로 순종하지 않는다. 그러나 그 혼인 잔치에서 기적이 일어날 수 있었던 것은, 종들이 예수님의 지시대로 비어 있는 항아리를 물로 채웠기 때문이다.

우리의 생각과 말과 행동을 하나님의 아들이신 예수 그리스도의 직접적인 통치 아래 내맡기려 하지 않는다면, 인자가 우리를 위해 해주실 더 놀라운 일을 절대 경험할 수 없을 것이다. 결국 내어드림, 순종, 믿음의 문제다. 어떤 경험을 할지는 전적으로 우리에게 달려 있다.

이제 지쳐서 아무것도 하고 싶지 않을 수도 있고 에너지가 고갈돼버렸을지도 모른다. 심지어 혼인 잔치의 빈 항아리처럼 모든 것이 텅 빈 듯한 허무함에 시달리고 있을 수도 있다. 주변을 둘러봐도 잔치를 벌일 아무런 이유가 보이지 않는다. 아무런 평강이나 승리나 구원도 누릴 수 없다. 그러나 사람의 아들이 이 모든 것과 이 이상의 것을 우리에게 주실 능력이 없어서 이런 일이 생기는 것은 아니다. 오히려 당신이 물을 길어 오지 않았기 때문이다. 지시받은 대로 이행하지 않았기 때문이다. 스스로 기적이 일어나도록 행동하는 대신 기적이 일어나기만을 기다리고 있기 때문이다. 우리가 할 일은 하나님의 아들이신 예수님께 순종하는 것이다.

그분이 말씀하신 대로 순종하기로 결단한다면, 하늘이 열리고 인자 위에 하나님의 천사들이 오르락내리락하는 것을 볼 것이다. 하늘이 역사에 개입하는 것을 볼 것이다. 예수님은 하나님의 아들이자 사람의 아들로서 하늘과 땅을 이어주시며 신적 소명을 수행하는 분이시기에 우리에게 필요한 모든 것을 제공해주실 것이다.

12장
말씀

> 태초에 말씀이 계시니라 이 말씀이 하나님과 함께 계셨으니 이 말씀은 곧
> 하나님이시니라…말씀이 육신이 되어 우리 가운데 거하시매 우리가 그의 영광을
> 보니 아버지의 독생자의 영광이요 은혜와 진리가 충만하더라.
> —요한복음 1:1, 14

> 옛적에 선지자들을 통하여 여러 부분과 여러 모양으로 우리 조상들에게
> 말씀하신 하나님이 이 모든 날 마지막에는 아들을 통하여 우리에게
> 말씀하셨으니 이 아들을 만유의 상속자로 세우시고
> 또 그로 말미암아 모든 세계를 지으셨느니라.
> —히브리서 1:1-2

만물은 어디에서 왔는가?

이것은 단순히 추상적인 질문이 아니라 개인의 삶에 지대한 영향을 미치는 질문이다. 세상의 기원에 대한 우리 믿음은 우리의 인생과 선택과 가치관을 바라보는 방식에 영향을 미친다.

어떤 이들은 태초에 아무것도 없는 완전한 무의 상태였다가 갑자기 빅뱅이 일어나 무엇인가 존재하게 되었다고 믿도록 부추긴다. 그 무언가에 생명을 구성하는 입자들이 포함된다. 그리고 수십억 년이 흐르면서 이 입자들은 우리 인간을 비롯해 오늘날 우리가 보는 모든 것으로 진화했다.

솔직히 말해, 나는 이러한 시나리오를 믿는 데 큰 믿음이 필요하다고 생각한다. 무엇보다 이 이야기를 뒷받침할 어떤 확고한 증거도 존재하지 않기 때문이다. 실제로, 성경이 말하는 창조 이야기를 믿는 것보다 진화를 믿는 데 더 많은 믿음이 필요하다고 생각한다.

사람들이 이 이론을 지지할 과학적 증거를 찾아내는 데 열중하면서, 진화론은 계속 발전하고 있다. 진화론에 따르면, 본질적으로 하나님이 필요 없다고 주장한다. 무에서 무언가가 나왔고 혼돈에서 질서가 생겼다고 믿는다. 우리 세계의 만물은 비인격적 과정을 거쳐 존재하는 것이다.

이 세상의 기원에 대해 하나님을 원천적으로 배제한다면, 우리는 의미도 없고 삶의 목적도 없는 존재로 전락하고 말 것이다. 아마 많은 사람이 진화론에 설득되는 이유는 우리를 창조한 인격적 신에 대한 부채감을 제거해주기 때문일 것이다.

만물의 원인이 정말 태초에 일어난 고도로 압축된 물질의 폭발이란 말인가? 그리고 그 폭발로 하나님에 대한 우리의 책임감이 폭발했다는 말인가? 사람들이 이 이론을 믿는 이유가 이것이 실제로 사실이라고 확신하기 때문인가? 아니면 각자의 삶과 행동에 책임을 져야 하는 의무에서 벗어날 수 있기 때문인가? 진화론은 하나님에 대한 우리의 책임을 부인할 수 있는 핑계로 사용될 수 있다. 진화론에 따르면, 우리보다 더 위대하며 우리 결정을 무효로 할 사유하는 인격적 존재가 없으므로 우리는 누구에게도 책임을 질 필요가 없다. 우리가 스스로 우리의 신이라고 믿을 수 있다.

그러나 성경은 완전히 다른 이야기를 들려준다.

말씀과 창조

요한복음 1장 1절은 시간의 시작에 대해 말하면서 만물을 창조하는 바로 그 최초의 순간에 예수님이 그 현장에 계셨다고 알려준다. 성경의 창조 이야기는 빅뱅으로 생긴 사건에 관한 이야기가 아니라 의도성과 목적과 개입에 관한 이야기다. 예수님은 역사의 첫 페이지에 그곳에 계셨다. 구약이 마감되고 한참 지난 후에야 성육신의 형태로(인간의 몸으로) 나타나셨지만, 무대의 커튼이 열리기 전에 그분은 이미 존재하고 계셨다. 다음 절들을 살펴보면 이에 관한 내용을 엿볼 수 있다.

- **요한계시록 19:13** "또 그가 피 뿌린 옷을 입었는데 그 이름은 하나님의 말씀이라 칭하더라."
- **요한복음 1:1** "태초에 말씀이 계시니라 이 말씀이 하나님과 함께 계셨으니 이 말씀은 곧 하나님이시니라."

그러므로 성경에서 말하는 예수님의 이름 중 한 가지는 하나님의 말씀임을 알 수 있다. 말씀에 해당하는 헬라어 원어는 로고스(*logos*)다. 로고스란 단어는 예수님이 사시던 당시 의미가 매우 강력한 단어였다. 이 단어가 그렇게 강력했던 이유는 그리스인이 우주의 배후에 있는 비인격적 세력을 규정할 때 이 단어를 사용했기 때문이다. 그리스인은 모든 지식과 지혜, 심지어 창조를 가능하게 한 창조적 세력을 지칭하는 맥락에서 이 로고스라는 단어를 사용했다. 당시 문화를 이해하기 위해서는 로고스에 친숙해질 필요가 있다.

요한은 편지를 쓸 때 이미 존재하며, 의미가 확정된 용어를 차용하여 추가적 의미를 부여했다. 그는 당대 문화에서 모든 창조물의 배후에 작동하는 강력한 세력을 상징했던 단어를 빌려

와서 진리를 주입했다. 여느 위대한 작가나 연설가처럼 로고스라는 단어를 강조하려고 할 때는 여러 각도에서 이 단어를 반복해 사용했다. "태초에 말씀이 계시니라 이 말씀이 하나님과 함께 계셨으니 이 말씀은 곧 하나님이시니라…말씀이 육신이 되어"(요 1:1, 14).

요한은 먼저 그 말씀이 만물의 시작이었다는 말로 시작한다. 실제로 그분은 모든 알려진 존재가 시작되기 전에 이미 계셨다. 우리가 이 사실을 아는 이유는 요한이 말씀을 소개할 때 '계시다'가 아니라 '계셨다'는 과거 시제를 사용하기 때문이다. 말씀이 태초보다 선재했다. 그러므로 그분은 모든 만물이 존재하기 전에 이미 계셨다.

요한이 강조하는 두 번째 사실은 말씀이 선재하셨을 뿐 아니라 함께 계셨다는 것이다. "이 말씀이 하나님과 함께 계셨으니." 이 구절에서 "함께"로 번역된 헬라어는 '얼굴과 얼굴을 맞대고'라는 뜻이다. 말씀이 하나님과 아주 깊은 교제를 하셨음을 가리킨다. 그들은 말하자면 서로 눈을 들여다보며 대화하셨다. 서로 깊이 바라보셨고, 서로 내밀하고 깊은 소통을 하셨다. 또 서로 항상 뜻을 같이하셨다.

셋째, 요한은 그 말씀이 곧 하나님이셨다고 말한다. 이 말씀에서 우리는 이 선재하고 공존하시는 말씀이 또한 스스로 계신 분임을 알 수 있다. 하나님은 자신이기 위해 자신 외에 그 무엇도 필요하지 않은 유일한 분이었다. 피조 세계에서 어떤 다른 대상에 의존하지 않는 존재는 하나님 외에 아무도 없다. 하나님만이 자기 완결적 존재시다.

마지막으로, 요한은 말씀이 육신이 되셨다고 말한다. 그분은 선재하시고 하나님과 공존하시며 자존하시는 분이지만, 또한 손으로 만질 수 있는 존재가 되셨다. 하나님은 그분의 통치와 신성의 물리적 현현이 자신이 직접 만드신 피조 세계에서 실현되게 하셨다.

말씀이라는 단어에는 수많은 의미가 담겨 있고, 특별히 누군가가 '너와 말이 통하고 싶다'고 하는 것처럼 의사소통과 관련 있다. 누군가와 말하거나 누군가에게 말할 때 우리는 그에게 무언가를 알리는 것이다. 같은 맥락에서 말씀은 하나님과 인간 사이에 소통의 창구가 되신다. 시편 138편 2절에서는 이렇게 말한다. "내가 주의 성전을 향하여 예배하며 주의 인자하심과 성실하심으로 말미암아 주의 이름에 감사하오리니 이는 주께서 주의 말씀을 주의 모든 이름보다 높게 하셨음이라."

성경에서 사용된 말씀이라는 이름은 항상 하나님과 한 인격체가 전하는 메시지를 가리킨다. 이 의미는 하나님의 입이 전하시는 말씀을 넘어 그분의 생명 존재 자체로 확장된다. 말씀은 말로 전해진 내용이라는 의미도 있지만, 그 의미를 넘어선다. 말씀하시는 분의 본성을 가리키는 것이다.

말씀이 하나님이시므로 하나님의 말씀은 하나님의 인격과 동등하다. 말씀이 곧 하나님이시다.

이 말씀은 유서가 깊다. 그분은 태초 이전에 계셨다. 태초를 앞서는 유일한 것은 영원이다. 말씀은 하나님과 친밀하게 얼

12장. 말씀

굴과 얼굴을 맞대며 교제를 나누셨다. 실제로 말씀은 하나님이셨다. 그러므로 말씀에 대해 말한다는 것은 하나님의 자기 계시에 대해 말하는 것이다. 말씀은 비인격적 세력이 아니다. 요한은 요한일서에서 말씀을 설명할 때 '그것'이라는 대명사가 아니라 '그'라는 인칭 대명사를 사용했다. 말씀은 단순히 소통의 한 형식이 아니라 인격이시다. 그러므로 하나님의 말씀은 단순히 헬라인의 로고스가 아니다.

말씀은
선재한다.
공존한다.
가시적으로 존재한다.
자기 완결성을 지닌다.
따로 증명할 필요가 없이 자명하다.

말씀은 지상에 지금까지 존재했던 그 어떤 이보다 훨씬 더 뛰어난 것으로 구성된 인격체, 즉 그분이시다. 이 말씀은 창조를 주도하신 분이다. 요한복음 1장 3절이 말하듯이 존재하는 것 중에 말씀이 없이 존재하는 것은 아무것도 없다. 이 구절에서는 "만물이 그로 말미암아 지은 바 되었으니 지은 것이 하나도 그가 없이는 된 것이 없느니라"고 말한다. 요한복음 1장 3절은 빅뱅 이론과 진화론을 전적으로 배격한다. 왜냐하면 이 이론들이 인격적 존재의 사역이 아니라 비인격적 세력의 추동에 의존하기 때문이다. 우리가 살며 존재를 이어가는 피조 세계는 '그것'이 아니라 '그분'과 필연적으로 연결되어 있다. 창조는 어떤 과학적 원리가 아니라 어떤 인격체와 연관이 있다. 말씀으로 지어지지 않은 것은 이 세상에 존재하지 않는다. 말씀은 태초 이전에 하나님과 함께 계셨고 말씀이 곧 하나님이셨다.

　　진화론 신봉자들이 진화론을 맹신하는 이유는 이해하기가 어렵지 않다. 어떤 인격적 존재가, 즉 하나님이 우주를 창조하셨다고 이해하고 받아들이면 자신이 책임을 져야 하는 존재임을 알게 되기 때문이다. 진화론은 이 사실을 부정할 수 있는 핑계로 작용한다. 진화론에 따르면, '나는 누구에게도 책임을 질 필요가 없다.' 사유하는 인격적 존재 중에 나보다 더 중요하고, 내 결정을 폐기할 수 있는 이는 없다. 많은 사람이 스스로 신이 되기를 원한다. 그들 자신의 실존을 좌우하기를 원한다. 그러므로 창조를 추동한 비인격적 세력의 존재를 믿는 편을 선택한다.

　　오늘날 우리 사회에서 목격하는 혼란은 대부분 하나님과 그분의 기준과 통치를 인간에게서 철저히 배제한 진화론적 사상 체계에서 기인한다. 진화론 아래서는 모든 사람이 각기 스스로 창안한 진리가 있다. 그런데 하나님이 계시며 말씀(예수)으로 우리가 사는 세상이 창조되었다는 사실을 배격하면, 도덕과 덕성과 가치에 구속당하지 않고도 살 수 있다. 하나님의 총체적 통치에 대한 이런 배격은 우리 사회의 범죄율, 개인적 갈등, 낙태율, 생명과 성과 성욕에 대한 규정, 시간을 사용하는 방법에 대한 결정으로 드러난다. 하나님을 믿지 않으면 우리는 스스로 진

12장. 말씀

리를 결정하고, 우리가 원하는 대로 모든 일을 운영할 수 있으며, 누구에게도 책임을 지지 않아도 된다. 그러나 우리 스스로 세계를 운영하기를 원한다면, 우리 스스로 세상을 만들어야 한다. 우리가 인정하든 인정하지 않든, 세상을 창조하신 분은 하나님이시며, 그분은 무엇이든 자기 뜻대로 하실 수 있다.

이 세상의 창조에 관해 성경은 이렇게 분명히 말하고 있다.

- 골로새서 1:16-17 "만물이 그에게서 창조되되 하늘과 땅에서 보이는 것들과 보이지 않는 것들과 혹은 왕권들이나 주권들이나 통치자들이나 권세들이나 만물이 다 그로 말미암고 그를 위하여 창조되었고 또한 그가 만물보다 먼저 계시고 만물이 그 안에 함께 섰느니라."
- 히브리서 1:1-2 "옛적에 선지자들을 통하여 여러 부분과 여러 모양으로 우리 조상들에게 말씀하신 하나님이 이 모든 날 마지막에는 아들을 통하여 우리에게 말씀하셨으니 이 아들을 만유의 상속자로 세우시고 또 그로 말미암아 모든 세계를 지으셨느니라."

세상은 예수님을 통해 예수님을 위해 하나님이 창조하셨다. 세간의 통념과 달리 세상은 무엇보다 우리를 위해 만들어지지 않았다. 무엇보다 하나님이 세상을 창조하시게 한 말씀, 바로 예수님을 위해 세상이 창조되었다. 골로새서는 만물이 "다 그로 말미암고 그를 위하여" 창조되었다고 말한다. 실제로 그분은 모든 것이 각자 자리를 지키도록 붙들고 계신다. 그러므로 하나님은 예수님을 통해 세상을 창조하시고 선물로 그분께 다시 돌려주셨다. 창조 세계의 소유권을 이해하는 것이 평안과 믿음과 삶의 의미를 확인하는 데 필수적이다.

말씀은 생명과 빛

창세기 1장 1-3절에 이런 말씀이 나온다. "태초에 하나님이 천지를 창조하시니라 땅이 혼돈하고 공허하며 흑암이 깊음 위에 있고 하나님의 영은 수면 위에 운행하시니라 하나님이 이르시되 빛이 있으라 하시니 빛이 있었고." 이 구절에서 빛이라는 단어는 생명 그 자체를 의미한다. 하나님의 대변인으로 대언하신 분이 말씀이신 그리스도이지만, 이 빛 역시 그리스도를 말한다.

요한복음 1장 4-5절에서도 이런 내용이 나온다. 이 본문은 예수님에 관해 이렇게 말한다. "그 안에 생명이 있었으니 이 생명은 사람들의 빛이라 빛이 어둠에 비치되 어둠이 깨닫지 못하더라." 예수님은 빛, 즉 생명이시며 말씀으로 세상을 창조하셨다. 그분은 만물 위에 계시고 만물 가운데 계신다(엡 4:6).

이 모든 것이 이 장을 열면서 언급한 진화론에 대한 논쟁에 어떻게 적용되는가? 시간의 시작에 관한 창조론적 입장 역시 분명히 믿음이 필요하다. 그러나 창조론자들은 생명이 생명을 낳는다고 믿는다. 살아 있기에 다른 살아 있는 만물을 만든 존재를 믿는다. 살아 계신 하나님이 살아 있는 식물과 동물과 사람을 지으셨고, 모든 생명의 주기를 만드셨다. 그러나 진화론에서는 비인격적 물질이 매우 인격적이고 질서 있는 생명체를 창조했다고 믿는다.

두 신념 체계 모두 믿음이 필요하다. 그러나 창조론은 살아 있는 존재에 대한 믿음이고, 진화론은 (가연성) 물질에 대한 믿음이다.

우리가 말씀이라는 이름으로 예수님을 알아갈 때 만물을 창조하고 생명을 불어넣으시는 그분의 능력과 직접 대면하게 된다. 우리는 이런 속성들을 예수님의 속성으로 인정하지 않을 때가 종종 있다. 보통 하나님이 만물을 창조하고 운영하셨고, 예수님은 몇백 년 후에 나타나셨다고 생각한다. 그러나 이 이름은 완전히 다른 역사를 보여준다. 이 이름은 예수님을 창조 과정에 적극적으로 관여하셨을 뿐 아니라 창조를 한 이유 자체라고 알려준다. 그분은 생명의 수여자이신 동시에 수혜자시다.

예수님의 이 속성을 우리 삶에 적용하기 위해서는 먼저 말씀이라는 이름이 생명의 창조에 관여했음을 이해해야 한다. 말씀을 활용하면 생명의 근원이자 존재 목적에 다가갈 수 있다.

우리는 "그 안에 생명이 있었[음]"(요 1:4)을 보았다. 생명의 존재 목적은 예수님이다. 그러므로 예수님을 통하지 않고는 생명을 규정할 수 없다. 다시 말해, 예수 그리스도가 없이는 원래 창조된 삶의 방식으로 살아가기가 불가능하다는 말이다. 사도행전 17장 28절에서 "우리가 그를 힘입어 살며 기동하며 존재하느니라"고 말하는 이유가 여기에 있다. 그분의 생명은 곧 우리의 생명이다. 예수님을 떠나서는 생명을 누릴 수 없다. 그분의 생명은 "사람들의 빛"(요 1:4)이므로 그 안에서 우리는 살아가는 데 필요한 빛을 받는다. 빛의 역할은 무엇인가? 우리로 볼 수 있도록 해준다. 그러므로 예수 안에서 우리는 볼 수 있다. 하지만 거꾸로 생각해보면 이 개념을 더 쉽게 이해할 수 있다. 예수님이 계시지 않으면, 사람들은 빛도 없이 어둠 속에서 살아야만 한다.

그러므로 예수 그리스도와 만물을 창조하신 분이자 만물이 창조된 이유이신 분으로서 그분의 역할을 거부하는 사람은 어둠 속을 걸을 수밖에 없다. 예수님을 거부한다는 것은 우리 삶의 등불인 빛을 거부한다는 뜻이다. 불신자의 경우 이런 거부는 구원과 직결되지만, 신자의 경우 매일의 일상에서 그분을 거부할 수 있다. 예수님의 시각이 우리의 시각이 되지 못할 때 우리는 그분을 거부하는 것이다. 예수님의 통치가 우리 결정에 아무 영향을 미치지 못할 때 그분을 거부하는 것이다. 예수님의 사랑이 우리 마음에서 사람들에게로 흘러가게 하지 않을 때 그분을 거부하는 것이다. 그리고 그리스도를 거부하는 것은 빛을 꺼버리는 것과 같다. 어둠 속에서는 걸려 넘어진다. 발가락이 치이고 발을 헛디며 고꾸라져 결국 완전히 방향을 잃어버리게 된다. 더 나아가 죄와 이기심과 영혼의 완악함으로 인한 결과만큼이나 고통스러운 대가를 치르게 된다.

빛은 언제나 어둠을 이긴다. 항상 그렇다. 아무리 어둠이 짙고 길더라도 촛불이나 등불 하나만 밝히면 모든 것이 달라진다. 빛 앞에서 어둠은 물러날 수밖에 없다. 마찬가지로, 예수님의 시각과 생각과 뜻을 의지적으로 우리 것으로 삼고, 그분이 주님으로서 우리를 통치하시도록 내맡길 때 그분의 빛이 우리 삶을 물들인 어둠을 몰아낼 것이다. 어둠을 몰아내려고 싸울 필요가 없다. 그분의 빛이 어둠을 몰아내기 때문이다. 그분은 빛이시며, 그 빛 안에서 우리는 생명을 얻는다.

오늘날 많은 그리스도인이 영적 어둠 속에서 살아가고 있다. 예수님을 인생의 빛, 결정이나 생각을 비추는 빛으로 삼지 않으려 하기 때문이다. 그분의 말씀이 의사 결정을 하는 최종 기준이 되도록 허락하지 않는다. 그런데 예수님이 우리 일상에서 배제될 때마다 어둠이 침투한다. 만물이 예수님으로 말미암아 그분을 위해 창조되었고, 만물을 붙들고 계시는 분은 예수님이기에, 우리가 어떤 것을 만지고 어디로 가며 어떤 선택을 하든지 그분과 무관한 것은 전혀 존재하지 않는다.

그러나 너무나 많은 신자가 독자적으로 살아가며, 예수님과는 단순히 고개를 끄덕이거나 악수하는 정도의 관계만 허락한다. 그러면서 왜 인생의 도전을 극복하기 어려운지 혹은 기쁨과 만족감, 그리스도가 죽으심으로 우리에게 주신 풍성한 생명을 누릴 수 없는 이유가 무엇인지 의아하게 생각한다. 그 이유는 간단하다. 빛이 꺼지면 어둠이 지배하기 때문이다.

요약하자면 이렇다. 모든 것은 다 예수님과 관련이 있다. 모든 삶에서 예수님을 중심으로 삼지 않을 때 우리는 우리 힘에 의존해 살아가게 된다. 그래서 성경은 "그런즉 너희가 먹든지 마시든지 무엇을 하든지 다 하나님의 영광을 위하여 하라"(고전 10:31)고 말한다. 하나님은 먹고 마시는 것처럼 일상적이고 육신적인 행위 역시 그분의 영광을 위해 해야 한다는 사실을 분명히 하셨다. 무엇보다 우리가 먹고 마실 수 있는 이유는 예수님이 먹을 것을 만드셨기 때문이다. 우리 입을 만드셨고 소화 기관을 만드셨다. 더 나아가 그분은 이 모든 것을 붙들어주셔서 잘 기능할 수 있게 해주신다. 그분이 생명을 주고 붙드시는 분임을 인정하지 않고 먹고 마신다면 삶의 모든 영역에서 그분의 필수적 역할을 인정하지 않는 것이다. 모든 것은 예수님께 영광을 돌리도록 창조되었다.

삶의 비결은 최선을 다해 예수님께 영광을 돌려드리는 데 있다. 이렇게 할 때 그분은 우리에게 그리고 우리가 하는 모든 일에 더 풍성한 생명을 불어넣어 주실 것이다. 잘 알겠지만 말씀이라는 이름은 단순히 말을 뜻하지 않는다. 이 이름은 우리가 존재하는 유일한 이유를 보여준다. 말씀이신 예수님은 생명의 핵심이다. 생명의 제공자이자 삶의 목적 그 자체이신 분이다. 예수님을 무시하는 행위는 개인적으로 우리가 저지르는 가장 파괴적인 행위다.

말씀이 육신이 되시다

요한복음 1장 14절은 예수님이 어떻게 육신이 되어 "우리

가운데 거하시[는지]" 기록하고 있다. 이 절에서 '거하다'라는 용어는 '장막을 치다'라는 뜻이다. 문자적으로 이 절은 "말씀이 육신이 되어 우리 가운데 '장막을 치셨다'"라고 읽을 수 있다. 장막은 성막과 동의어다. 요한의 편지를 받는 수신자는 말씀이 육신이 되셔서 그들 가운데 살아 있는 성막으로 계신다는 말이 무슨 뜻인지 이해했을 것이다. 그 의미를 이해한 이유는, 이스라엘 백성이 광야 생활을 한 역사가 있었기 때문이다. 신자들은 성막 안에 지성소라고 불리는 특별한 곳이 있었다는 사실을 알았다. 그리고 이 성막의 깊은 곳에 언약궤가 자리했다. 이 언약궤 위에는 속죄소를 내려다보는 황금으로 만든 두 그룹이 있었다. 언약궤는 하나님이 임재하시는 곳이었다. 언약궤 안에는 십계명을 기록한 두 돌판이 있었다(출 25:10-22).

상상해보라. 하나님의 영광이 언약궤 위에 임하고, 십계명이 속죄소 아래 있는 궤 안에 들어 있다. 이 모든 것은 광야의 성막 안에 있는 지성소라는 은밀한 공간에 자리하고 있다.

예수님이 우리 안에 '장막을 치셨다'는 개념을 소개할 때 요한이 염두에 둔 장면이 바로 이런 것이다. 예수님은 죄로 완전히 잠식된 세상에 영혼의 광야에 찾아오셔서 그분의 자비로 하나님의 임재가 임하도록 하셨다. 생명을 찾을 수 없는 곳에 생명을 주러 오셨다. 그 당시 자기 백성을 위해 이 일을 해주셨고, 오늘날 우리를 위해서도 여전히 이 일을 해주고 계신다. 우리가 있는 광야가 얼마나 황폐하고 메마른지, 우리가 처한 환경에 얼마나 가시와 엉겅퀴가 무성한지, 혹은 우리를 에워싼 가나안 족속

예수, 그 이름의 능력

과 헷 족속과 아모리 족속과 여부스 족속이 얼마나 많은지는 전혀 중요하지 않다고 말할 수 있는 것은 바로 이 때문이다. 황량한 광야라는 우리의 실존적 환경 한가운데 하나님의 장막이 세워져 있으므로 그것은 문제가 아니다. 그리고 그 장막은 바로 육신이 된 말씀이다.

예수님은 이스라엘의 거리와 골목을 걸어 다니셨다. 대화를 나누시고, 허기를 느끼면 음식을 드셨다. 인간이 하는 모든 일을 다 하셨다. 하지만 육신으로 나타난 말씀으로, 즉 하나님의 계시로 이 일을 하셨다. 요한복음 1장 14절에서 "그의 영광을 보니 아버지의 독생자의 영광이요 은혜와 진리가 충만하더라"고 말하는 이유가 여기에 있다. 이 절에 "독생자"라는 단어가 나오는 것을 유의하라. 이는 예수님이 특별하고 유일한 아들임을 드러낸다. 그분과 같은 사람은 없다. 지금까지 없었고, 앞으로도 영원히 또 다른 예수는 없을 것이다. 골로새서 2장 9절에 따르면, "그 안에는 신성의 모든 충만이 육체로 거[한다]." 성부 하나님의 충만이 예수 그리스도 안에 거한다.

이 충만함이 그분 안에 거한다는 사실을 알더라도, 빌립보서 2장 6-9절을 읽으면 그분에 관한 놀라운 사실을 또 발견할 수 있다.

> "그는 근본 하나님의 본체시나 하나님과 동등됨을 취할 것으로 여기지 아니하시고 오히려 자기를 비워 종의 형체를 가지사 사람들과 같이 되셨고 사람의 모양으로 나타나사 자기를 낮추

시고 죽기까지 복종하셨으니 곧 십자가에 죽으심이라 이러므로 하나님이 그를 지극히 높여 모든 이름 위에 뛰어난 이름을 주사."

이 구절에서 예수님과 하나님이 동등한 존재이시지만, 그 사실이 예수님의 책무를 수행하는 데 장애로 작용하도록 하나님이 그냥 두지 않으셨음을 알 수 있다. 예수님은 자신이 감당해야 할 역할이 있음을 인정하시고, 그 역할을 기꺼이 감당하셨다. 예수님이 '자기를 비웠다'는 표현은 '완전히 쏟아내다'라는 의미가 담긴 헬라어 케노오(kenóō)에서 파생했다. 그분은 자신의 신성을 완전히 쏟아내 비우시고 인간이 되셨으며, 하나님의 뜻에 매인 종이 되셨다. 우리를 구원하기 위한 종이 되신 것이다. 우리를 살리려고 죽임당하는 데까지 스스로 낮아지셨다.

말씀이라는 예수님의 이름을 이해하는 것이 이토록 중요한 이유를 여기서 찾을 수 있다. 섬김을 위해 자신을 완전히 비워내신 예수님은 평범한 인간이 아니셨다. 온 세상을 하나로 붙들고 계신 분이 이 일을 하셨다. 생명의 근원이신 분이 자기 생명을 포기하심으로 우리를 살게 하셨다.

그러니 그분의 희생이 절대 작은 것이 아니다. 예수님은 더 나은 할 일이 없어서 그 일을 하신 게 아니었다. 그분의 제사는 언제까지나 가장 위대한 희생 제사다. 그분은 인류의 심장에 대한 왕의 통치를 다시 회복하는 일을 성취하시고자 기꺼이 이 일을 감당하셨다.

많은 그리스도인이 삶에서 하나님의 역사하심을 보지 못하는 이유 중 하나는, 예수님이 성취하신 그 일이 우리 삶에서 이루어지도록 내어드리지 못하기 때문이다. 그분은 삶과 죽음을 통해 우리 삶에 산 성막을 세우심으로 우리가 하는 모든 일에 하나님의 모든 권능을 누릴 수 있게 하셨다. 그러나 주일에 단 몇 시간만 그 성막을 방문하거나 하루를 시작하기 전 5분 묵상 시간에만 그 성막을 찾는다면, 매일 매 순간 필요한 빛과 생명을 누리지 못할 것이다. 전등을 서랍 안 구석에 두고 사용하지 않는다면 무슨 소용이 있겠는가?

예수님은 생명의 빛이시다. 하지만 그분의 생각과 시각, 마음, 의지에 우리의 생각, 시각, 마음, 의지를 일치시켜야 한다. 그러지 않으면, 우리는 어둠 속에 살면서 십자가로 온전히 합법적인 우리 소유가 된 승리를 누리지 못할 것이다.

말씀은 성육신하신 하나님이다. 말씀은 생명이다. 말씀은 빛이다. 몸속 폐와 세포들에 산소가 하는 역할처럼 말씀은 풍성한 생명을 누리는 데 필요한 모든 것을 지니고 있다. 그러나 그분을 배격하거나 무시하거나 그분께 무관심한 순간, 바로 우리는 생명의 정수에서 차단당하게 된다. 그러면서 왜 삶이 다 무너져 내릴 듯이 엉망인지 의아하게 여긴다.

하나님의 기록된 말씀(성경) 안에 거하며 성령과 함께함으로, 오직 그분의 임재와 뜻과 능력과 시선을 의도적이고 지속적으로 추구해야만 우리가 갈망하는 생명의 풍성함을 누릴 것이다. 골로새서 3장 16질에 나온 대로, "그리스도의 말씀이 너희

속에 풍성히 거하[게]" 하라. 늘 말씀을 가까이하여 예수님과 친밀한 관계를 맺으라. 그러면 생명을 선물로 받을 것이다(요 17:3). 태초부터 예수님은 생명이자 빛이시며, 만물을 다스리시고 질서를 부여하시며 모든 생명을 하나로 붙들고 계신 분이자 하나님의 살아 있는 현현이시기 때문이다.

나오는 글

예수님의 이름에 대한 이야기

어느 날 한 부자가 은행으로 가는 도중에 거지를 만났다. 그는 거지에게 어쩌다가 거리에서 떠도는 신세가 되었느냐고 물었다. 거지는 대학을 졸업했지만 여러 차례 실수를 저질러 인생을 망치고 결국 무일푼 신세가 되었다고 설명했다. 부자는 그에게 연민을 느끼고 거액의 수표를 써주고 재기할 기회를 주었다.

그러나 그다음 주 부자는 은행에 가는 길에 그 거지가 또 구걸하며 앉아 있는 모습을 보았다. 깜짝 놀란 부자는 거지에게 다가가서 왜 계속 구걸하고 있는지를 물었다. 그 거지는 이렇게 대답했다. "수표를 현금으로 바꾸려고 은행에 갔지만, 은행 사람들이 그 수표가 진짜라고 믿지 않았습니다. 제 행색을 훑어보고 몸에서 풍기는 악취를 맡더니 그 수표가 제 것이 아니라고 했어요. 그래서 여전히 이 신세를 벗어나지 못하고 있습니다. 아마 평생 이런 신세에서 벗어나긴 틀린 것 같습니다."

부자는 즉각 거지의 손을 잡고 은행으로 들어갔다. 그가 무슨 옷을 입었는지, 머리를 감은 지가 얼마나 오래되었는지, 혹은 악취가 얼마나 심한지는 중요하지 않다고 말했다. 유일하게 중요한 것은 그 수표에 서명된 이름이었다. 짐작하겠지만, 은행 측은 바로 그 자리에서 수표를 현금으로 바꿔주었다.

형제여, 오늘 당신이 어떤 괴로운 상황에 있는지 나는 모른다. 자신의 인생을 얼마나 엉망진창이라고 생각하는지 모른다. 그러나 모든 이름 위에 뛰어나시며 모든 만물이 무릎 꿇어야 할 이름이 있다는 사실은 확실히 알고 있다. 어떤 환경에 처하더라도 이 이름 앞에 복종해야 한다. 모든 문제가 이 이름 앞에 무릎 꿇어야 한다. 이 이름 안에서 모든 권세와 힘과 자비와 평강과 지혜와 영원을 발견할 수 있다. 시편 기자가 말한 그대로다. "나와 함께 여호와를 광대하시다 하며 함께 그의 이름을 높이세"(시 34:3).

예수님의 이름은 우리에게 주어진 삶을 만끽하며 누릴 힘을 주고 필요한 것을 갖추게 해준다. 우리는 지금까지 이런 이름들에 관해 다채롭게 살펴보았다. 그러나 여기서 만족하고 예수님을 알아가는 노력을 멈추면 안 된다. 앞서 살펴본 이름들 외에도 더 많은 이름이 있다. 직간접적으로, 성경 전반에 예수님을 언급하는 구절이 계속 등장한다. 그분은 우리를 건지시고 공급하시며 채워주시고 위로해주시며 인도해주시고 베푸시며 사랑하시고 우리를 대신해 싸우신다.

예수님의 이름은 이 외에도 더 많지만, 함께 검토하기 위해 불가피하게 몇 가지 이름만 선정할 수밖에 없었다. 그러나 예수님의 이름을 살펴보는 작업을 마무리하면서 성경 전반에서 그분을 묘사한 내용을 간략히 살펴보고자 한다. 다음 목록에는 하나님의 온전한 형상이신 예수님을 가리키는 이름과 설명이 담겨 있다.

창세기에서 그분은 **창조주 하나님**이시다.
출애굽기에서 그분은 **구원자**시다.
레위기에서 그분은 우리의 **성결함**이 되신다.
민수기에서 그분은 우리의 **안내자**가 되신다.
신명기에서 그분은 우리의 **선생님**이 되신다.
여호수아에서 그분은 **위대한 정복자**시다.
사사기에서 그분은 **적을 이기게 해주시는 분**이다.
룻기에서 그분은 우리의 **친족**이자 **연인**이며 **기업 무를 자**다.
사무엘상에서 그분은 **이새의 뿌리**가 되신다.
사무엘하에서 그분은 **다윗의 아들**이시다.
열왕기상하에서 그분은 **만왕의 왕**이자 **만주의 주**가 되신다.
역대상하에서 그분은 우리의 **중보자**시자 **대제사장**이시다.
에스라에서 그분은 우리가 예배할 집인 **성전**이 되신다.
느헤미야에서 그분은 **견고한 성벽**으로 적에게서 우리를 보호해주신다.
에스더에서 그분은 우리를 **원수들에게서 구해주시려고** 정면 도전하신다.
욥기에서 그분은 우리의 싸움을 이해하실 뿐 아니라 그 싸움을 감당할 능력이 있으신 **중재자**가 되신다.
시편에서 그분은 우리의 **노래**이자 **노래할 이유**가 되신다.
잠언에서 그분은 우리의 **지혜**가 되셔서 우리가 인생을 이해하게 해주시고, 성공하는 인생을 살도록 도우신다.
전도서에서 그분은 우리를 허무에서 건져내시며 **삶의**

나오는 글

의미가 되신다.

아가에서 그분은 우리의 연인이자 샤론의 장미가 되신다.

이사야에서 그분은 기묘자, 모사, 전능하신 하나님, 영존하시는 아버지, 평강의 왕이 되신다. 간단히 말해, 그분은 우리에게 필요한 전부가 되신다.

예레미야에서 그분은 길르앗의 향유가 되셔서 우리 영혼의 상처를 치유해주신다.

예레미야애가에서 그분은 우리가 의지할 수 있는 영원히 신실한 분이 되신다.

에스겔에서 그분은 죽어서 마른 뼈들이 다시 살아나리라고 약속하신다.

다니엘에서 그분은 옛적부터 계시는 이로 절대 시간이 마르지 않는 영원하신 하나님이 되신다.

호세아에서 그분은 정절을 지키는 신실한 연인으로 돌아오라고 계속 호소하시는 분이다. 심지어 우리가 그분을 버렸을 때도 포기하시지 않는다.

요엘에서 그분은 우리의 피난처로 환난당할 때 우리를 지켜주신다.

아모스에서 그분은 우리 곁을 떠나지 않고 함께해줄 남편이 되신다.

오바댜에서 그분은 하나님나라의 주가 되신다.

요나에서 그분은 우리의 구원이 되시며 그분의 뜻으로 다시 돌아오게 하신다.

미가에서 그분은 **이스라엘의 재판관**이 되신다.
나훔에서 그분은 **질투하시는 하나님**이시다.
하박국에서 그분은 **거룩하신 분**이다.
스바냐에서 그분은 **증인**이 되신다.
학개에서 그분은 **원수를 거꾸러뜨리신다**.
스가랴에서 그분은 **만군의 주**가 되신다.
말라기에서 그분은 **언약의 메신저**가 되신다.
마태복음에서 그분은 **유대인의 왕**이 되신다.
마가복음에서 그분은 **종**이 되신다.
누가복음에서 그분은 인간의 감정을 체휼하시는 **사람의 아들**이시다.
요한복음에서 그분은 **하나님의 아들**이시다.
사도행전에서 그분은 **세상의 구원자**시다.
로마서에서 그분은 **하나님의 의**가 되신다.
고린도전서에서 그분은 이스라엘을 포기하지 않았던 **반석**이시다.
고린도후서에서 그분은 **승리자**로 우리가 승리하게 하시는 분이다.
갈라디아서에서 그분은 우리의 **자유**가 되셔서 우리를 자유롭게 해주신다.
에베소서에서 그분은 **교회의 머리**가 되신다.
빌립보서에서 그분은 우리의 **기쁨**이 되신다.
골로새서에서 그분은 우리의 **안전함**이 되신다

나오는 글

데살로니가전서에서 그분은 우리 소망이 되신다.
데살로니가후서에서 그분은 우리 영광이 되신다.
디모데전서에서 그분은 우리 믿음이 되신다.
디모데후서에서 그분은 우리의 안정이 되신다.
디도서에서 그분은 우리 구원자 하나님이 되신다.
빌레몬서에서 그분은 우리의 후원자가 되신다.
히브리서에서 그분은 우리를 완전하게 해주신다.
야고보서에서 그분은 우리 믿음을 지탱해줄 힘이 되신다.
베드로전서에서 그분은 우리의 모범이 되신다.
베드로후서에서 그분은 우리의 성결이 되신다.
요한일서에서 그분은 우리의 생명이 되신다.
요한이서에서 그분은 우리의 모범이 되신다.
요한삼서에서 그분은 우리의 동기가 되신다.
유다서에서 그분은 우리 믿음의 기초가 되신다.
요한계시록에서 그분은 장차 오실 우리 왕이 되신다.

처음부터 끝까지 성경 어디를 보더라도 예수님을 만날 수 있다. 그분은 모든 것을 다스리시며, 만유 가운데 계시고, 우리의 전부가 되신다.

예수라는 이름은 신비하고 오묘하다. 그러므로 그분을 공개적으로 고백함으로 그 이름으로 옷 입자. 그분과 하나가 되었으니, 기꺼이 고난을 받으며 그 이름을 지고 가자. 그리고 우리 구주를 사람들에게 증언함으로 그 이름을 나누자.